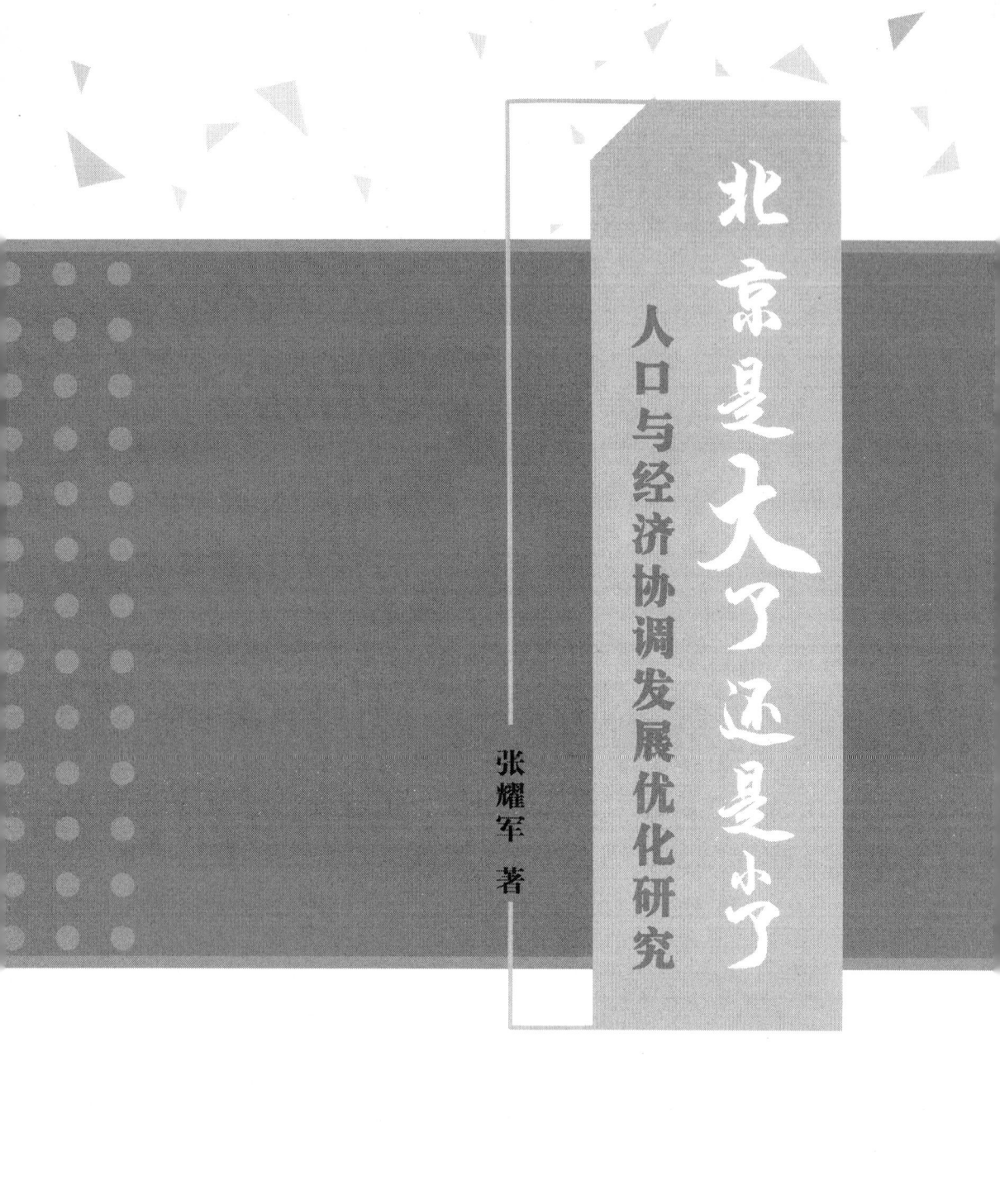

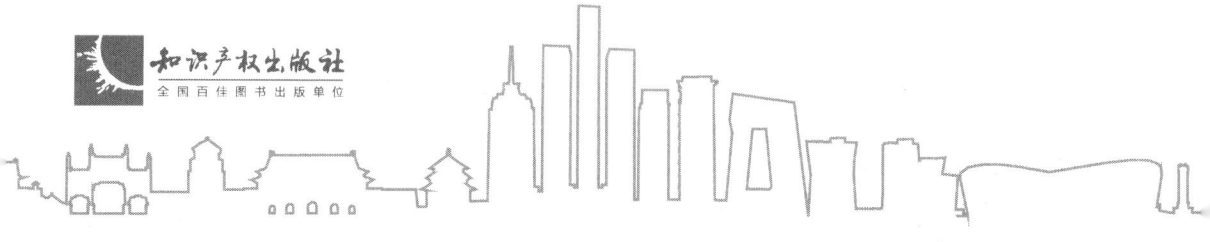

北京是大了还是小了

人口与经济协调发展优化研究

张耀军 著

知识产权出版社
全国百佳图书出版单位

图书在版编目（CIP）数据

北京是大了还是小了：人口与经济协调发展优化研究／张耀军著.
—北京：知识产权出版社，2015.9
ISBN 978－7－5130－3492－0

Ⅰ.①北… Ⅱ.①张… Ⅲ.①人口—关系—经济发展—研究—北京市 Ⅳ.①C924.24 ②F127.1

中国版本图书馆 CIP 数据核字（2015）第 099533 号

内容提要

借助人口学、经济学、地理学、自然资源与环境经济学等学科的理论与方法，从北京人口与经济协调的基本概念出发，本书提出了北京人口与经济协调发展应分为低水平协调、中等水平协调与高水平协调三种协调水平，其中高水平协调是城市可持续发展的重要基础的理念。当人口与经济达到协调时，城市规模还只有保持在承载力的范围之内，城市才能可持续协调发展。本书在建立人口与经济协调水平指标的基础上，研究了北京人口与经济协调水平的发展过程及原因，并以典型的区县为代表，研究了不同的主体功能区人口与经济协调发展水平。以大兴区、房山区、门头沟区为例，运用单因素和综合因素的方法，测算了城市人口承载力。在系统梳理了五个典型世界城市人口与经济协调实践的基础上，提出了实现北京人口与经济协调发展的对策建议。

希望本书的内容和一些理念能够为北京未来可持续协调发展提供依据；同时希望本书的研究分析方法能为区域经济、地理学、生态经济、资源环境、城市学等专业的研究人员、管理人员提供参考。

策划编辑：蔡　虹	责任校对：孙婷婷
责任编辑：兰　涛	责任出版：刘译文

北京是大了还是小了
人口与经济协调发展优化研究
张耀军　著

出版发行：知识产权出版社 有限责任公司	网　　址：http://www.ipph.cn
社　　址：北京市海淀区马甸南村 1 号	天猫旗舰店：http://zscqcbs.tmall.com
责编电话：010－82000860 转 8180	责编邮箱：caihongbj@163.com
发行电话：010－82000860 转 8101/8102	发行传真：010－82000893/82005070/82000270
印　　刷：北京中献拓方科技发展有限公司	经　　销：各大网上书店、新华书店及相关专业书店
开　　本：720mm×1000mm　1/16	印　　张：13.75
版　　次：2015 年 9 月第 1 版	印　　次：2015 年 9 月第 1 次印刷
字　　数：250 千字	定　　价：38.00 元
ISBN 978－7－5130－3492－0	

出版权专有　侵权必究
如有印装质量问题，本社负责调换

本成果得到中国人民大学科学研究基金（中央高校基本科研业务费专项基金）资助，项目批准号（12XNI002）。

前　言

在中国经济进入新常态，城镇化发展进入新型城镇化，京津冀一体化上升为国家战略的宏观背景下，北京作为中华人民共和国首都，再一次进入公共视野。继《北京城市总体规划（2004—2020）》提出的到2020年北京将人口调控到1800万的目标被突破之后，北京市最近又提出了到2020年将人口调控到2300万之内。这个目标届时能否实现引起了强烈的争议。

2020年北京人口是否能够控制在2300万以内我们还需要等待。但到时北京能否实现这个目标并不是最重要的，最重要的是要弄清城市规模的本质及影响因素，因为规模问题弄清楚了，北京到底是大了还是小了，人口是多了还是少了的问题也就比较清楚了。

一个城市或地区，是否一定要设定一个人口规模，这一规模到底应该如何确定？这实质上是一个区域发展问题。根据区域发展理论，一个城市是否有合适的规模，影响到城市的持续健康发展。

影响城市发展的所有因素都影响到城市规模。客观地讲，有多少个影响城市发展的因素，就有多少个适度规模。常见的因素如水、电、气、土地面积、交通设施、经济发展水平、就业岗位、住房、学校、医院等都有相应适度承载的城市规模。因此，没有一个确定的标准来衡量不同城市的适度规模。

通常，城市是否已达到适度规模可以通过一些现象来判断，如选取交通拥挤程度、住宅紧张程度、供水供电满足程度、环境压力等指标来判断城市的承载能力，从而间接判断城市是否处于适度规模。如果道路交通基本上没有堵车现象，车流畅通；绝大多数居民能够拥有自己的房屋；供水供电能力充分；环境良好，垃圾处理、污水处理能力强，等等情况出现，就说明该城市的承载能力还有承载空间，尚未达到它的适度规模。

当出现城市交通极度拥挤，频繁出现堵车现象；住宅极度紧张，供水供电极度短缺，经常要采取限水限电措施；环境极度恶化，垃圾处理、污水处理面

临极大压力，等等情况时，就说明该城市已超过了它的适度规模。

城市的适度规模并非固定不变。城市可以通过改善基础设施、提高政府治理能力等措施来提高适度规模。在古希腊，受治理能力、基础设施、经济实力等条件的限制，一个城邦的最优规模可能只有几万居民。随着人类的进步，经济快速发展，治理理论日趋完善，基础设施条件更新换代，城市的最优规模可能会达到几百万人甚至上千万人。

综上所述，城市的适度规模具有很大弹性空间，最关键的是在资源环境承载能力的限度内，人口与经济协调发展。在人口与经济的关系中，人口因素始终是影响和制约经济与社会可持续发展的关键因素。人口与经济的关系问题是人类社会最基本、最重要的问题，因此，长期以来一直受到社会关注和研究。人口对一个区域经济的发展有着重要的影响作用，而区域经济的发展也影响着区域人口的发展。目前，北京市正为建设世界城市而努力，要实现这一宏大目标需要具备诸多因素，其中最基本的就是确保人口与经济的持续协调发展。只有二者相互协调，才能为首都的持续健康发展提供强有力的支撑，也才能为顺利实现把首都建设成为世界城市奠定基础。

协调，其本意是指组成系统的各亚系统或各要素之间和谐一致，配合得当。如此，才有利于系统的稳定发展。例如，人口系统与经济系统，人口的持续发展需要相应的经济发展水平相支撑，反之亦然。具体讲，如果人口处于低水平状态，则需要与相应低水平的经济系统相协调；反之，若经济发展水平处于低水平状态，同样需要与相应的低水平人口相协调。推而广之，高水平的人口发展系统需要相应高水平的经济发展系统与之协调，反之亦然。

按照这一思路，本书在分析北京市人口和经济发展历程特点的基础上，通过构建人口系统和经济系统的指标体系，建立并运行模型，测算北京人口发展系统所需要的经济发展系统，通过经济发展系统计算出所要求的人口发展系统，根据计算结果分析二者之间的协调水平。并在此基础上，运用同样的指标体系和方法，对典型区县、对各主体功能区的人口与经济发展水平进行比较分析。本书还对北京大兴、房山、门头沟等区域的人口发展及区域承载力进行了研究。最后，提出了关于北京人口与经济协调发展的对策建议。

目 录

第一章 北京市人口与经济发展历程和特点 ………………………… 1
  1.1 北京市人口发展历程和特点 ………………………………………… 1
    1.1.1 常住人口规模不断增长，主要原因是来自常住外来人口的
          增加 ………………………………………………………………… 1
    1.1.2 人口素质不断提升，受教育水平和预期寿命均提高明显 …… 2
    1.1.3 北京市劳动力人口密集，但老龄化压力不断加大 …………… 4
    1.1.4 北京市人口主要集中于城六区，向城市功能拓展区集中
          的趋势凸显 ……………………………………………………… 4
  1.2 北京市经济发展历程和特点 ………………………………………… 7
    1.2.1 北京市地区生产总值保持持续快速增长 …………………… 7
    1.2.2 地区生产总值构成以第三产业为主且比重不断加大 ……… 7
    1.2.3 北京市人均 GDP 持续增长 …………………………………… 9

第二章 北京市区域人口与经济关系衡量指标 ………………………… 10
  2.1 分产业劳动生产率 …………………………………………………… 10
    2.1.1 分产业劳动生产率的概念及含义 …………………………… 10
    2.1.2 北京市分产业劳动生产率的计算及分析 …………………… 10
  2.2 经济—人口弹性系数 ………………………………………………… 14
    2.2.1 经济—人口弹性系数的概念及含义 ………………………… 14
    2.2.2 北京市产业劳动生产率的计算及分析 ……………………… 14
  2.3 就业弹性系数 ………………………………………………………… 17
    2.3.1 就业弹性系数的概念及含义 ………………………………… 17
    2.3.2 北京市就业弹性系数计算及分析 …………………………… 17

第三章 北京市区人口和经济发展的协调度测算及分析 ……………… 19
  3.1 人口与经济协调发展指标的选取 …………………………………… 19

3.2 人口与经济协调发展指标体系构建 ·· 20
3.3 人口与经济协调发展的计量分析 ·· 20
    3.3.1 方法简介 ·· 20
    3.3.2 计算步骤 ·· 21
    3.3.3 北京市协调度计算 ·· 22
3.4 北京市人口和经济发展协调度的进一步分析 ································ 30
    3.4.1 产业结构优化升级促进就业结构改善 ································· 30
    3.4.2 一二产业偏离度均增大但方向相反，三产缩小 ····················· 31
    3.4.3 第三产业吸纳劳动力的功能不断增加 ································· 32

第四章 北京市各主体功能区人口与经济协调度比较分析 ··················· 34
4.1 首都功能核心区 ··· 35
    4.1.1 指标体系 ·· 35
    4.1.2 人口系统因子综合得分计算 ·· 35
    4.1.3 经济系统因子综合得分计算 ·· 37
    4.1.4 因子综合得分分析 ·· 38
    4.1.5 协调度的计算与分析 ·· 39
4.2 城市功能拓展区 ··· 40
    4.2.1 指标体系 ·· 40
    4.2.2 人口系统因子综合得分计算 ·· 40
    4.2.3 经济系统因子综合得分计算 ·· 41
    4.2.4 因子综合得分的分析 ·· 43
    4.2.5 协调度的计算与分析 ·· 43
4.3 城市发展新区 ··· 45
    4.3.1 指标体系 ·· 45
    4.3.2 人口系统因子综合得分计算 ·· 45
    4.3.3 经济系统因子综合得分计算 ·· 46
    4.3.4 因子综合得分分析 ·· 47
    4.3.5 协调度的计算与分析 ·· 48
4.4 生态涵养发展区 ··· 50
    4.4.1 指标体系 ·· 50
    4.4.2 人口系统因子综合得分计算 ·· 50
    4.4.3 经济系统因子综合得分计算 ·· 51
    4.4.4 因子综合得分分析 ·· 53

4.4.5　协调度的计算与分析 ·· 54
　4.5　主体功能区人口与经济协调小结 ·· 56
第五章　城市发展新区——大兴区人口优化研究 ································ 58
　5.1　大兴区人口发展变化及特点 ·· 58
　　5.1.1　人口规模发展变化特点 ·· 58
　　5.1.2　人口结构发展变化特点 ·· 63
　　5.1.3　人口素质发展变化特点 ·· 65
　　5.1.4　人口空间分布变化特点 ·· 67
　5.2　大兴区建设人口均衡示范区存在的问题与挑战 ·························· 72
　　5.2.1　人口规模过快增长挑战区域承载能力 ································· 72
　　5.2.2　人口老龄化影响经济社会发展 ·· 73
　　5.2.3　人口及劳动力文化素质不均衡影响经济社会发展质量 ········· 74
　　5.2.4　人口空间分布不均衡影响资源有效利用及社会和谐 ············ 75
　5.3　大兴区建设人口均衡示范区的做法及成就 ································· 76
　　5.3.1　加大拆迁力度，发挥对流动人口的挤出效应 ······················ 76
　　5.3.2　积极引导本地劳动力就业，尽量压缩流动人口就业岗位 ····· 77
　　5.3.3　推行村民自治管理体制，加强出租房屋管理 ······················ 78
　　5.3.4　以业控人，清理整治低端行业，发展高端产业，提高人口
　　　　　素质 ··· 78
　　5.3.5　实施"北清南控"策略，打破流动人口在区域内循环，促
　　　　　进人口均衡分布 ··· 79
　　5.3.6　构建人口均衡示范区的经验：产业手段调控人口最根本、
　　　　　最持久、最有效 ··· 80
第六章　城市发展新区——房山区人口优化研究 ································ 82
　6.1　房山区域发展定位及产业支撑 ·· 82
　　6.1.1　区域发展定位 ··· 82
　　6.1.2　产业发展支撑 ··· 83
　6.2　房山区人口区域变动特点 ··· 84
　　6.2.1　总人口规模及密度变化特点 ·· 84
　　6.2.2　房山区人口结构变化情况 ··· 87
　　6.2.3　房山区的人口受教育程度情况 ·· 89
　　6.2.4　各个乡镇街道人口规模变化 ·· 90
　　6.2.5　各个乡镇街道人口密度变化 ·· 93

6.3 顺利实现房山区域功能定位的人口需求 ·· 97
   6.3.1 房山区各行业经济发展情况预测 ·· 97
   6.3.2 房山区分行业劳动生产率测算 ·· 104
   6.3.3 房山区劳动力需求量预测 ··· 105
   6.3.4 房山区人口规模预测及分析 ··· 107
6.4 房山区人口承载力测算 ·· 110
   6.4.1 单因素人口承载力 ··· 110
   6.4.2 基于可能—满意度方法的综合承载力测算 ···························· 121
   6.4.3 小结 ·· 127
6.5 区域功能定位的人口需求与资源环境承载力比较分析 ················· 128
   6.5.1 总体概况分析 ··· 128
   6.5.2 各因素承载力与人口需求比较分析 ··································· 129

第七章　城市生态涵养区——门头沟区人口优化研究 ···················· 133

7.1 门头沟区人口与经济发展历程和特点分析 ································ 133
   7.1.1 门头沟区人口发展历程和特点 ·· 133
   7.1.2 门头沟区经济发展历程和特点 ·· 139
7.2 门头沟区人口和经济发展的协调度分析 ··································· 143
   7.2.1 人口与经济协调发展指标的选取 ····································· 143
   7.2.2 人口与经济协调发展指标体系 ·· 143
   7.2.3 人口与经济协调发展度的测算 ·· 144
   7.2.4 门头沟区人口就业结构和经济产业结构匹配性分析 ············· 152
7.3 人口与经济协调发展下的资源环境单要素承载力 ······················ 155
   7.3.1 生态资源要素承载力 ·· 155
   7.3.2 社会资源承载力 ·· 159
   7.3.3 环境要素承载力 ·· 161
7.4 人口与经济协调发展下的人口综合承载力 ······························· 164
   7.4.1 门头沟区人口综合承载力测算指标体系的建立 ·················· 164
   7.4.2 门头沟区人口承载力的测算结果与分析 ··························· 166
   7.4.3 门头沟区不同人口承载因素组合下的人口承载力 ··············· 168
7.5 人口与经济协调发展下与资源环境承载力比较分析 ··················· 171
   7.5.1 各单要素承载力情况研究 ·· 171
   7.5.2 综合承载力状况研究 ·· 173

第八章 国外典型超大城市人口与经济优化的做法与启示 175
- 8.1 莫斯科 175
  - 8.1.1 莫斯科的人口变化 175
  - 8.1.2 莫斯科的人口调控与优化 176
- 8.2 东京 177
  - 8.2.1 东京人口增长及分布 177
  - 8.2.2 东京人口调控与优化历程及措施 178
- 8.3 巴黎 179
  - 8.3.1 巴黎人口变化情况 179
  - 8.3.2 巴黎人口规模调控政策 180
  - 8.3.3 城乡协调发展的主要措施 181
- 8.4 纽约 181
  - 8.4.1 纽约人口发展动态 181
  - 8.4.2 市政当局在城市发展和人口方面的调控政策 183
- 8.5 首尔 184
  - 8.5.1 人口增长趋势 184
  - 8.5.2 人口迅速增长的原因 184
  - 8.5.3 政府的相关调控措施 185
  - 8.5.4 存在的问题 186
- 8.6 国外典型城市人口规模调控及空间优化途径的比较 187
  - 8.6.1 五个典型城市人口调控与优化的相同点 187
  - 8.6.2 五个典型城市人口调控与优化的不同点 188

第九章 超大城市人口和产业协调发展优化的对策选择 189
- 9.1 坚持城市发展有所为有所不为，引导人口有序流入和流出 189
- 9.2 促进经济转型升级，引导人口与经济发展相协调 190
- 9.3 优化产业空间，带动人口空间优化 191
- 9.4 全面提高人口素质，将人口优势转化为人力资源优势 192
- 9.5 落实《北京市主体功能区规划》，促进人口均衡发展 193
- 9.6 实施京津冀一体化战略，在与周边城市错位发展差异竞争中实现人口与经济协调发展 194

参考文献 195

后记 199

图目录

图 1-1　1995—2011 年北京市常住人口规模及构成情况 ……………… 1
图 1-2　2000—2010 年北京市常住人口受教育程度情况 ……………… 2
图 1-3　2000—2012 年北京市人均预期寿命情况 ……………………… 3
图 1-4　2000—2012 年北京市婴儿死亡率情况 ………………………… 3
图 1-5　2000—2010 年北京市分区县人口规模情况 …………………… 5
图 1-6　2010 年北京市分区县人口密度情况 …………………………… 6
图 1-7　2000—2010 年北京市人口密度变化情况 ……………………… 6
图 1-8　2000—2011 年北京市 GDP 及其年增长率情况 ………………… 7
图 1-9　2000—2011 年北京市各产业比重情况 ………………………… 8
图 1-10　2000—2011 年北京市各产业产值情况 ………………………… 8
图 1-11　2000—2011 年北京市人均 GDP 及其增长率情况 ……………… 9
图 3-1　因子综合得分分析走势图 ……………………………………… 27
图 3-2　北京市人口系统与经济系统协调的走势图 …………………… 29
图 3-3　三次产业的产值比重与就业比重对比图 ……………………… 31
图 4-1　西城区人口系统与经济系统协调度走势图 …………………… 40
图 4-2　海淀区人口系统与经济系统协调度走势图 …………………… 44
图 4-3　昌平区人口系统与经济系统协调度走势图 …………………… 49
图 4-4　门头沟区人口系统与经济系统协调度走势图 ………………… 56
图 4-5　北京市四类主体功能区人口与经济协调发展趋势 …………… 57
图 5-1　2000—2010 年大兴区常住人口居住半年以上的外来人口变化 … 58
图 5-2　1991—2010 年大兴区户籍人口数量变化 ……………………… 61
图 5-3　2001—2010 年大兴区农业户籍人口非农业户籍人口变化 …… 63
图 5-4　2010 年大兴区常住人口受教育程度 …………………………… 65
图 5-5　2000 年与 2010 年大兴区常住人口受教育程度对比 ………… 66

图 5-6	2008 年与 2010 年大兴区流动人口学历结构对比	66
图 5-7	2010 年年底大兴区流动人口学历结构	67
图 5-8	2000 年大兴区各镇人口分布	68
图 5-9	大兴区空间总人口变动情况	69
图 5-10	2010 年大兴区人口北密南疏的分布格局	69
图 5-11	2010 年大兴区户籍人口和流动人口的分布格局	70
图 5-12	2010 年和 2008 年大兴区流动人口空间变化	72
图 5-13	2010 年大兴区大专及以上学历人口占常住人口比重空间分布图	74
图 6-1	2000—2010 年房山区常住人口规模变动情况	84
图 6-2	2000—2012 年房山区人口规模变动情况	85
图 6-3	2010 年房山区人口金字塔	88
图 6-4	2000 年房山区人口金字塔	88
图 6-5	房山区人口分年龄性别比情况	89
图 6-6	北京市部分地区人均受教育年限情况	89
图 6-7	房山区受教育程度人口和比重与北京市及城市发展新区比较情况	90
图 6-8	2000 年房山区各乡镇街道人口规模情况	91
图 6-9	2010 年房山区各乡镇街道人口规模情况	91
图 6-10	2000—2010 年房山区各乡镇街道人口规模变化情况	92
图 6-11	2000—2010 年房山区人口重心变动情况	93
图 6-12	2000 年房山区人口密度情况	94
图 6-13	2010 年房山区人口密度情况	94
图 6-14	2000—2010 年房山区人口密度变化情况	95
图 6-15	2000—2010 年房山区人口密度比重变化情况	96
图 6-16	房山区高程图	97
图 6-17	2011—2020 年房山区经济增长率预测	98
图 6-18	房山区分乡镇街道水资源承载力与实际人口差异情况	112
图 6-19	2006—2011 年房山区主要大气污染物年均浓度情况	117
图 6-20	可能度曲线	122
图 6-21	满意度曲线	123
图 6-22	不同考虑前提下房山区 2020 年适度人口规模	127
图 6-23	2020 年房山区人口承载力情况	128

图 7-1	2000—2012 年门头沟区常住人口规模情况	133
图 7-2	2000 年和 2012 年生态涵养区人口规模及年增长率情况	134
图 7-3	2000 年和 2010 年门头沟区人口金字塔	135
图 7-4	2010 年门头沟区和北京市及生态涵养区平均受教育年限情况	136
图 7-5	门头沟区、北京市和生态涵养区每万人中不同受教育程度人口情况	136
图 7-6	2000 年和 2010 年门头沟区乡镇街道人口规模情况	139
图 7-7	2000—2012 年门头沟区产值及构成状况	140
图 7-8	2012 年生态涵养区 GDP 及构成状况	140
图 7-9	门头沟区全员生产率与北京其他地区比较	141
图 7-10	2009—2012 年门头沟区就业弹性系数情况	142
图 7-11	2009—2012 年各生态涵养发展区就业弹性系数情况	142
图 7-12	人口系统与经济系统协调度走势图	151
图 7-13	三次产业的产值比重与就业比重对比图	153
图 7-14	2000—2010 年主要年份门头沟区用水结构情况	156
图 7-15	2020 年门头沟区人口承载力可能—满意度曲线	167
图 7-16	可能—满意度在 0.6 时的门头沟区各因子人口承载力	168
图 7-17	2020 年门头沟区三大要素合并后的人口承载力	169
图 7-18	不同方案下门头沟区 2020 年适度人口规模	171
图 7-19	门头沟区各单要素承载力状况	171
图 7-20	2020 年可能—满意度为 0.6 时人口承载力状况	173

表目录

表 1-1	2000—2010 年北京市人口年龄结构情况	4
表 2-1	北京市 2000—2011 年各产业产值与从业人数	11
表 2-2	各大城市 2000—2011 年第一产业劳动生产率	11
表 2-3	各大城市 2000—2011 年第二产业劳动生产率	12
表 2-4	各大城市 2000—2011 年第三产业劳动生产率	12
表 2-5	各大城市 2000—2011 年总体劳动生产率	13
表 2-6	北京市 2001—2011 年人口增长、经济增长与经济—人口弹性系数	14
表 2-7	各大城市 2001—2011 年 GDP 年增长率	15
表 2-8	各大城市 2001—2011 年常住人口年增长率	16
表 2-9	各大城市 2001—2011 年经济—人口弹性系数	16
表 2-10	北京市 2001—2011 年从业人口增长率、经济增长率及就业弹性系数	17
表 2-11	各大城市 2001—2011 年就业弹性系数	18
表 3-1	北京市人口与经济协调发展指标体系	20
表 3-2	协调度的划分	21
表 3-3	人口系数 KMO 检验与 Bartlett 球形检验	23
表 3-4	人口系数方差贡献表	23
表 3-5	人口系统因子得分系数矩阵	23
表 3-6	经济系统 KMO 检验与 Bartlett 球形检验	24
表 3-7	经济系统方差贡献表	24
表 3-8	经济系统因子得分系数矩阵	25

表 3-9	因子综合得分表	26
表 3-10	人口系数与经济系统协调度	28
表 3-11	优等协调（$C \geq 0.8$）的具体划分标准	29
表 3-12	三次产业的结构偏离度	32
表 4-1	西城区人口与经济协调研究指标体系	35
表 4-2	人口系统 KMO 检验与 Bartlett 球形检验	36
表 4-3	人口系统方差贡献表	36
表 4-4	人口系统因子得分系数矩阵	36
表 4-5	经济系统 KMO 与 Bartlett 球形检验	37
表 4-6	经济系统方差贡献表	37
表 4-7	经济系统因子得分系数矩阵	37
表 4-8	因子综合得分表	38
表 4-9	人口系统与经济系统协调度	39
表 4-10	海淀区人口与经济协调研究指标体系	40
表 4-11	人口系统 KMO 检验与 Bartlett 球形检验	41
表 4-12	人口系统方差贡献表	41
表 4-13	人口系统因子得分矩阵	41
表 4-14	经济系统 KMO 检验与 Bartlett 球形检验	42
表 4-15	经济系统方差贡献表	42
表 4-16	经济系统因子得分系数矩阵	42
表 4-17	因子综合得分表	43
表 4-18	人口系统与经济系统协调度	44
表 4-19	昌平区人口与经济协调研究指标体系	45
表 4-20	人口系数 KMO 检验与 Bartlett 球形检验	45
表 4-21	人口系统方差贡献表	45
表 4-22	人口系统因子得分系数矩阵	46
表 4-23	经济系统 KMO 检验与 Bartlett 球形检验	46
表 4-24	经济系统方差贡献表	47
表 4-25	经济系统因子得分系数矩阵	47
表 4-26	因子综合得分表	48
表 4-27	人口系统与经济系统协调度	49

表 4-28	门头沟区人口与经济协调研究指标体系	50
表 4-29	人口系统 KMO 检验与 Bartlett 球形检验	50
表 4-30	人口系统方差贡献表	51
表 4-31	人口系统因子得分系数矩阵	51
表 4-32	经济系统 KMO 检验与 Bartlett 球形检验	52
表 4-33	经济系统方差贡献表	52
表 4-34	因子得分系数矩阵	52
表 4-35	因子综合得分表	53
表 4-36	人口系统与经济系统协调度表	54
表 5-1	2000—2010 年北京市五个城区发展新区常住人口规模比较	60
表 5-2	1991—2010 年大兴区户籍人口自然增长和迁移增长比较	61
表 5-3	大兴区人口规模增长中户籍人口和流动人口贡献率	62
表 5-4	2001—2010 年大兴区户籍人口计划生育率、出生性别比表	64
表 5-5	2010 年大兴区人口倒挂情况表	71
表 5-6	黄村镇已拆迁村及涉及人口情况	77
表 6-1	2000—2010 年北京市城市发展新区人口年均增长情况	85
表 6-2	2000—2010 年北京市城市发展新区人口密度变动情况	86
表 6-3	高、中、低经济发展方案下房山区 2011—2010 年经济总量预测	99
表 6-4	房山区 2011—2020 年三次产业预测百分比	100
表 6-5	2010—2020 年房山区行业产值结构预测	102
表 6-6	高经济增长方案下 2010—2020 年房山区分行业生产总值	103
表 6-7	中经济增长方案下 2010—2020 年房山区分行业生产总值	103
表 6-8	低经济增长方案下 2010—2020 年房山区分行业生产总值	104
表 6-9	房山区 2011—2020 年分行业劳动生产率预测	104
表 6-10	高经济增长方案下房山区 2010—2020 年分行业劳动力需求数值	105
表 6-11	中经济增长方案下房山区 2010—2020 年分行业劳动力需求数值	106
表 6-12	低经济增长方案下房山区 2010—2020 年分行业劳动力需求数值	106

表6-13	高、中、低经济增长方案下房山区2010—2020年劳动力需求变化	107
表6-14	2011—2020年各经济增长方案和不同人口—劳动力系数下房山区人口需求	108
表6-15	房山区水资源承载力与实际人口比较情况	110
表6-16	2006—2011年房山区用水结构情况	111
表6-17	北京市和房山区部分水环境污染物排放情况	113
表6-18	2010年北京市各区县常住人口规模及人口密度	115
表6-19	2005年和2010年房山区土地使用情况	116
表6-20	北京市和房山区部分大气环境污染物排放情况	117
表6-21	2011年房山区公路情况	119
表6-22	2006—2011年房山区城镇住房面积情况	120
表6-23	房山区2020年经济、社会和资源环境的指标测算	125
表6-24	不同考虑前提下房山区2020年适度人口规模	126
表6-25	房山区人口承载力与经济增长中方案人口需求比较情况	129
表6-26	房山区人口承载力与高经济增长方案人口需求比较情况	131
表6-27	房山区人口承载力与低经济增长方案人口需求比较情况	131
表7-1	门头沟区2010年男性人口简略生命表	137
表7-2	门头沟区2010年女性人口简略生命表	138
表7-3	门头沟区人口与经济协调研究指标体系	144
表7-4	协调度的划分表	144
表7-5	人口系统KMO检验与Bartlett球形检验	146
表7-6	人口系统方差贡献表	146
表7-7	人口系统因子得分系数矩阵	147
表7-8	经济系统KMO检验与Bartlett球形检验	147
表7-9	经济系统方差贡献表	148
表7-10	经济系统因子得分系数矩阵	148
表7-11	因子综合得分表	149
表7-12	人口系统与经济系统协调度	150
表7-13	优等协调($C \geq 0.8$)的具体划分标准	151
表7-14	三次产业的结构偏离度	154

表 7-15	2000—2010 年主要年份门头沟区人均用水结构	156
表 7-16	不同情境下门头沟区水资源承载力	156
表 7-17	2010 年门头沟区土地使用情况	157
表 7-18	2010 年门头沟区公路与北京市其他区县的比较	160
表 7-19	2010 年北京市和门头沟区部分水环境污染物排放情况	162
表 7-20	2010 年北京市和门头沟区部分大气环境污染物排放情况	163
表 7-21	2020 年门头沟区可能度与满意度指标及临界值	166
表 7-22	2020 年门头沟区在不同可能—满意度下的人口承载力	167
表 7-23	不同考虑前提下不同满意度门头沟区 2020 年人口承载规模	170
表 8-1	莫斯科人口变化情况	175
表 8-2	东京人口增长	178
表 8-3	巴黎市区人口变化	180
表 8-4	行政区域上的纽约人口变化	182
表 8-5	首尔的人口增长	184

第一章 北京市人口与经济发展历程和特点

1.1 北京市人口发展历程和特点

1.1.1 常住人口规模不断增长，主要原因是来自常住外来人口的增加

2011年北京市常住人口规模首次突破2000万，达到2018.6万人，比1995年的1251.1万人增长了767.5万人。自1995年以来，北京市常住人口年均增长48.0万人，年均增长率为3.04%，是我国常住人口增长最快的地区之一。16年间，北京市人口增长的主要动力是常住外来人口的增长，常住外来人口增加了561.4万人，年均增长35.1万人，年均增长率达到9.23%；而同期常住本地人口增长数量为206.1万人（见图1-1）。

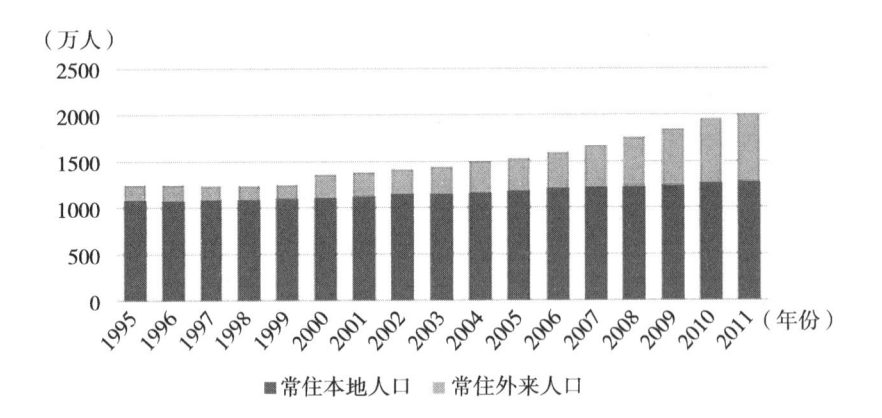

图1-1 1995—2011年北京市常住人口规模及构成情况

数据来源：《北京统计年鉴（2012）》。

1.1.2 人口素质不断提升，受教育水平和预期寿命均提高明显

北京市人口素质不断提升，表现在文化素质方面，人均受教育程度的增加；在健康素质方面，人均预期寿命的提高和婴儿死亡率降低。

北京市常住人口的平均受教育年限从2000年的9.7年增加到2010年的11.1年，10年提高了1.4年，虽然并不是全国提高幅度最大的地区，但依然是全国人均受教育年限最高的直辖市（省、自治区）之一。其中每10万人口中，接受过大专及以上高等教育的人口为31499人，超过受教育程度为初中的人口，成为受教育程度中分布最为集中的一项，北京市如此高的接受过高等教育的人口占总人口的比例是全国其他任何城市所难以比拟的（见图1-2）。

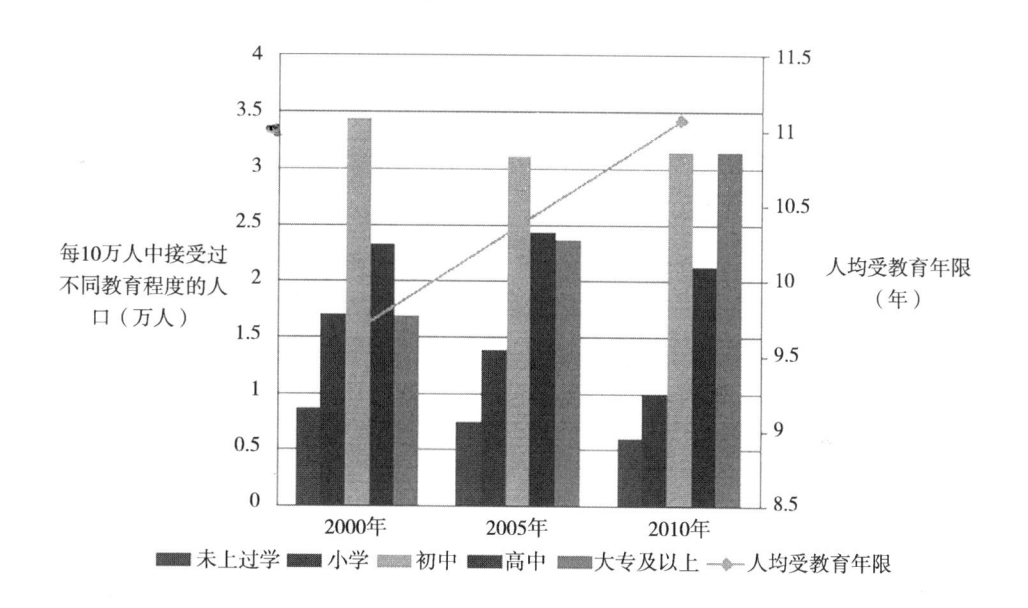

图1-2 2000—2010年北京市常住人口受教育程度情况

数据来源：根据《2005年北京市1%人口抽样调查主要数据公报》《北京市2010年第六次全国人口普查主要数据公报》数据计算。

人均预期寿命不断提高，从2000年的77.46岁提高到了2012年81.35岁，是全国最高的直辖市（省、自治区）。人均预期寿命12年提高了3.89岁，与全国平均水平大体相当，其中女性提高4.28岁，略快于男性的3.54岁（见图1-3）。

第一章　北京市人口与经济发展历程和特点

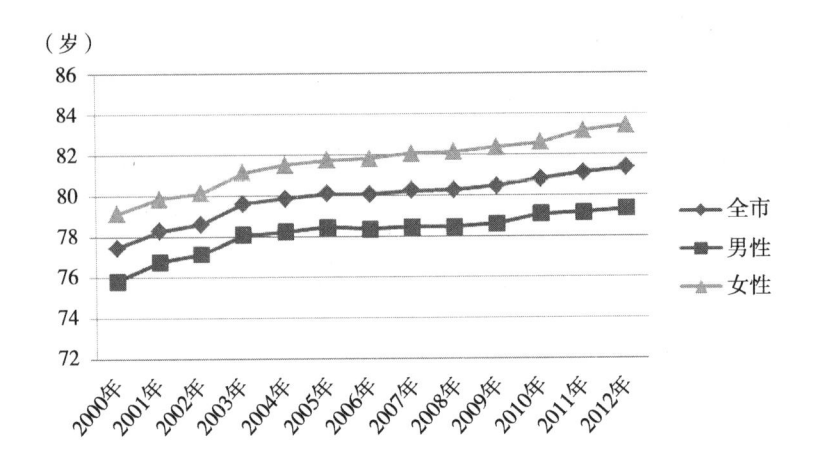

图 1-3　2000—2012 年北京市人均预期寿命情况

数据来源：北京市公共卫生信息中心[1]。

婴儿死亡率近年来在波动中不断降低，从 2000 年的 5.36‰降低到了 2011 年的 2.84‰，已达到发达国家水平，表明北京市的婴儿死亡率控制工作在全国处于领先水平（见图 1-4）。

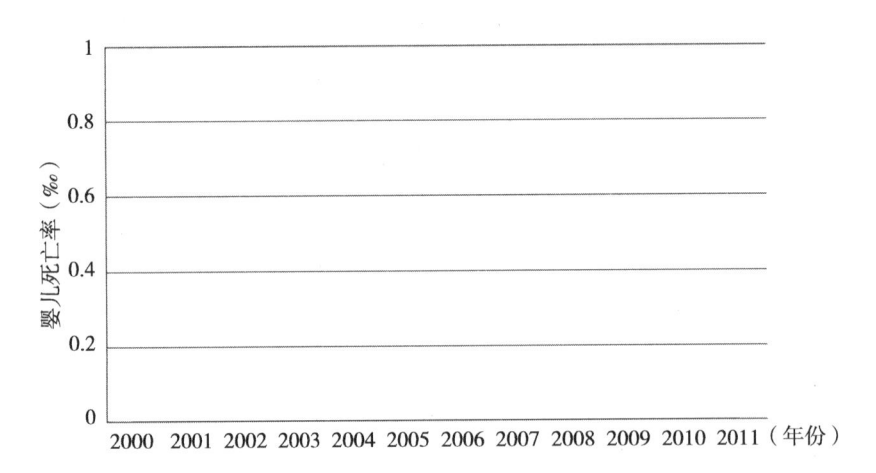

图 1-4　2000—2012 年北京市婴儿死亡率情况

数据来源：《北京统计年鉴（2012）》。

---

[1] 数据来源网址：http://www.phic.org.cn/tongjixinxi/weishengshujutiyao/jiankangzhibiao/201304/t20130425_60133.htm.

1.1.3 北京市劳动力人口密集,但老龄化压力不断加大

北京市人口主要集中在劳动年龄阶段,且劳动年龄人口规模和占总人口比重在近10年中不断上升。2010年北京市劳动年龄人口达到1621.6万人,占全市人口的82.7%,分别比2000年时上升了558.1万人和4.7个百分点(见表1-1),是我国劳动力最为密集的区域之一。充足的劳动力资源为就业和经济发展提供了人力支持。北京市的劳动力主要来源于外来人口,在京高等学府的在校生也是其重要组成部分,所以劳动力资源主要依靠外部供给。

表1-1 2000—2010年北京市人口年龄结构情况

年份	0~14岁 人口(万人)	比重	15~64岁 人口(万人)	比重	65岁以上 人口(万人)	比重
2000年	185.3	13.6%	1063.5	78.0%	114.8	8.4%
2005年	157	10.2%	1213	79.0%	166	10.8%
2010年	168.7	8.6%	1621.6	82.7%	170.9	8.7%

数据来源:根据《2005年北京市1%人口抽样调查主要数据公报》《北京市2010年第六次全国人口普查主要数据公报》数据计算。

劳动力人口比重上升的同时,少儿人口比重下降,老年人口比重提高。北京市在2000年65岁以上老年人口比重已达到8.4%,进入老龄化社会阶段。2010年,老年人口比重较2000年上升了0.3个百分点,达到8.7%。与2005年相比,2010年尽管老年人口总量有所增加,但比重却下降,说明劳动力年龄人口的增加稀释了老龄化程度。这里不得不强调的一个事实是,不断扩大的老年人群体对养老问题提出了严峻的挑战,如果不及早应对,未来必将导致严重的社会问题。

另外,少儿人口比重下低,少儿人口不足也可能为北京市今后的经济社会持续发展带来不确定因素。

1.1.4 北京市人口主要集中于城六区,向城市功能拓展区集中的趋势凸显

从人口的分布方面来看,北京市人口主要集中在城六区,2010年,有1171.6万人分布在这些区域,占北京市常住人口的59.7%,其中人口最多的区县为朝阳区,常住人口达到354.5万人,海淀区和丰台区的人口也均超过了200万。而五个城市发展新区的人口在80万~170万人。2010年,北京市五个生态涵养区的人口总量均没有超过50万,人口最少的是门头沟区,常住人口为29万人(见图1-5)。

第一章 北京市人口与经济发展历程和特点

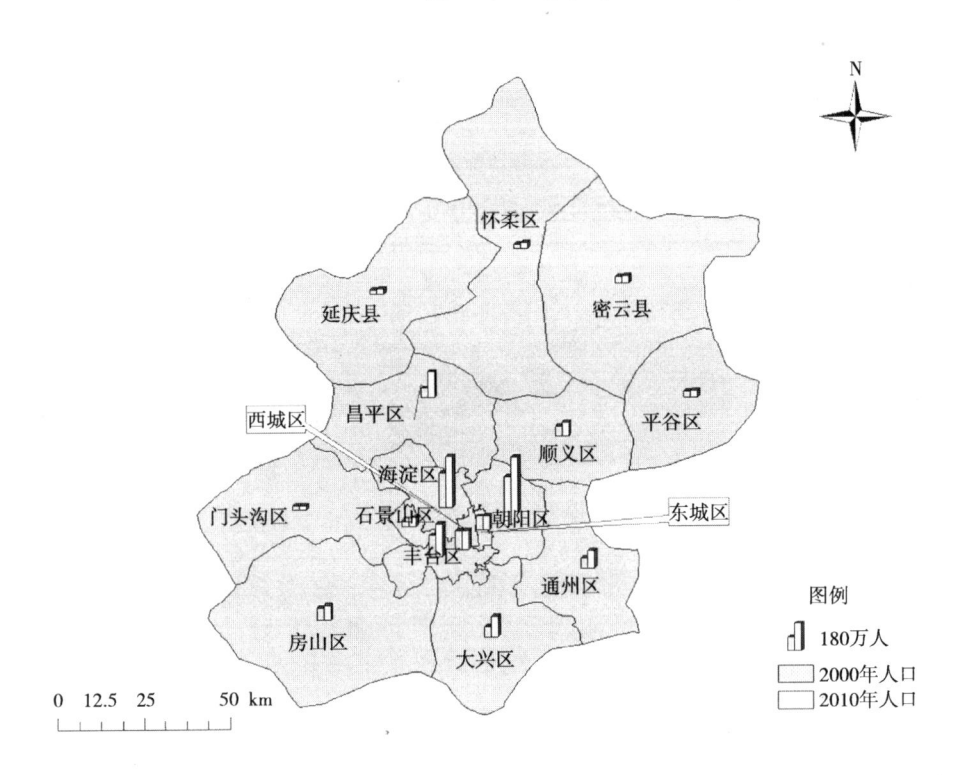

图1-5　2000—2010年北京市分区县人口规模情况

2000年以来，人口向城市功能拓展区集聚的趋势凸显。从2000年到2010年的10年间，这一区域常住人口增加356.4万人，占北京市全市常住人口增加量的52.4%，其中朝阳区人口增加最多，增加了125.5万人，海淀区人口增加也超过了100万。另外，五个城市发展新区的常住人口也都增加了10万人以上，其中增加最多的为昌平区，10年间常住人口增加了104.6万人，位于北京市16个区县中的第二位。而首都功能核心区和生态涵养发展区的人口增长比较稳定，增加量基本上都在5万人以内，其中西城区10年人口增加1.0万人，是北京市16个区县中人口增加最少的区县。

从人口密度看，北京市基本呈以东城区、西城区为核心，向外依次递减的现象。2010年，东城区和西城区的人口密度均超过20000人/km^2，其中西城区达到24614人/km^2，是北京市人口最为稠密的区域。城市功能拓展区包括的四个区人口密度基本在7000人/km^{2}左右。五个城市发展新区中，除房山区人口密度较低，为475人/km^{2}外，其余四个区域的人口密度在800~1300人/km^2。五个生态涵养发展区的人口密度均不足500人/km^2，其中延庆县人口密度为159人/km^2，是北京市人口最为疏散的区县（见图1-6）。

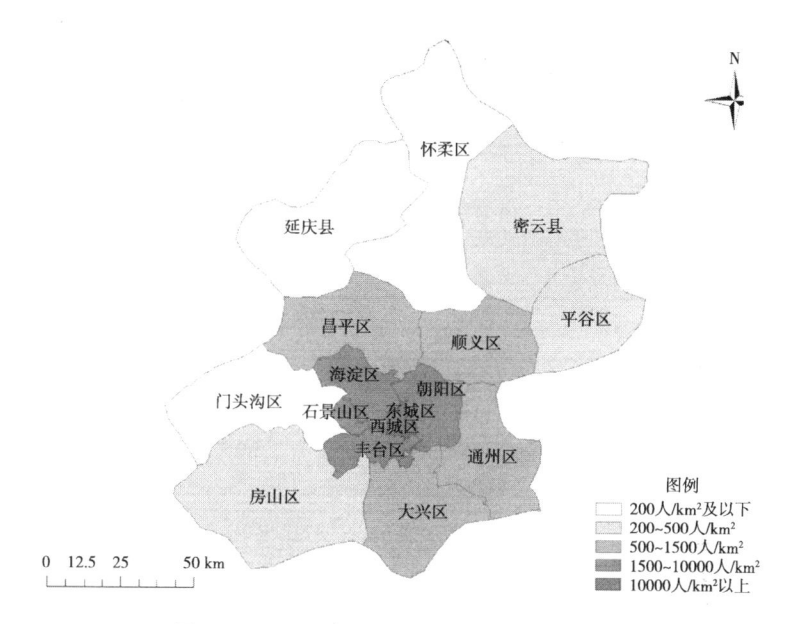

图 1-6　2010 年北京市分区县人口密度情况

从人口密度的变化情况看，2000—2010 年北京市人口密度增长最快的为城市功能拓展区，人口密度增加均超过 1500 人/km²，其中朝阳区最高，为 2758 人/km²。而生态涵养区人口密度增加的幅度较小，为 100 人/km²，其中门头沟区增加最少，仅为 16 人/km²（见图 1-7）。

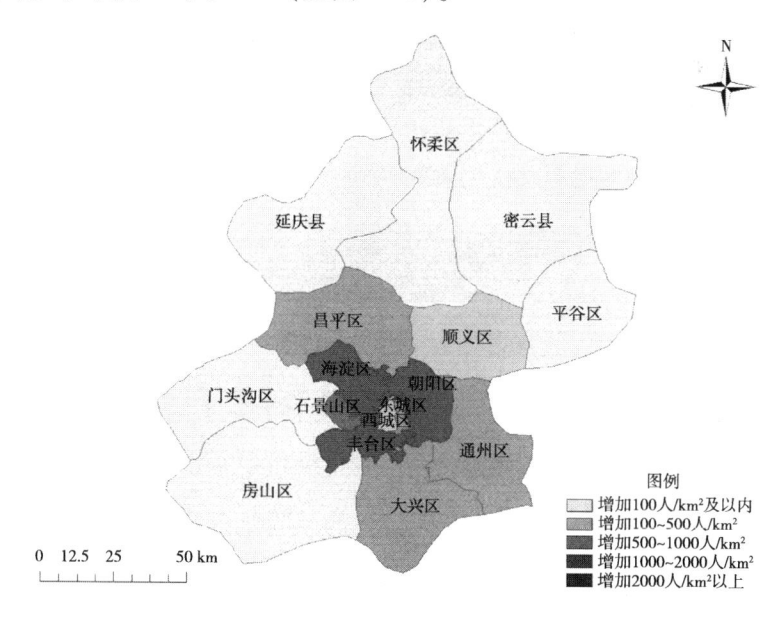

图 1-7　2000—2010 年北京市人口密度变化情况

1.2 北京市经济发展历程和特点

1.2.1 北京市地区生产总值保持持续快速增长

2000—2011年北京市经济保持着快速增长,地区生产总值从2000年的3161.7亿元增长到2011年的16251.9亿元,年均增长率为16.05%,其中2000—2007年间年均增长率高达17.62%。2008年和2009年受国际金融危机影响,经济增长势头减缓,但也保持在10%左右的年增长率水平上。其中,2010年和2011年经济增长率重新回到15%以上(见图1-8)。

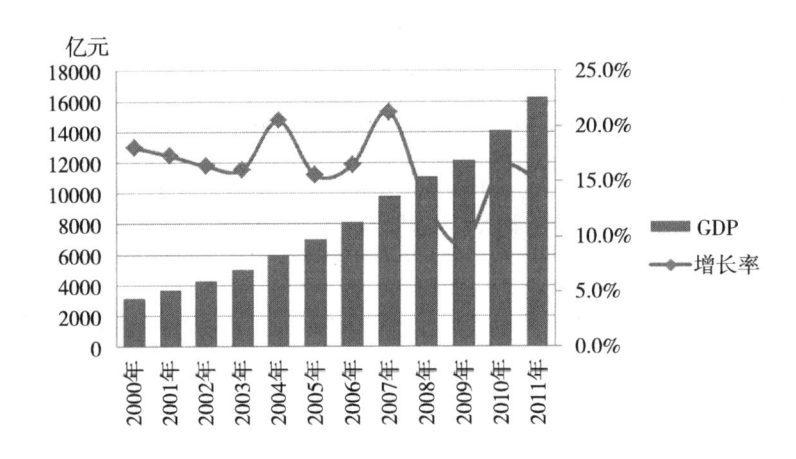

图1-8 2000—2011年北京市GDP及其年增长率情况

数据来源:《北京统计年鉴(2012)》。

1.2.2 地区生产总值构成以第三产业为主且比重不断加大

2000—2011年,北京市地区生产总值的构成以第三产业为主,第三产业产值占地区生产总值的比重一直超过60%,并不断加大,已从2000年的64.8%增长到了2011年的76.1%,且除个别年份的波动外,仍然保持着增加的趋势。第一产业产值占地区生产总值的比重低且在不断减少,2000年北京市第一产业产值占地区生产总值的比重为2.5%,而到2011年时已下降到0.8%。第二产业比重下降的幅度最大,从2000年的32.7%下降到了2011年的23.1%,这和北京市转变经济发展方式,迁出或者关闭部分第二产业部门有着密切的关系(见图1-9)。

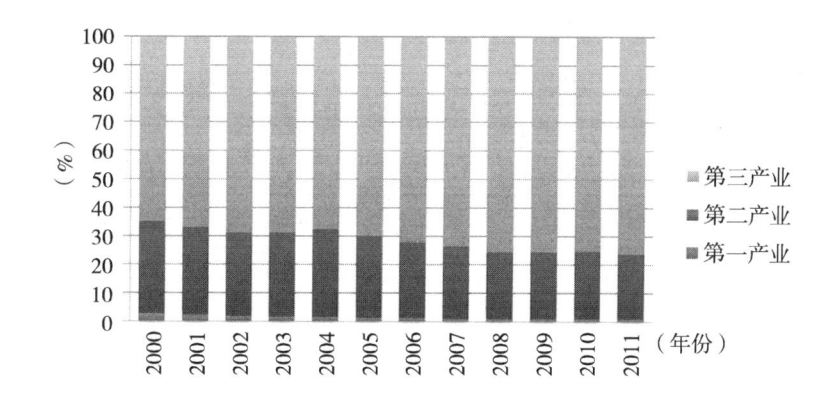

图 1-9　2000—2011 年北京市各产业比重情况

数据来源：《北京市统计年鉴（2012）》。

虽然各产业产值比重的变化多有不同，但持续增长是其共同的特点。2000—2011 年北京市三次产业的产值都有增长，第一产业产值由 2000 年的 79.3 亿元增长到了 2011 年的 136.3 亿元，年均增长率为 5.05%；第二产业产值由 2000 年的 1033.3 亿元增长到了 2011 年的 3752.5 亿元，年均增长率为 12.44%；第三产业产值由 2000 年的 2049.1 亿元增长到了 2011 年的 12363.1 亿元，年均增长率达到 17.75%，是三次产业中增长率最高的（见图 1-10）。

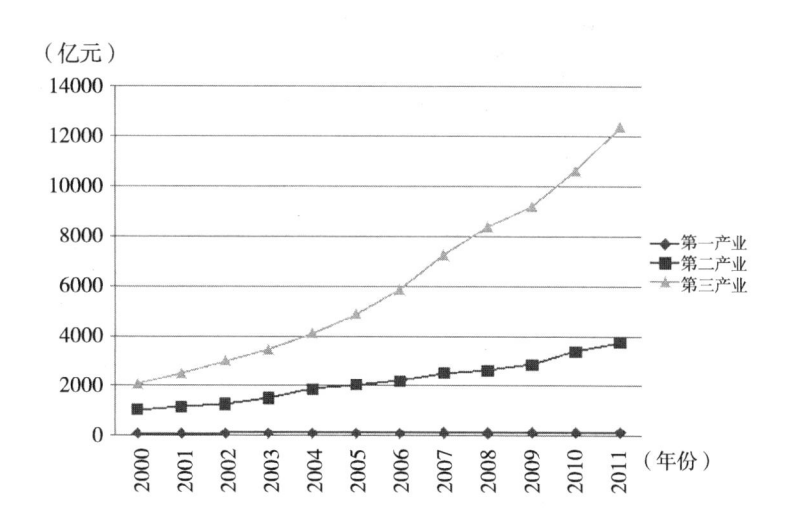

图 1-10　2000—2011 年北京市各产业产值情况

数据来源：《北京统计年鉴（2012）》。

1.2.3 北京市人均GDP持续增长

2000—2011年，北京市人均GDP由2000年的24127元增长到了2011年的81658元，11年增长了57531元，年均增长5230元，年均增长率为11.7%。而人均GDP增长率的变化可以大体分为三个阶段：第一个阶段是在2000—2007年，一直保持着超过10%的高速增长阶段；第二个阶段是在2008—2009年，人均GDP增长的低谷时期，分别为7.3%和3.8%；第三阶段是在2010—2011年，人均GDP的增长恢复并保持在10%左右的水平（见图1-11）。

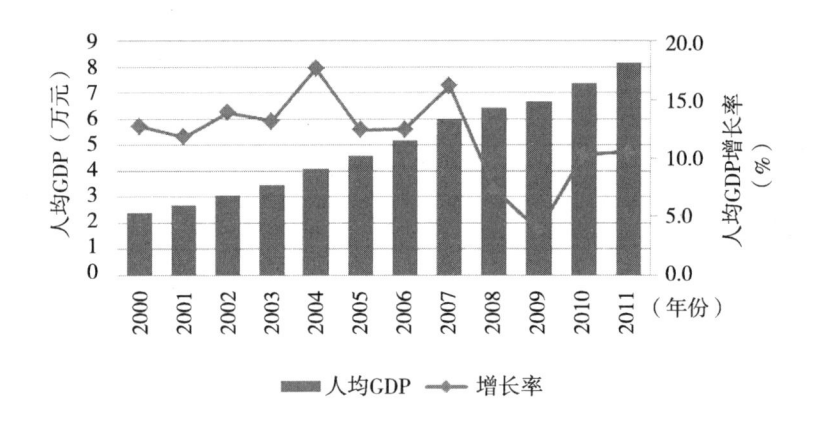

图1-11 2000—2011年北京市人均GDP及其增长率情况

数据来源：《北京统计年鉴（2012）》。

第二章　北京市区域人口与经济关系衡量指标

人口增长和经济增长之间的内在关系，常常采用分产业劳动生产率、人口—经济弹性系数和就业弹性系数来进行深入考察。

2.1　分产业劳动生产率

2.1.1　分产业劳动生产率的概念及含义

劳动生产率是指劳动者在一定时期内创造的劳动成果与其相适应的劳动消耗量的比值。劳动生产率水平可以用同一劳动在单位时间内生产某种产品的数量来表示，单位时间内生产的产品数量越多，劳动生产率就越高；也可以用生产单位产品所耗费的劳动时间来表示，生产单位产品所需要的劳动时间越少，劳动生产率就越高。劳动生产率是反映人口与经济协调发展的重要指标。社会劳动生产率的提高与否，也必然取决于产业结构与就业结构的发展水平。产业结构水平高，表明劳动生产率高，也意味着能够吸纳更多的劳动力人口就业。

2.1.2　北京市分产业劳动生产率的计算及分析

分产业劳动生产率是将三次产业的从业人口与其产值分别考虑，能够更加具体地反映各个产业生产率情况。用 P 表示总的劳动生产率，P_i 表示第 i 产业（$i=1,2,3$.下同）的劳动生产率，用 GDP 表示地区总产值，GDP_i 表示第 i 产业产值，L 表示就业总人口数，L_i 表示第 i 产业就业人口数，则各产业的劳动生产率为：

$$P_i = GDP_i / L_i \qquad (i=1,2,3)$$

总的劳动生产率为：

$$P = GDP/L = \sum GDP_i / \sum L_i \qquad (i=1,2,3)$$

北京市 2000—2011 年的各产业国内生产总值和年末从业人口数如表 2-1 所示。

第二章 北京市区域人口与经济关系衡量指标

表2-1 北京市2000—2011年各产业产值与从业人数

年份	第一产业 生产总值（亿元）	第一产业 从业人数（万人）	第二产业 生产总值（亿元）	第二产业 从业人数（万人）	第三产业 生产总值（亿元）	第三产业 从业人数（万人）	国内生产总值（亿元）	从业总人数（万人）
2000	79.3	72.9	1033.3	208.2	2049.1	338.2	3161.7	619.3
2001	80.8	71.2	1142.4	215.9	2484.8	341.8	3708	628.9
2002	82.4	67.6	1250	235.3	2982.6	376.3	4315	679.2
2003	84.1	62.7	1487.2	225.8	3435.9	414.8	5007.2	703.3
2004	87.4	61.5	1853.6	232.8	4092.2	559.8	6033.2	854.1
2005	88.7	62.2	2026.5	231.1	4854.3	584.7	6969.5	878
2006	88.8	60.3	2191.4	225.4	5837.6	634	8117.8	919.7
2007	101.3	60.9	2509.4	228.1	7236.1	653.7	9846.8	942.7
2008	112.8	63	2626.4	207.4	8375.8	710.5	11115	980.9
2009	118.3	62.2	2855.5	199.6	9179.2	736.5	12153	998.3
2010	124.4	61.4	3388.4	202.7	10600.8	767.5	14113.6	1031.6
2011	136.3	59.1	3752.5	219.2	12363.1	791.4	16251.9	1069.7

数据来源：《北京统计年鉴（2012）》。

通过北京市2000—2011年各产业产值及就业人数情况，计算得到北京市2000—2011年各产业劳动生产率和总体劳动生产率。然后将北京市的各项劳动生产率与我国其余几个特大型城市进行比较。

表2-2 各大城市2000—2011年第一产业劳动生产率

单位：（万元/人）

年份	北京	上海	广州	深圳	天津
2000	1.09	0.86	0.99	—	0.91
2001	1.13	0.89	1.00	—	0.95
2002	1.22	0.95	1.09	—	1.02
2003	1.34	1.10	1.15	—	1.08
2004	1.42	1.24	1.30	—	1.27
2005	1.43	1.48	1.50	—	1.37

续表

年份	北京	上海	广州	深圳	天津
2006	1.47	1.70	1.55	—	1.27
2007	1.66	1.90	1.93	—	1.43
2008	1.79	2.26	2.32	—	1.61
2009	1.90	2.35	2.35	2.00	1.70
2010	2.03	3.08	3.19	2.49	1.97
2011	2.31	3.35	3.25	2.68	2.18

表2-3 各大城市2000—2011年第二产业劳动生产率

单位：(万元/人)

年份	北京	上海	广州	深圳	天津
2000	4.96	6.01	5.15	—	3.89
2001	5.29	7.75	5.67	—	4.51
2002	5.31	8.17	6.20	—	5.21
2003	6.59	10.12	7.42	—	6.09
2004	7.96	12.32	8.74	—	7.53
2005	8.77	13.59	9.20	—	9.39
2006	9.72	15.17	10.45	—	10.46
2007	11.00	16.25	11.41	—	11.07
2008	12.66	14.35	12.29	—	13.64
2009	14.31	14.19	12.46	10.24	14.19
2010	16.72	16.27	14.63	12.46	16.01
2011	17.12	17.81	16.18	13.95	18.76

表2-4 各大城市2000—2011年第三产业劳动生产率

单位：(万元/人)

年份	北京	上海	广州	深圳	天津
2000	6.06	6.68	4.34	—	4.17
2001	7.27	7.68	4.55	—	4.57
2002	7.93	7.86	4.85	—	4.87
2003	8.28	8.06	5.84	—	5.53
2004	7.31	9.03	6.48	—	5.97

续表

年份	北京	上海	广州	深圳	天津
2005	8.30	9.95	6.95	—	7.11
2006	9.21	10.96	7.87	—	7.70
2007	11.07	13.31	8.72	—	8.16
2008	11.79	13.58	9.37	—	9.65
2009	12.46	15.06	9.38	13.72	10.63
2010	13.81	16.12	9.63	14.78	12.02
2011	15.62	17.92	10.42	16.14	13.96

表2-5 各大城市2000—2011年总体劳动生产率　单位：（万元/人）

年份	北京	上海	广州	深圳	天津
2000	5.11	6.40	5.02	4.61	3.50
2001	5.90	6.93	5.65	5.05	3.93
2002	6.35	7.25	6.32	5.83	4.37
2003	7.12	8.23	7.21	6.69	5.05
2004	7.06	9.65	8.23	7.62	5.89
2005	7.94	10.71	8.97	8.59	7.20
2006	8.83	11.94	10.14	8.98	7.93
2007	10.45	13.74	11.45	10.37	8.56
2008	11.33	13.36	12.69	11.61	10.38
2009	12.17	14.14	13.46	11.84	11.11
2010	13.68	15.74	15.12	13.59	12.66
2011	15.19	17.38	16.72	15.05	14.82

数据来源：《北京统计年鉴（2012）》《上海统计年鉴（2012）》《广州统计年鉴（2012）》《深圳统计年鉴（2012）》《天津统计年鉴（2012）》。

从表2-2中可以看出，对于第一产业，北京市的劳动生产率与其余几个特大城市相比发展缓慢，2000年时达到1.09万元/人，高于上海、广州和天津，但2011年时仅略高于天津，为2.31万元/人；对于第二产业，2000年时北京市的劳动生产率增长速度仅高于天津，为4.96万元/人，低于上海、广州，2011年时为17.12万元/人，排在天津和上海之后（见表2-3）；对于第

三产业，北京市的劳动生产率从2000年的6.06万元/人发展到2011年的15.62万元/人，仅低于上海（见表2-4）。总体而言，北京市的劳动生产率从2000年的5.11万元/人发展到2011年的15.19万元/人，近10年增长较快，但是其发展水平在全国几个特大型城市当中并不突出（见表2-5）。

2.2 经济—人口弹性系数

2.2.1 经济—人口弹性系数的概念及含义

通过分产业劳动生产率考察就业人口与产业结构发展之间的协调关系，概括来讲，是一种人口与经济在静态下的协调状态。而引入经济—人口弹性系数这一概念作为衡量人口与经济两者的基本指标，是一种动态下的协调状态。人口经济学家认为，人口总量每增长1%，就需要国内生产总值增长3%~4%，才能维持原有的经济发展水平，所以选取人口增长速度和经济增长速度两个指标，用"经济—人口弹性系数 E"来表示两者的协调度。经济—人口弹性系数可以表示为：

经济—人口弹性系数 E = 经济（GDP）增长速度/人口增长速度

当经济—人口弹性系数 $E \leq 1$，则认为经济社会发展处于停滞阶段，人民生活水平会下降，整个社会呈现出停滞或退步状态；当 $1 < $ 经济—人口弹性系数 $E < 5$，则认为经济社会发展处于缓进阶段，人民生活水平虽有所改善，但是改善速度缓慢；当经济—人口弹性系数 $E \geq 5$，则认为经济社会发展处于协调阶段，在此状态下人口与经济处于协调发展的良性循环之中[1]。

2.2.2 北京市产业劳动生产率的计算及分析

根据北京市2000—2011年的国内生产总值和常住人口，可以得到北京市2001—2011年国内生产总值和常住人口的年增长率，以及经济—人口弹性系数（见表2-6）。

表2-6 北京市2001—2011年人口增长、经济增长与经济—人口弹性系数

年份	经济（GDP）年增长率（%）	常住人口年增长率（%）	经济—人口弹性系数 E
2001	17.28	1.58	10.96
2002	16.37	2.75	5.95
2003	16.04	2.33	6.88

---

[1] 纪丽萍. 天河区人口与经济关系研究 [D]. 广州：暨南大学，2002.

第二章　北京市区域人口与经济关系衡量指标

续表

年份	经济（GDP）年增长率（%）	常住人口年增长率（%）	经济—人口弹性系数 E
2004	20.49	2.49	8.22
2005	15.52	3.03	5.11
2006	16.48	4.10	4.02
2007	21.30	4.68	4.55
2008	12.88	5.67	2.27
2009	9.34	5.03	1.86
2010	16.13	5.48	2.94
2011	15.15	2.89	5.24

数据来源：《北京统计年鉴（2012）》。

通过表2-6数据发现，近年来北京市经济保持较高的增长率，除2008年和2009年外，GDP的年增长率均保持在15%以上；常住人口年增长率自2001年起呈现不断上升趋势。总的来看，北京市的经济—人口弹性系数 E 在波动中不断下降，2005年之前经济社会发展处于协调阶段，之后的五年当中经济社会发展相对缓慢。

将北京市人口增长、经济增长与经济—人口弹性系数与我国其余几个特大型城市进行比较，如表2-7～表2-9所示。

表2-7　各大城市2001—2011年GDP年增长率　　　　单位：（%）

年份	北京	上海	广州	深圳	天津
2001	17.28	9.20	14.00	13.49	12.76
2002	16.37	10.19	12.75	19.62	12.07
2003	16.04	16.60	17.31	20.75	19.87
2004	20.49	20.59	18.41	19.42	20.67
2005	15.52	14.55	15.81	15.62	25.54
2006	16.48	14.32	18.00	17.42	14.26
2007	21.30	18.18	17.40	16.99	17.70
2008	12.88	12.61	16.06	14.49	27.91
2009	9.34	6.94	10.27	5.32	11.95
2010	16.13	14.09	17.62	16.83	22.64
2011	15.15	11.82	15.59	20.08	22.58

表2-8　各大城市2001—2011年常住人口年增长率　　单位：(%)

年份	北京	上海	广州	深圳	天津
2001	1.58	3.71	—	3.33	0.29
2002	2.75	2.68	—	3.04	0.31
2003	2.33	3.09	—	4.24	0.41
2004	2.49	3.92	—	2.89	1.22
2005	3.03	3.01	-2.04	3.37	1.89
2006	4.10	3.91	2.71	5.24	3.07
2007	4.68	5.06	2.99	4.74	3.72
2008	5.67	3.73	1.36	4.59	5.47
2009	5.03	3.25	1.50	4.27	4.44
2010	5.48	4.18	22.98	4.24	5.79
2011	2.89	1.95	0.33	0.92	4.26

表2-9　各大城市2001—2011年经济—人口弹性系数

年份	北京	上海	广州	深圳	天津
2001	10.96	2.48	—	4.05	43.76
2002	5.95	3.81	—	6.45	38.85
2003	6.88	5.38	—	4.90	48.56
2004	8.22	5.26	—	6.71	16.90
2005	5.11	4.83	-7.74	4.64	13.53
2006	4.02	3.67	6.63	3.33	4.65
2007	4.55	3.59	5.83	3.59	4.76
2008	2.27	3.38	11.85	3.15	5.10
2009	1.86	2.13	6.85	1.25	2.69
2010	2.94	3.37	0.77	3.97	3.91
2011	5.24	6.08	47.39	21.83	5.31

数据来源：《北京统计年鉴（2012）》《上海统计年鉴（2012）》《广州统计年鉴（2012）》《深圳统计年鉴（2012）》《天津统计年鉴（2012）》。

从表2-7中可以看出，北京市的GDP增长率在几个特大城市当中并不十

分突出，特别是相比于临近的天津市和南方的广州、深圳两地，GDP增长率相对较低；而北京市近年来的常住人口增长率在波动中逐年上升，常住人口增长率在2008—2009年一度排在几个特大城市之首（见表2-8）。相对于经济—人口弹性系数，北京市与几个特大城市同样面临着人口增长给经济社会发展带来的压力，因此经济—人口弹性系数不断减小（见表2-9）。

2.3 就业弹性系数

2.3.1 就业弹性系数的概念及含义

就业弹性系数是从业人数增长率与GDP增长率的比值，即GDP增长1个百分点带动就业增长的百分点，系数越大，吸收劳动力的能力就越强；反之则越弱。当就业弹性水平较低时，即使经济保持高增长，也不一定会对就业有较强的拉动。就业弹性系数可以表示为：

就业弹性系数 e = 从业人数增长速度/经济（GDP）增长速度

2.3.2 北京市就业弹性系数计算及分析

根据北京市2000—2011年的从业人数和国内生产总值，可以得到北京市2001—2011年从业人数和国内生产总值的年增长率，以及就业弹性系数（见表2-10）。

表2-10 北京市2001—2011年从业人口增长率、经济增长率及就业弹性系数

年份	从业人口年增长率（%）	经济（GDP）年增长率（%）	就业弹性系数 e
2001	1.55	17.28	0.09
2002	8.00	16.37	0.49
2003	3.55	16.04	0.22
2004	21.44	20.49	1.05
2005	2.80	15.52	0.18
2006	4.75	16.48	0.29
2007	2.50	21.30	0.12
2008	4.05	12.88	0.31
2009	1.77	9.34	0.19
2010	3.34	16.13	0.21
2011	3.69	15.15	0.24

数据来源：《北京统计年鉴（2012）》。

通过表2-10数据发现，从业人口年增长率自2001年起每年存在较大的波动，增长率最高为2004年的21.44%，最低为2001年的1.55%，2011年从业人口年增长率为3.69%；而北京市经济保持较高的增长率，除个别年份外，GDP的年增长率均保持在15%以上。北京市的就业弹性系数e处在不断波动中，2004年由于较高的从业人口增长率使得就业弹性系数达到了1.05；而2001年由于从业人口增长率较低，就业弹性系数仅为0.09；2011年的就业弹性系数为0.24。

将北京市就业弹性系数与我国其余几个特大型城市进行比较（见表2-11）。

表2-11 各大城市2001—2011年就业弹性系数

年份	北京	上海	广州	深圳	天津
2001	0.09	0.10	0.10	0.25	0.02
2002	0.49	0.52	0.06	0.19	0.07
2003	0.22	0.16	0.16	0.25	0.19
2004	1.05	0.14	0.20	0.25	0.16
2005	0.18	0.22	0.39	0.16	0.11
2006	0.29	0.18	0.24	0.71	0.26
2007	0.12	0.15	0.23	0.07	0.51
2008	0.31	1.26	0.29	0.16	0.19
2009	0.19	0.15	0.39	0.62	0.39
2010	0.21	0.18	0.27	0.11	0.34
2011	0.24	0.11	0.29	0.42	0.21

数据来源：《北京统计年鉴（2012）》《上海统计年鉴（2012）》《广州统计年鉴（2012）》《深圳统计年鉴（2012）》《天津统计年鉴（2012）》。

从表2-11中可以看出，在各大城市当中，北京市的就业弹性系数相对居中，相比于其他几个城市而言波动性较大。自2005年以来的大部分年份，北京市的就业弹性系数往往低于南方的广州和深圳，高于上海，说明近年来北京市经济发展对就业的带动作用不如广州、深圳明显。

第三章 北京市区人口和经济发展的协调度测算及分析

3.1 人口与经济协调发展指标的选取

社会发展的核心是以人为本，谋求人的自由全面发展。在复杂的社会系统中，人始终处于主体地位。人的全面发展既是社会发展的起点，又是社会发展的归宿，由此可见人口子系统在社会发展中的地位与作用。人口的规模、素质和结构直接影响着区域发展系统的状况，适宜的人口数量、较高的人口素质可以促进社会经济的发展，而过大的人口数量或人口结构失调都会制约区域社会经济的发展。经济发展也是区域发展研究中永恒的话题，经济系统的发展为人口系统提供物质基础。可以说，两个系统相辅相成，相互促进。从经济系统的组成看，由第一产业、第二产业、第三产业组成，不同产业的发展情况制约着经济社会的发展。在对经济系统进行研究时，我们应从经济水平、经济结构和经济效率对经济系统进行全面的分析。

为了准确评价人口状况和区域经济发展水平，本研究对指标的选取严格遵循如下几个原则。

（1）科学性与可操作性相结合：指标体系一定要建立在科学的基础之上，指标的物理意义必须明确，测算方法标准，能够用来评估目标的实现程度，保证评估方法的科学性、评估结果的真实性和客观性。同时，指标体系的建立应考虑各个指标的可获得性、来源的可靠性以及定量化的可操作性。

（2）关联性与独立性相结合：人口系统与经济系统既相互独立又相互联系，因此，在建立指标评价体系时，既要考虑各系统内部较独立、反映系统内部主要特征的指标，又要考虑那些反映两系统间相互联系、相互协调的指标。

（3）系统性与层次性相结合：每一个系统都是一个有机统一的整体，但为

了便于研究，又可以细分为各个相互关联的层次。因此，在建立指标体系时应选取一些反映系统各层次特征的指标。

在以上 3 条原则的指导下，本研究最终形成了由人口规模、人口素质和人口结构 3 个方面 9 个指标构成的人口指标体系；由经济水平、经济结构和经济效率 3 个方面 10 个指标构成的经济发展指标体系。

3.2 人口与经济协调发展指标体系构建

本研究将人口与经济协调发展指标体系分为目标层、准则层和指标层三个结构层次，将人口变量与经济发展水平评价变量的各个因素充分考虑进来，形成表 3-1 所示的指标体系。这个指标体系包括 9 个人口指标、10 个经济发展指标。

表 3-1 北京市人口与经济协调发展指标体系

目标层	准则层	指标层
人口指标	人口规模	人口规模、人口增长率
	人口素质	在校大学生数量占常住人口比例、科技活动人员占常住人口比例
	人口结构	性别比、城镇人口占比、抚养比、二产从业人员比重、三产从业人员比重
经济发展指标	经济水平	地区生产总值 GDP、城镇居民人均可支配收入、农村人均纯收入
	经济结构	二产产值比重、二产固定资产投资比重、三产产值比重、三产固定资产投资比重、全社会固定资产投资
	经济效率	GDP 年增长率、万元产值能耗

3.3 人口与经济协调发展的计量分析

3.3.1 方法简介

协调度是用来度量系统之间或要素之间协调发展状态的定量指标。人口结构与经济发展的协调度是一个相对指标，目前还没有一个统一的标准。但比较常用的方法是因子分析和模糊隶属度函数相结合的分析方法，因为因子分析法可把一些信息重叠、具有错综复杂关系的变量归结为少数几个不相关的综合因

第三章 北京市区人口和经济发展的协调度测算及分析

子,可在保证原始数据信息损失较少的情况下,用少数几个相互独立的综合变量代替原始的多维变量,达到降维和简化分析的目的。另外,由于协调值是某一系统与其他系统相适应的数值,因此在评价系统间的协调发展状况时,不能仅以"协调""不协调"做结论。事实上,更多系统的协调发展状况都是处于"协调""不协调"之间。常见的协调度划分如下(见表3-2)。

表3-2 协调度的划分

协调度	0~0.19	0.20~0.39	0.40~0.59	0.60~0.79	0.80~1.00
等级	明显失调	轻微失调	初等协调	中等协调	优等协调

协调发展是一个内涵明确而外延不明确的模糊概念,因此可以用模糊数学中的隶属度概念对其进行分析。根据本研究指标体系的特点,可以采用正态分布隶属度函数对协调性进行描述:

$$C(i/j) = \exp[-k(u_i - u'_{i/j})^2]$$

式中:$C(i/j)$为系统i对系统j的协调系数,即系统i的实际观测值与系统j对其所要求的协调值接近程度的定量描述。u_i为系统i综合发展水平的实际值。$u'_{i/j}$为与系统j实际值相协调的系统i所应达到的综合发展水平的理想值。$k = 1/S^2$,S^2为u_i的方差。

3.3.2 计算步骤

(1) 数据标准化处理

原始数据间存在量纲及数量级大小的不同,为了消除其影响,需要对原始数据进行标准化处理,应用SPSS统计分析软件,采用Z-Score标准化公式:

新数据 = (原数据 - 均值)/标准差

对各数据进行标准化处理。

(2) 综合发展指数的计算

本研究利用因子分析法来计算人口系统综合发展指数$f(x)$和经济系统综合发展指数$g(y)$(这里的综合发展指数即因子分析中的因子综合得分)。其中,人口系统综合发展指数(人口系统因子综合得分):

$$f(x) = \sum_{i=1}^{n} a_i x_i$$

经济系统综合发展指数(经济系统因子综合得分):

$$g(y) = \sum_{j=1}^{m} b_j y_j$$

其中，a_i，b_j 分别为反映人口结构与经济发展的各项因子的权重，以每个因子的方差贡献率占所选取主因子的总方差贡献率的比例表示。x_i 为人口系统因子得分，y_j 为经济系统因子得分。

（3）协调系数的计算

由于本研究须计算人口与经济两个系统之间的协调度，须分别计算 C（人口/经济）和 C（经济/人口）：

$$C(人口/经济) = \exp[-k(f(x) - f(x)')^2] \quad (1)$$

式（1）中，C（人口/经济）表示人口系统对经济系统的协调系数，即人口系统的实际观测值与经济系统对其所要求的协调值接近程度的定量描述。

其中，$f(x)'$ 为与人口系统的发展相匹配的经济系统的理想值，其计算过程为：建立回归模型 $f(x) = a + bg(y)$，利用该模型求得 $f(x)$ 的拟合值 $f(x)'$，即为与经济系统相匹配 $f(x)$ 的理想值。将 $f(x)$、$f(x)'$ 以及 $f(x)$ 的方差代入公式即可求得 C（经济/人口）。

同理，可以求 C（经济/人口）：

$$C(经济/人口) = \exp[-k'(g(y) - g(y)')^2] \quad (2)$$

式（2）中，C（经济/人口）表示经济系统对人口系统的协调系数，即经济系统的实际观测值与人口系统对其所要求的协调值接近程度的定量描述。

其中 $g(y)'$ 为与人口系统发展相匹配的经济系统的理想值，其计算过程为：建立回归模型 $g(y) = c + df(x)$，利用该模型求得 $g(y)$ 的拟合值 $g(y)'$，即为与人口系统相匹配的 $g(y)$ 的理想值。将 $g(y)$、$g(y)'$ 以及 $g(y)$ 的方差代入式（2）即可求得 C（人口/经济）两系统的综合协调系数。

$$C(人口,经济) = [C(人口/经济) + C(经济/人口)]/2$$

3.3.3 北京市协调度计算

本研究选取北京市 2000—2012 年的 19 个指标对应的数据，数据来源为历年的《中国统计年鉴》和《北京统计年鉴》；按照理论方法中的计算步骤，代入数据，即可对北京市人口与经济两个子系统各自的综合发展水平及两者的协调程度进行分析。

（1）人口系统因子综合得分的计算

首先，对人口系统的 9 个指标进行因子分析，表 3-3 给出了 KMO 检验统计量与 Bartlett 球形检验结果。KMO 统计量为 0.653，Bartlett 球形检验的 p 值为 0.000，这些都说明人口系统的各个指标适合进行因子分析（见表 3-3）。

第三章 北京市区人口和经济发展的协调度测算及分析

表3-3 人口系数KMO检验与Bartlett球形检验

KMO and Bartlett's 检验		
KMO 检验统计量		0.653
Bartlett's 球形检验	卡方值	161.678
	自由度	36
	p 值	0.000

在人口系统的指标做因子分析过程中,提取出两个主因子,两个主因子的方差贡献率分别为65.914%和15.656%。这两个因子总共可以解释原始变量85.17%的方差,已经包含了原始变量的大部分信息(见表3-4)。

表3-4 人口系数方差贡献表

主因子	特征根	方差贡献率(%)	累积方差贡献率(%)
1	6.29	65.914	65.914
2	1.37	15.656	85.170

两个主因子都可以表示为标准化之后的原始变量的线性组合:

$X_1 = 0.16 \times$ 常住人口 $+ 0.076 \times$ 人口自然增长率 $- 0.103 \times$ 性别比 $+ 0.154 \times$ 城镇人口占比 $+ 0.159 \times$ 科技活动人员占比 $+ 0.036 \times$ 在校大学生占比 $- 0.15 \times$ 总抚养比 $- 0.158 \times$ 第二产业从业人员比重 $+ 0.153 \times$ 第三产业从业人员比重

$X_2 = -0.135 \times$ 常住人口 $- 0.537 \times$ 人口自然增长率 $- 0.188 \times$ 性别比 $+ 0.046 \times$ 城镇人口占比 $- 0.049 \times$ 科技活动人员占比 $+ 0.578 \times$ 在校大学生占比 $+ 0.198 \times$ 总抚养比 $+ 0.01 \times$ 第二产业从业人员比重 $+ 0.051 \times$ 第三产业从业人员比重

以上两个线性组合的得出来自因子得分系数矩阵,如表3-5所示。

表3-5 人口系统因子得分系数矩阵

指标	主因子	
	1	2
常住人口	0.160	-0.135
人口自然增长率	0.076	-0.537
性别比	-0.103	-0.188

续表

指标	主因子 1	主因子 2
城镇人口占比	0.154	0.046
科技活动人员占比	0.159	−0.049
在校大学生占比	0.036	0.578
总抚养比	−0.150	0.198
第二产业从业人员占比	−0.158	0.010
第三产业从业人员占比	0.153	0.051

两个主因子及其方差贡献率均已求出，代入公式即可求得人口系统的因子综合得分。

（2）经济系统因子综合得分的计算

首先，对经济系统的10个指标进行因子分析，表3－6给出了KMO检验统计量与Bartlett球形检验结果。KMO统计量为0.616，Bartlett球形检验的p值为0.000，这些都说明经济系统的各个指标适合进行因子分析。

表3－6 经济系统KMO检验与Bartlett球形检验

KMO and Bartlett's T 检验		
KMO检验统计量		0.616
Bartlett's 球形检验	卡方值	287.823
	自由度	45
	p 值	0.000

在经济系统的指标因子分析过程中，提取出两个主因子，两个主因子的方差贡献率分别为68.484%和23.844%，这两个因子总共可以解释原始变量92.327%的方差，已经包含了原始变量的大部分信息，具体如表3－7所示。

表3－7 经济系统方差贡献表

主因子	特征根	方差贡献率（%）	累积方差贡献率（%）
1	7.244	68.484	68.484
2	1.989	23.844	92.327

第三章 北京市区人口和经济发展的协调度测算及分析

两个主因子可以表示为标准化之后的原始变量的线性组合：

$Y_1 = 0.153 \times$ GDP $- 0.037 \times$ GDP 增长率 $- 0.122 \times$ 二产产值占比 $+ 0.13 \times$ 三产产值占比 $+ 0.154 \times$ 全社会固定资产投资 $+ 0.076 \times$ 二产固定资产投资比重 $- 0.087 \times$ 三产固定资产投资比重 $+ 0.153 \times$ 城镇居民人均可支配收入 $+ 0.152 \times$ 农民人均年收入 $- 0.16 \times$ 万元地区生产总值标准能耗

$Y_2 = 0.044 \times$ GDP $+ 0.175 \times$ GDP 增长率 $+ 0.066 \times$ 二产产值占比 $- 0.039 \times$ 三产产值占比 $+ 0.050 \times$ 全社会固定资产投资 $+ 0.457 \times$ 二产固定资产投资比重 $- 0.464 \times$ 三产固定资产投资比重 $+ 0.042 \times$ 城镇居民人均可支配收入 $+ 0.041 \times$ 农民人均年收入 $- 0.086 \times$ 万元地区生产总值标准能耗

以上两个线性组合的得出来自因子得分系数矩阵，如表 3 - 8 所示。

表 3 - 8　经济系统因子得分系数矩阵

指标	主因子 1	主因子 2
GDP	0.153	0.044
GDP 增长率	-0.037	0.175
二产产值占比	-0.122	0.066
三产产值占比	0.130	-0.039
全社会固定资产投资	0.154	0.050
二产固定资产投资比重	0.076	0.457
三产固定资产投资比重	-0.087	-0.464
城镇居民人均可支配收入	0.153	0.042
农民人均年收入	0.152	0.041
万元地区生产总值标准能耗	-0.160	-0.086

两个主因子及其方差贡献率均已求出，代入公式即可求得人口系统的因子综合得分。

将人口系统的因子综合得分 $f(x)$ 对经济系统的因子综合得分 $g(y)$ 做线性回归，得到回归方程 $f(x) = 2.065E - 7 + 0.9599 g(y)$，利用该回归方程得到 $f(x)$ 的拟合值 $f(x)'$。

然后，将 $g(y)$ 对 $f(x)$ 做线性回归，得到回归方程 $g(y) = -2.153E - 7 + 0.845 f(x)$，利用该回归方程求得 $g(y)$ 的拟合值 $g(y)'$。

（3）因子综合得分的分析

上文已求出 $f(x)$、$f(x)'$、$g(y)$、$g(y)'$，如表 3-9 所示。

表 3-9 因子综合得分表

年份	人口系统因子综合得分 $f(x)$	经济系统因子综合得分 $g(y)$	$f(x)'$	$g(y)'$
2000	-1.343	-1.095	-1.051	-1.135
2001	-1.091	-1.163	-1.116	-0.922
2002	-1.005	-0.935	-0.897	-0.849
2003	-0.706	-0.444	-0.426	-0.597
2004	-0.310	0.310	0.298	-0.262
2005	0.371	0.262	0.251	0.314
2006	0.367	-0.093	-0.089	0.310
2007	0.598	0.448	0.430	0.505
2008	0.653	0.290	0.278	0.552
2009	0.755	0.287	0.275	0.638
2010	0.796	0.651	0.624	0.673
2011	0.915	1.483	1.423	0.773

根据表 3-9 因子综合得分的数据可知：北京市 2000—2011 年人口系统与经济系统的综合发展水平总体上都呈上升趋势，但也有个别年份综合发展水平出现明显下滑的趋势。例如，经济子系统的发展水平由 2005 年的 0.262 下降到 2006 年的 -0.093，主要原因在于第二产业固定资产投资比重由 2005 年的 14.49% 下降为 2006 年的 10.77%。而从因子得分系数矩阵上来看，第二产业固定资产投资比重刚好为影响第二个因子得分大小的主要因素。另外，相比于 2007 年，2008 年和 2009 年的经济系统因子综合得分也有了明显的下降。从计算结果来看，经济系统因子综合得分由 2007 年的 0.448 下降至 2008 年的 0.290 和 2009 年的 0.287，原因在于 GDP 增长率由 2007 年的 14.5% 下降为 2008 年的 9.1% 和 2009 年的 10.2%，第二产业固定资产投资比重由 2007 年的 12.2% 下降到 2008 年的 10.03% 和 2009 年的 8.46%，因此会出现综合发展水平的下降。从北京市这 12 年各系统发展水平的变化可以发现，2003 年以前人口系统和经济系统的发展水平都为负数，而到 2005 年以后各系统的发展水平

第三章 北京市区人口和经济发展的协调度测算及分析

都是正数，因此可以看出北京市这10多年的综合发展水平在整体上有了显著提升。为了更明确表示对因子综合得分计算结果所体现的对综合发展水平趋势做出直观的描述，我们将人口系统因子综合得分和经济系统因子综合得分用折线图表示（见图3－1）。

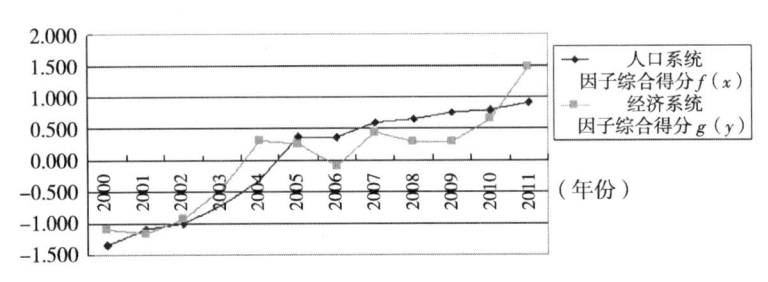

图3－1 因子综合得分分析走势图

从图3－1可以看出：2000年人口系统的因子综合得分低于经济系统的因子综合得分；2001年人口系统因子综合得分超过经济系统因子综合得分；2002—2004年，经济系统因子综合得分一直高于人口系统因子综合得分；从2005年开始，情况发生变化，人口系统因子综合得分又高于经济系统因子综合得分，这种情况一直持续到2010年；2011年又出现了经济系统因子综合得分超过人口系统因子综合得分的现象。

对于以上两个系统间因子综合得分的不断变化，可以根据本研究所用数据所呈现的规律加以解释。为了方便解释，需要结合上文两个系统各自主因子的线性表达式中不同变量的权重。2000年经济系统得分高于人口系统，一个主要原因是2000年常住人口增长率位于12年中的最高值，而该变量的系数在第二个因子 X_2 的表达式中为负值，且系数很大，因此降低了人口系统因子综合得分；而2001年常住人口增长率由2000年的8.46%下降为2001年的1.57%，下降幅度很大，这是2001年人口系统得分增大的一个表现比较明显的原因。

2002—2004年，经济系统因子综合得分一直高于人口系统因子综合得分，原因在于人口系统的人口自然增长率和性别比这两项指标的值在2002—2004年这三年相比于2001年是上升的，抑制了人口系统因子综合得分的增加。而经济系统的GDP增长率和第二产业产值占比在2002—2003年都是下降的，2004年第二产业固定资产投资由2001年的10.07%上升为2004年的15.86%，而第二产业固定资产投资在经济系统因子 Y_2 中的系数很大，对因子综合得分影响大，这些都加快了经济系统因子综合得分的增速。这样就使得经济系统因子综合得分在2002—2004年的增速快于人口系统的因子综合得分。

2005—2010 年，人口系统因子综合得分超过经济系统的因子综合得分。原因在于 2005—2010 年，常住人口增长率不断下降，而在校大学生数量占比不断减小，而这两个变量在人口系统第二个因子 X_2 中的系数比较大，且常住人口增长率的系数为负值，在校大学生数量占比的系数为正值。这两个变量降低了人口系统因子综合得分的增速，使得人口系统因子综合得分低于经济系统的因子综合得分。2011 年经济系统因子综合得分又超过人口系统因子综合得分，原因在于第二产业固定资产投资比重由 2010 年的 9.61% 上升为 2011 年的 12.89%，作为对经济系统因子得分影响比较大的变量，它的增加带动了经济系统因子综合得分的增加。

（4）协调度的计算与分析

人口系统因子综合得分和经济系统因子综合得分的标准差分别为 0.83662 和 0.78543。且 $f(x)$、$f(x)'$、$g(y)$、$g(y)'$ 均已求出，代入如下公式：

$$C(人口/经济) = \exp[-kf(x) - f(x)'^2]$$
$$C(经济/人口) = \exp[-k'(g(y) - g(y)')^2]$$

即可求得 C（人口/经济）、C（经济/人口）以及 C（人口，经济），如表 3-10 所示。

表 3-10 人口系数与经济系统协调度

年份	C（人口/经济）	C（经济/人口）	C（人口，经济）	f(x) - g(y)	|f(x) - g(y)|
2000	0.886	0.997	0.942	-0.247	0.247
2001	0.999	0.911	0.955	0.071	0.071
2002	0.984	0.988	0.986	-0.070	0.070
2003	0.894	0.963	0.928	-0.262	0.262
2004	0.590	0.588	0.589	-0.621	0.621
2005	0.980	0.996	0.988	0.109	0.109
2006	0.742	0.768	0.755	0.461	0.461
2007	0.961	0.995	0.978	0.150	0.150
2008	0.818	0.895	0.856	0.363	0.363
2009	0.719	0.818	0.769	0.469	0.469
2010	0.959	0.999	0.979	0.146	0.146
2011	0.692	0.442	0.567	-0.568	0.568

第三章　北京市区人口和经济发展的协调度测算及分析

协调度的评估就是对各子系统的综合发展水平的实际观测值与其协调值接近程度的定量描述。所谓协调值就是某一系统与其他系统相适应的数值。协调值是另外一个系统综合发展水平的线性表达，由于在本研究的线性回归方程中，回归系数均接近于1，因此当两个系统的综合发展水平越接近，两个系统的协调度越高。在 $|f(x)-g(y)|$ 越大的地方，协调度 C（人口，经济）越小；在 $|f(x)-g(y)|$ 越小的地方，协调度 C（人口，经济）越大。$|f(x)-g(y)|$ 的图像如同 C（人口，经济）图像的倒影（见图3－2）。

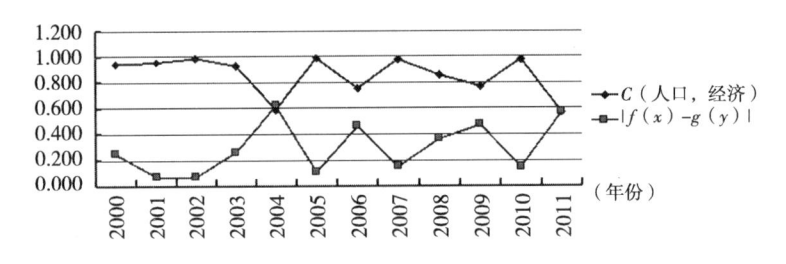

图3－2　北京市人口系统与经济系统协调的走势图

对于人口与经济协调度的分析，在计算出协调度的值后，这里需要提及，如果人口系统与经济系统发展程度都很低，但有接近的发展水平，这时候得到的协调度也很高。为了让协调度与现实的发展水平相结合，也便于对社会的发展状况有一个更加客观、理性的认识，应将协调度在0.8以上的优等协调分为低等水平的协调、中等水平的协调和高等水平的协调。在综合发展水平比较低，而协调度又很高时，这种情况称为低水平的协调；在综合发展水平一般，而协调度又很高时，这种情况称为中等水平的协调；在综合发展水平很高，而协调度又很高时，这种情况称为高水平的协调。具体的划分标准如表3－11所示。

表3－11　优等协调（$C \geqslant 0.8$）的具体划分标准

等级	低等水平的协调	中等水平的协调	高等水平的协调
条件	$f(x) \leqslant 0.35$ 或 $g(y) \leqslant 0.35$	其他情况	$f(x) \geqslant 0.7$ 且 $g(y) \geqslant 0.7$

本研究从数据来看，2004年和2011年由于协调度在0.6以下，属于初等协调；2006年和2009年协调度在0.8以下，属于中等协调；2000年、2001年、2002年、2003年、2005年、2007年、2008年、2010年协调度均在0.8以上，属于优等协调，但在这8年中只有2007年和2010年经济系统和人口系统

的因子综合得分相对较高，属于中等水平的协调，其余年份均为低水平的协调。

3.4 北京市人口和经济发展协调度的进一步分析

在一个地区的发展过程中，产业结构和就业结构之间相互影响、相互作用。一方面，不同产业吸纳就业的能力不同，产业结构的调整必然带来就业结构的变动，即就业结构在一定程度上取决于产业结构；另一方面，劳动力的数量、素质及流动方式，决定了劳动力的分布及变动，从而影响着产业结构的变动方式和方向，因此，就业结构也会对产业结构产生影响，合理的就业结构对于促进产业结构的高端化演进具有重要作用。

3.4.1 产业结构优化升级促进就业结构改善

21世纪，北京市产业结构不断调整，也促进了就业结构的调整，但是与产业结构相比，就业结构的变动程度有所不同。从数据来看，第一产业的产值占GDP的比重从2000年的2.5%下降到2011年的0.8%，就业人员比重从2000年的11.8%下降到2011年的5.5%；第二产业的产值占GDP的比重从2000年的32.7%下降到2011年的23.1%，就业人员比重从2000年的33.6%下降到2011年的20.5%；第三产业的产值占GDP的比重从2000年的64.8%上升到2011年的76.1%，就业人员比重从2000年的54.6%上升到2011年的74%，即第一产业的就业比重始终大于产值比重，但差距在缩小；第二产业在2003年以前，就业比重大于产值比重，但从2004年开始，情况出现逆转，产值比重超过就业比重；第三产业从2000年以来，产值比重始终大于就业比重。综合以上数据，我们可以得出结论：产业结构的优化升级带来了就业结构的调整，但二者仍存在一定程度的不匹配（见图3-3）。

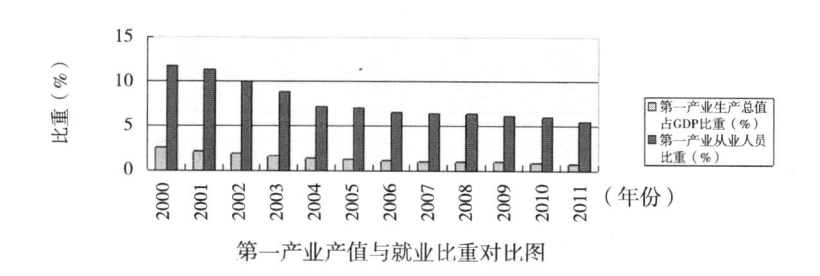

第一产业产值与就业比重对比图

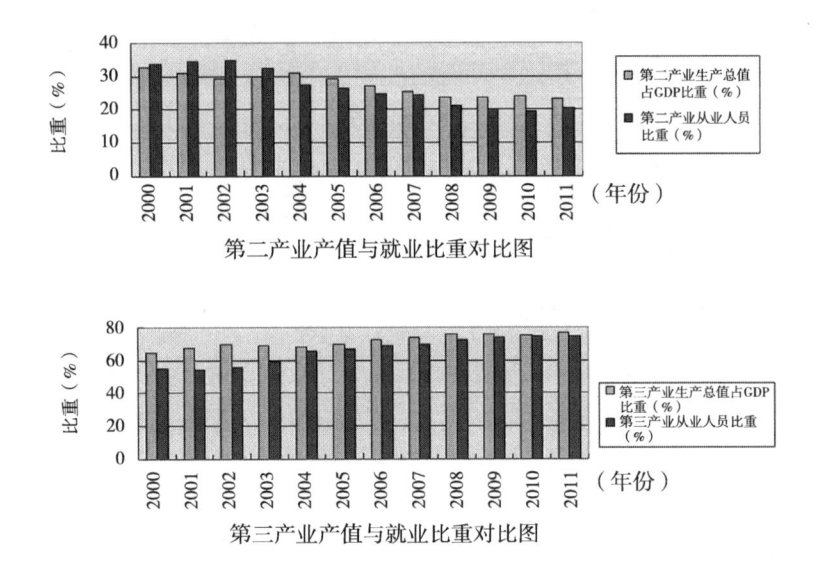

第三章 北京市区人口和经济发展的协调度测算及分析

图3-3 三次产业的产值比重与就业比重对比图

3.4.2 一二产业偏离度均增大但方向相反，三产缩小

为了准确反映产业的就业结构与产值结构之间的状况，本研究进一步采用结构偏离度指标来分析北京市产业结构与就业结构的协调关系。结构偏离度是我国经济学者在研究产业结构与就业结构相关性问题时最为常用的分析工具，它实际上反映了产业结构与就业结构之间的对称状况或均衡状况，其计算公式为：

某一产业结构偏离度 =（产值比重/就业比重）-1

结构偏离度的绝对值越趋于0，产业结构和就业结构越均衡。当结构偏离度为正时，说明产业结构和就业结构转移不同步，产业排斥劳动力；为负时则表明产业存在隐性失业，应移出劳动力。

2000—2011年北京市三次产业的结构偏离度计算结果表明，第一产业的结构偏离度一直为负值，说明北京市第一产业劳动生产率比较低，就业人口过多。第二产业的结构偏离度在2003年之前一直为负值，就业比重大于产值比重，但从2004年开始，第二产业的结构偏离度变为正值，产值比重超过就业比重。原因在于，2000年第二产业的产值比重为32.7%，就业比重为33.6%，随着第三产业的发展，第二产业的产值比重和就业比重均在下降，但由于从2004年开始，就业比重下降幅度大于产值比重下降幅度，引起结构偏离度变为正值。第三产业的结构偏离度一直为正值，说明第三产业产值比重大于就业比

重，尽管从 2000 年开始，第三产业的产值比重和就业比重均在增加，但就业比重始终小于产值比重。不过，两者的差距在缩小，结构偏离度也在不断减小（见表 3-12）。

表 3-12 三次产业的结构偏离度

年份	第一产业的结构偏离度	第二产业的结构偏离度	第三产业的结构偏离度
2000	-0.788	-0.027	0.187
2001	-0.805	-0.102	0.232
2002	-0.810	-0.162	0.247
2003	-0.809	-0.075	0.163
2004	-0.806	0.128	0.035
2005	-0.817	0.106	0.045
2006	-0.833	0.102	0.044
2007	-0.846	0.054	0.061
2008	-0.844	0.113	0.041
2009	-0.839	0.175	0.023
2010	-0.850	0.224	0.009
2011	-0.855	0.127	0.028

3.4.3 第三产业吸纳劳动力的功能不断增加

进一步分析表明，北京市经济增长最快的是第三产业，对人口就业和城市综合实力的贡献也越来越大。2012 年，第一、第二、第三产业增加值所占比例分别为 0.8%、22.7% 和 76.5%，2012 年地区生产总值增长 7.7%，三次产业对其贡献率分别为 0、1.8% 和 5.9%；在三次产业中就业人口的比重分别为 5.2%、19.2% 和 75.6%。可以看出，北京市的第三产业无论从生产总值还是从吸纳劳动力就业上都超过了 75%，为 GDP 增长拉动的主要动力，是全市的主导产业。

再进一步考察各行业的就业吸纳能力。2005 年，吸纳从业人员数前三位的是制造业（21.27%）、社会服务业（15.52%）、批发和零售贸易餐饮业（12.22%）。其中，制造业从业人员数高达 95 万余人，是从业人员中规模最大的就业群体。到 2012 年，北京市吸纳从业人员前三位的是社会服务业（18.79%）、制造业（15.67%）、批发和零售业（9.65%）。其中，社会服务业从业人员为 126 万，数量占第一位，制造业从业人员为 105 万余人，位居第

二。这说明过去的七年中,北京的经济结构转型还是比较明显的。

总之,北京市三次产业就业结构相对于产业结构在进一步改善。但从结构偏离度数值来看,第一产业集聚了与本产业发展不相适应的过多劳动力,第二产业和第三产业内部依然存在扩大就业的空间。之所以出现这种情况,原因在于,当前劳动力市场劳动力的总量过剩和结构性人才短缺同时存在。培训或教育体系的相对滞后使得新兴产业快速发展过程中高端人才供应相对不足。在经济结构调整中实现就业结构的优化,必须引导合理配置劳动力资源,使之与产业结构的演进相协调。

第四章　北京市各主体功能区人口与经济协调度比较分析

为了深入分析北京市人口与经济发展的协调度，这里运用研究北京市人口和经济协调度的方法，以县区数据为基础，对北京市各主体功能区的人口与经济协调度进行分析。但需要说明的是，由于各个区的指标数据不全，而且每个区有各自的特征，像西城区没有农业人口，因此本研究在对区县的研究中所用指标要比北京市的指标少，但尽量保证区县所用指标包含在北京市指标中，个别难以获得的指标以相近指标进行了替代。

2005年5月，《中共北京市委、北京市人民政府关于区县功能定位及评价指标的指导意见》（以下简称《指导意见》）正式发布。该《指导意见》依照《北京城市总体规划（2004—2020）》关于"两轴—两带—多中心"和城市次区域划分的设想，遵循"优化城区、强化郊区"的原则，把全市从总体上划分为首都功能核心区、城市功能拓展区、城市发展新区和生态涵养发展区四类区域。

首都功能核心区，包括东城、西城、（原）崇文、（原）宣武四个区，集中体现北京作为全国政治、文化中心功能，集中展现古都特色，是首都功能及"四个服务"的最主要载体。这个区域的主要任务是加强城市管理，保护古都风貌，改善人居环境，大力发展现代服务业，为实现首都城市性质和功能做出贡献。

城市功能拓展区，包括朝阳、海淀、丰台、石景山四个区，涵盖中关村科技园区核心区、奥林匹克中心区、北京商务中心区等重要功能区，是体现北京现代经济与国际交往功能的重要区域。这个区域的主要任务是拓展面向全国和世界的外向经济服务功能，推进科技创新与高新技术产业发展，大力发展高端产业，为提升城市的核心竞争力做出贡献。

城市发展新区，包括通州、顺义、大兴、昌平、房山五个区。这个区域平

第四章 北京市各主体功能区人口与经济协调度比较分析

原面积广阔，具有良好的自然环境、资源条件和得天独厚的区位优势，是北京发展制造业和现代农业的主要载体，也是北京疏散城市中心区产业与人口的重要区域，是未来北京经济重心所在。其主要任务是依托新城、国家级和市级开发区，增强生产制造、物流配送和人口承载功能，成为城市新的增长极，为全市的持续、快速、协调发展做出贡献。

生态涵养发展区，包括门头沟、平谷、怀柔、密云、延庆五个区县。这个区域大多处于山区或浅山区，山区占辖区面积均在62%以上，是北京的生态屏障和水源保护地，是保证北京可持续发展的关键区域。其主要任务是加强生态环境的保护与建设，引导人口相对集聚，引导自然资源的合理开发与利用，发展生态友好型产业，成为首都坚实的生态屏障和市民休闲游憩的理想空间。

本研究综合考虑到区域的代表性和数据的可得性，对四个功能区各选取一个"代表区"进行协调度的分析，在综合考量的基础上，最终选取的代表区为：首都功能核心区的西城区、城市功能拓展区的海淀区、城市发展新区的昌平区、生态涵养发展区的门头沟区。下面分别对这四个区进行分析。

4.1 首都功能核心区

4.1.1 指标体系

本研究选取西城区2003—2012年的11个指标对应的数据，数据来源为历年的《北京市西城区统计年鉴》和《北京统计年鉴》，西城区的指标选取结合上文中提到的指标选取原则以及数据的可获得性，建立指标体系（见表4-1）。

表4-1 西城区人口与经济协调研究指标体系

目标层	准则层	指标层
人口指标	人口规模	常住人口、人口出生数
	人口结构	从业人员总数、二产从业人员比重、三产从业人员比重
经济发展指标	经济水平	地区生产总值、城镇居民人均可支配收入
	经济结构	二产产值比重、三产产值比重、全社会固定资产投资

4.1.2 人口系统因子综合得分计算

首先，对人口系统的5个指标进行因子分析，表4-2给出了KMO检验统计量与Bartlett球形检验结果。KMO统计量为0.595，Bartlett球形检验的p值为0.000，说明人口系统的各个指标适合进行因子分析。

表4-2　人口系统 KMO 检验与 Bartlett 球形检验

KMO 检验统计量		0.595
Bartlett's 球形检验	卡方值	53.413
	自由度	10
	p 值	0.000

在人口系统的指标做因子分析过程中，提取出两个主因子，两个主因子的方差贡献率分别为 52.339% 和 42.915%，这两个因子总共可以解释原始变量 95.25% 的方差，已经包含了原始变量的大部分信息，具体如表4-3所示。

表4-3　人口系统方差贡献表

主因子	特征根	方差贡献率（%）	累积方差贡献率（%）
1	2.617	52.339	52.339
2	2.146	42.915	95.254

两个主因子都可以表示为标准化之后的原始变量的线性组合：

$X_1 = 0.234 \times$ 常住人口 $- 0.077 \times$ 人口出生数 $- 0.215 \times$ 全社会从业人员总数 $- 0.450 \times$ 第二产业从业人员占比 $+ 0.441 \times$ 第三产业从业人员占比

$X_2 = 0.129 \times$ 常住人口 $+ 0.467 \times$ 人口出生数 $+ 0.571 \times$ 全社会从业人员总数 $+ 0.174 \times$ 第二产业从业人员占比 $- 0.152 \times$ 第三产业从业人员占比

以上两个线性组合的得出来自因子得分系数矩阵，如表4-4所示。

表4-4　人口系统因子得分系数矩阵

指标	主因子 1	主因子 2
常住人口	0.234	0.129
人口出生数	-0.077	0.467
全社会从业人员总数	-0.215	0.571
第二产业从业人员占比	-0.450	0.174
第三产业从业人员占比	0.441	-0.152

两个主因子及其方差贡献率均已求出，代入公式即可求得人口系统的因子综合得分。

第四章 北京市各主体功能区人口与经济协调度比较分析

4.1.3 经济系统因子综合得分计算

首先，对经济系统的5个指标进行因子分析，表4-5给出了KMO检验统计量与Bartlett球形检验结果。KMO统计量为0.676，Bartlett球形检验的p值为0.000，这些都说明经济系统的各个指标适合进行因子分析。

表4-5 经济系统KMO与Bartlett球形检验

KMO 检验统计量		0.676
Bartlett's 球形检验	卡方值	95.361
	自由度	10
	p 值	0.000

在经济系统的指标因子分析过程中，提取出一个主因子，该主因子的方差贡献率为89.552%。这个因子可以解释原始变量89.552%的方差，已经包含了原始变量的大部分信息，具体如表4-6所示。

表4-6 经济系统方差贡献表

主因子	特征根	方差贡献率（%）	累积的方差贡献率（%）
1	3.878	89.552	89.552

主因子可以表示为标准化之后的原始变量的线性组合：

$Y_1 = 0.243 \times GDP + 0.233 \times$ 城镇居民人均可支配收入 $-0.242 \times$ 二产产值占比 $+0.242 \times$ 三产产值占比 $+0.165 \times$ 全社会固定资产投资

以上线性组合的得出来自因子得分系数矩阵，如表4-7所示。

表4-7 经济系统因子得分系数矩阵

指标	主因子
	1
GDP	0.243
城镇居民人均可支配收入	0.233
第二产业产值占比	-0.242
第三产业产值占比	0.242
全社会固定资产投资	0.165

主因子及其方差贡献率均已求出，代入公式即可求得经济系统的因子综合得分。

这里将人口系统的因子综合得分 $f(x)$ 对经济系统的因子综合得分 $g(y)$ 做线性回归，得到回归方程 $f(x) = 0.6792g(y) + (5.5E - 7)$，利用该回归方程得到 $f(x)$ 的拟合值。然后，将 $g(y)$ 对 $f(x)$ 做线性回归，得到回归方程 $g(y) = 1.3453f(x) - (7.4E - 7)$，利用该回归方程求得 $g(y)$ 的拟合值 $g(y)'$。

4.1.4 因子综合得分分析

应用上文提出的方法，计算出 $f(x)$、$f(x)'$、$g(y)$、$g(y)'$ 的值（见表 4-8），结果表明，西城区 2003—2012 年人口系统与经济系统的综合发展水平总体上都呈上升趋势，但个别年份数据有所波动，如经济子系统的发展水平由 2009 年的 0.85 下降到 2010 年的 0.43。原因在于，从原始指标数据来看，全社会固定资产投资额由 2009 年的 235.7 万元下降为 2010 年的 181.7 万元，而在经济系统主因子的线性表达式中，全社会固定资产投资额的系数为 0.165，这样引起经济系统因子综合得分的下降。人口系统因子综合得分呈上升趋势，但从数据来看，有两个年份的数据有些反常，分别为 2010 年和 2011 年，因子综合得分从 2009 年的 0.62 下降到 2010 年的 0.45，再下降到 2011 年的 0.34，原因在于，从原始指标数据来看，第二产业从业人员占比由 2009 年的 7.55% 上升为 2010 年的 10.17% 和 2011 年的 12.32%。而在人口系统第一个主因子的线性表达式中二产从业人员比重的系数为 -0.45，比重的增加带来因子得分的减少。综上所述，尽管个别年份数据有所波动，但从西城区 2003—2012 年的各系统发展水平的变化可以发现：西城区的综合发展水平在整体上有了显著提升。

表 4-8 因子综合得分表

年份	人口系统因子综合得分 $f(x)$	经济系统因子综合得分 $g(y)$	$f(x)'$	$g(y)'$
2003	-1.30	-2.05	-1.39	-1.76
2004	-1.11	-1.10	-0.74	-1.50
2005	-0.34	-0.48	-0.32	-0.46
2006	-0.07	-0.35	-0.23	-0.10
2007	0.17	0.32	0.22	0.22
2008	0.58	0.35	0.24	0.77
2009	0.62	0.85	0.58	0.83
2010	0.45	0.43	0.30	0.60
2011	0.36	0.87	0.60	0.46
2012	0.66	1.16	0.79	0.88

第四章 北京市各主体功能区人口与经济协调度比较分析

4.1.5 协调度的计算与分析

人口系统因子综合得分和经济系统因子综合得分的标准差分别为 0.505 和 1.000，且 $f(x)$、$f(x)'$、$g(y)$、$g(y)'$ 均已求出，代入如下公式：

$$C(人口/经济) = \exp[-k(f(x)-f(x)')^2]$$
$$C(经济/人口) = \exp[-k'(g(y)-g(y)')^2]$$

即可求得 C（人口/经济）、C（经济/人口）及 C（人口，经济），如表 4-9 所示。

表 4-9 人口系统与经济系统协调度

年份	C（人口/经济）	C（经济/人口）	C（人口，经济）
2003	0.985	0.917	0.951
2004	0.766	0.853	0.809
2005	0.999	1	1
2006	0.949	0.94	0.944
2007	0.993	0.989	0.991
2008	0.8	0.837	0.819
2009	0.997	1	0.998
2010	0.954	0.971	0.962
2012	0.882	0.843	0.863
2012	0.965	0.924	0.944

为了将协调度的变化情况表现得更为直观，将人口与经济的协调度 C（人口，经济）用图形来表示（见图 4-1）。西城区人口与经济的协调度均在 0.8 以上，均属于优等协调；从人口系统和经济系统的因子综合得分来看，2007 年以前均属于优等协调中低水平的协调；2008—2012 年属于优等协调中中等水平的协调。从协调度数值来看，2004 年和 2008 年相对较低，这两个年份也是比较特殊的年份，2004 年是受到 2003 年"非典"的影响，而 2008 年也刚好是北京奥运会举办的年份，难免会对经济带来影响。

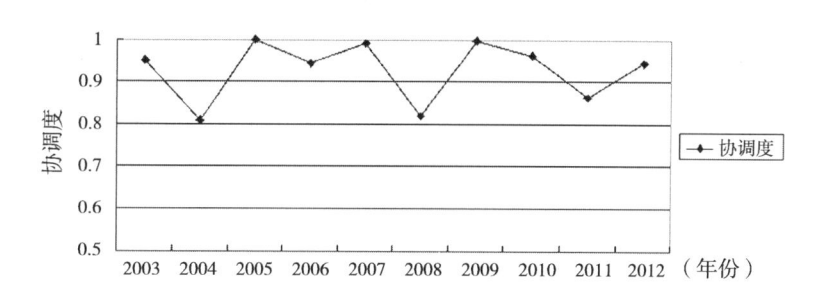

图 4-1 西城区人口系统与经济系统协调度走势图

4.2 城市功能拓展区

4.2.1 指标体系

城市功能拓展区选取海淀区为代表，研究时间段为2003—2012年。人口系统选取了5个指标，经济系统选取了6个指标，共11个指标组成指标体系（见表4-10）。这些指标的数据来源为历年的《北京市海淀区统计年鉴》和《北京统计年鉴》。

表 4-10 海淀区人口与经济协调研究指标体系

目标层	准则层	指标层
人口指标	人口规模	常住人口、人口出生数
	人口结构	非农人口占比、二产从业人员比重、三产从业人员比重
经济发展指标	经济水平	地区生产总值GDP、城镇居民人均可支配收入、农村人均纯收入
	经济结构	二产产值比重、三产产值比重、全社会固定资产投资

4.2.2 人口系统因子综合得分计算

首先，对人口系统的5个指标进行因子分析，KMO检验统计量与Bartlett球形检验结果如表4-11所示。KMO统计量为0.729，Bartlett球形检验的 p 值为0.000，这些都说明人口系统的各个指标适合进行因子分析。

第四章 北京市各主体功能区人口与经济协调度比较分析

表4-11 人口系统 KMO 检验与 Bartlett 球形检验

KMO 检验统计量		0.729
Bartlett's 球形检验	卡方值	75.905
	自由度	10
	p 值	0.000

在人口系统的指标做因子分析过程中,提取出一个主因子,该主因子的方差贡献率为82.29%,可以解释原始变量82.29%的方差,已经包含了原始变量的大部分信息,具体如表4-12所示。

表4-12 人口系统方差贡献表

主因子	特征根	方差贡献率(%)
1	4.115	82.290

主因子可以表示为标准化之后的原始变量的线性组合:

$X_1 = 0.234 \times$ 常住人口 $+ 0.203 \times$ 人口出生数 $+ 0.211 \times$ 非农业人口占比 $- 0.226 \times$ 第二产业从业人员占比 $+ 0.227 \times$ 第三产业从业人员占比

该线性组合的得出来自因子得分系数矩阵,如表4-13所示。

表4-13 人口系统因子得分矩阵

指标	主因子 1
常住人口	0.234
人口出生数	0.203
非农人口占比	0.211
第二产业从业人员占比	-0.226
第三产业从业人员占比	0.227

主因子及其方差贡献率均已求出,代入公式即可求得人口系统的因子综合得分。

4.2.3 经济系统因子综合得分计算

首先,对经济系统的6个指标进行因子分析,KMO 检验统计量与 Bartlett 球形检验结果如表4-14所示。KMO 统计量为0.847,Bartlett 球形检验的 p 值

为0.000,这些都说明经济系统的各个指标适合进行因子分析。

表4-14 经济系统 KMO 检验与 Bartlett 球形检验

KMO 检验统计量		0.847
Bartlett's 球形检验	卡方值	122.066
	自由度	15
	p 值	0.000

在经济系统的指标因子分析过程中,提取出一个主因子,该主因子的方差贡献率为95.486%,这个因子可以解释原始变量95.486%的方差,已经包含了原始变量的大部分信息,具体如表4-15所示。

表4-15 经济系统方差贡献表

主因子	特征根	方差贡献率(%)
1	5.729	95.486

主因子可以表示为标准化之后的原始变量的线性组合:

$Y_1 = 0.174 \times \text{GDP} + 0.173 \times$ 城镇居民人均可支配收入 $+ 0.173 \times$ 农民人均纯收入 $- 0.160 \times$ 二产产值比重 $+ 0.172 \times$ 三产产值比重 $+ 0.171 \times$ 全社会固定资产投资

以上线性组合的得出来自因子得分系数矩阵,如表4-16所示。

表4-16 经济系统因子得分系数矩阵

指标	主因子 1
GDP	0.174
城镇居民人均可支配收入	0.173
农村人均纯收入	0.173
二产产值占比	-0.160
三产产值占比	0.172
全社会固定资产投资	0.171

主因子及其方差贡献率均已求出,代入公式即可求得人口系统的因子综合

第四章 北京市各主体功能区人口与经济协调度比较分析

得分。

我们将人口系统的因子综合得分 $f(x)$ 对经济系统的因子综合得分 $g(y)$ 做线性回归,得到回归方程 $f(x) = 0.9813 \times g(y) + 9.8E - 7$,利用该回归方程得到 $f(x)$ 的拟合值 $f(x)'$;然后,将 $g(y)$ 对 $f(x)$ 做线性回归,得到回归方程 $g(y) = 0.9813 \times f(x) - 1.0E - 6$,利用该回归方程求得 $g(y)$ 的拟合值 $g(y)'$。

4.2.4 因子综合得分的分析

运用上述方法对 $f(x)$、$f(x)'$、$g(y)$、$g(y)'$ 进行计算,得到结果如表4-17所示。结果表明,海淀区2003—2012年人口系统与经济系统的综合发展水平总体上都呈上升趋势,因此说,随着社会的发展,海淀区的综合发展水平在整体上有了显著提升。

表4-17 因子综合得分表

年份	人口系统因子综合得分 $f(x)$	经济系统因子综合得分 $g(y)$	$f(x)'$	$g(y)'$
2003	-1.03	-1.31	-1.28	-1.01
2004	-1.11	-1.11	-1.08	-1.09
2005	-1.05	-0.85	-0.82	-1.03
2006	-0.78	-0.50	-0.48	-0.77
2007	-0.24	-0.32	-0.30	-0.24
2008	0.24	-0.05	-0.04	0.23
2009	0.29	0.40	0.40	0.28
2010	0.82	0.99	0.98	0.80
2012	1.29	1.22	1.21	1.27
2012	1.57	1.53	1.51	1.53

4.2.5 协调度的计算与分析

人口系统因子综合得分和经济系统因子综合得分的标准差分别为1.001和0.999,且 $f(x)$、$f(x)'$、$g(y)$、$g(y)'$ 均已求出,代入如下公式:

$$C(人口/经济) = \exp[-k(f(x) - f(x)')^2]$$
$$C(经济/人口) = \exp[-k'(g(y) - g(y)')^2]$$

即可求得 C(人口/经济)、C(经济/人口)以及 C(人口,经济)如表4-18

北京是大了还是小了
——人口与经济协调发展优化研究

所示。

表4-18 人口系统与经济系统协调度

年份	C（人口/经济）	C（经济/人口）	C（人口，经济）
2003	0.941	0.915	0.928
2004	0.999	0.999	0.999
2005	0.950	0.966	0.958
2006	0.912	0.928	0.920
2007	0.997	0.994	0.995
2008	0.922	0.920	0.921
2009	0.989	0.987	0.988
2010	0.977	0.968	0.972
2011	0.993	0.998	0.995
2012	0.997	1.000	0.999

为了将协调度的变化情况表现得更为直观，将人口与经济的协调度C（人口，经济）用图形来表示（见图4-2）。2003—2012年，海淀区人口与经济的协调度尽管有所波动，但是都在0.9以上，属于优等协调，说明海淀区人口与经济的协调度较好。这也与海淀区作为高端产业聚集区的现实相符：以中关村为代表的高新园区不仅吸引了一大批优秀的高科技人才，同时创造出了较高的产值，人口与经济发展协调。将优等协调再按人口系统和经济系统的因子综合得分来进行划分，可见2009年以前由于人口系统和经济系统的因子综合得分均比较低，属于低水平的协调。2010—2012年，人口系统和经济系统的因子综合得分均比较高，都在0.75以上，因此这几个年份属于高水平的协调。

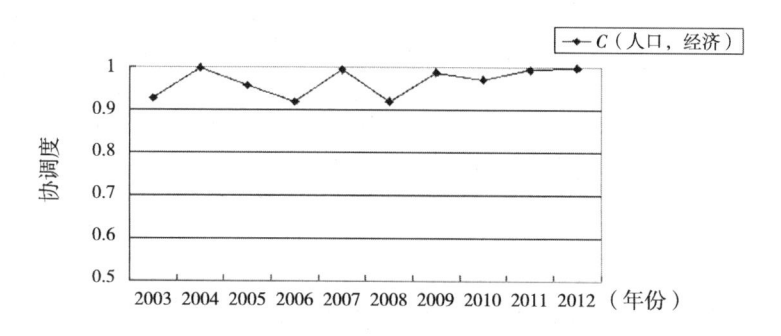

图4-2 海淀区人口系统与经济系统协调度走势图

第四章 北京市各主体功能区人口与经济协调度比较分析

4.3 城市发展新区

4.3.1 指标体系

城市发展新区选取昌平区为代表。11个指标中,人口系统有5个指标,经济系统有6个指标(见表4-19)。数据来源为历年的《北京市昌平区统计年鉴》和《北京统计年鉴》。

表4-19 昌平区人口与经济协调研究指标体系

目标层	准则层	指标层
人口指标	人口规模	常住人口、人口出生数
	人口结构	城镇人口占比、二产从业人员比重、三产从业人员比重
经济发展指标	经济水平	地区生产总值GDP、城镇居民人均可支配收入、农村人均纯收入
	经济结构	二产产值比重、三产产值比重、全社会固定资产投资

4.3.2 人口系统因子综合得分计算

对人口系统的5个指标进行因子分析。KMO统计量为0.610,Bartlett球形检验的p值为0.000,这些都说明人口系统的各个指标适合进行因子分析,如表4-20所示。

表4-20 人口系数KMO检验与Bartlett球形检验

KMO检验统计量		0.610
Bartlett's球形检验	卡方值	69.721
	自由度	10
	p值	0.000

在人口系统的指标做因子分析过程中,提取出两个主因子,两个主因子的方差贡献率分别为77.09%和15.17%。这两个因子总共可以解释原始变量92.26%的方差,已经包含了原始变量的大部分信息,具体如表4-21所示。

表4-21 人口系统方差贡献表

主因子	特征根	方差贡献率(%)	累积方差贡献率(%)
1	3.85	77.09	77.09
2	0.759	15.17	92.26

两个主因子都可以表示为标准化之后的原始变量的线性组合：

$X_1 = 0.123 \times$ 常住人口 $+ 0.338 \times$ 人口出生数 $+ 0.302 \times$ 城镇人口占比 $- 0.323 \times$ 二产从业人员占比 $+ 0.41 \times$ 三产从业人员占比

$X_2 = 0.273 \times$ 常住人口 $- 0.127 \times$ 人口出生数 $- 0.02 \times$ 城镇人口占比 $+ 0.955 \times$ 二产从业人员占比 $- 0.283 \times$ 三产从业人员占比

以上两个线性组合的得出来自因子得分系数矩阵，如表 4-22 所示。

表 4-22　人口系统因子得分系数矩阵

指标	主因子 1	主因子 2
常住人口	0.123	0.273
人口出生数	0.338	-0.127
城镇人口占比	0.302	-0.020
第二产业从业人员占比	-0.323	0.955
第三产业从业人员占比	0.410	-0.283

两个主因子及其方差贡献率均已求出，代入公式即可求得人口系统的因子综合得分。

4.3.3　经济系统因子综合得分计算

对经济系统的 6 个指标进行因子分析，KMO 统计量为 0.688，Bartlett 球形检验的 p 值为 0.000。这些都说明经济系统的各个指标适合进行因子分析，如表 4-23 所示。

表 4-23　经济系统 KMO 检验与 Bartlett 球形检验

KMO 检验统计量		0.688
Bartlett's 球形检验	卡方值	149.766
	自由度	15
	p 值	0.000

在经济系统的指标因子分析过程中，提取出两个主因子，两个主因子的方差贡献率分别为 68.33% 和 29.39%。这两个因子总共可以解释原始变量 97.715% 的方差，已经包含了原始变量的大部分信息，具体如表 4-24 所示。

第四章 北京市各主体功能区人口与经济协调度比较分析

表4-24 经济系统方差贡献表

主因子	特征根	方差贡献率（%）	累积方差贡献率（%）
1	4.100	68.330	68.330
2	1.763	29.385	97.715

两个主因子可以表示为标准化之后的原始变量的线性组合：

$Y_1 = 0.257 \times$ 地区生产总值 $+ 0.254 \times$ 城镇居民人均可支配收入 $+ 0.256 \times$ 农民人均纯收入 $+ 0.056 \times$ 二产产值占比 $- 0.022 \times$ 三产产值占比 $+ 0.247 \times$ 全社会固定资产投资

$Y_2 = -0.036 \times$ 地区生产总值 $- 0.032 \times$ 城镇居民可支配收入 $- 0.025 \times$ 农民人均纯收入 $- 0.512 \times$ 二产产值占比 $+ 0.499 \times$ 三产产值占比 $+ 0.015 \times$ 全社会固定资产投资

以上两个线性组合的得出来自因子得分系数矩阵，如表4-25所示。

表4-25 经济系统因子得分系数矩阵

指标	主因子 1	主因子 2
地区生产总值	0.257	-0.036
城镇居民人均可支配收入	0.254	-0.032
农村人均纯收入	0.2569	-0.025
二产产值占比	0.056	-0.512
三产产值占比	-0.022	0.499
全社会固定资产投资	0.247	0.015

两个主因子及其方差贡献率均已求出，代入公式即可求得人口系统的因子综合得分。

将人口系统的因子综合得分 $f(x)$ 对经济系统的因子综合得分 $g(y)$ 做线性回归，得到回归方程 $f(x) = 1.0178g(y) + (4.6E-6)$，利用该回归方程得到 $f(x)$ 的拟合值 $f(x)'$。

然后，将 $g(y)$ 对 $f(x)$ 做线性回归，得到回归方程 $g(y) = 0.8125f(x) - (4.3E-6)$，利用该回归方程求得 $g(y)$ 的拟合值。

4.3.4 因子综合得分分析

运用上述方法，求出 $f(x)$、$f(x)'$、$g(y)$、$g(y)'$，如表4-26所示。根据

因子综合得分的结果可以发现，昌平区2003—2012年人口系统与经济系统的综合发展水平总体上都呈上升趋势，但有个别年份数据出现波动。例如，人口子系统的因子得分从2009年的0.50下降到2010年的0.38。我们从原始指标数据来分析一下原因，会发现二产从业人员比重由2009年的41.8%上升为2010年的46.5%，而在人口系统第一个主因子的线性表达式中看出二产从业人员占比这项指标的系数为-0.323，为负值，因此二产从业人员比重的升高带来因子综合得分的下降。再来看经济子系统，该系统的发展水平在2006年和2007年出现反常，由2005年的-0.15下降到2006年的-0.47，然后继续下降为2007年的-0.62。原因在于，从原始指标数据来看，第三产业产值占比由2005年的54.25%下降到2006年的49.99%，继续下降为2007年的47.27%。而在经济系统第二个主因子的线性表达式中，第二产业产值比重的系数为0.499，从系数的值来看，第三产业产值占比是影响经济系统第二个主因子得分的重要因素，因此该指标数值的下降带来了因子得分的降低。综上所述，尽管个别年份数据有所波动，但从昌平区2000—2012年的各系统发展水平的变化可以发现，昌平区的综合发展水平在整体上有了显著提升。

表 4-26　因子综合得分表

年份	人口系统因子综合得分 $f(x)$	经济系统因子综合得分 $g(y)$	$f(x)'$	$g(y)'$
2003	-1.28	-0.86	-0.86	-1.03
2004	-1.26	-0.75	-0.75	-1.02
2005	-0.40	-0.15	-0.14	-0.31
2006	-0.28	-0.47	-0.46	-0.22
2007	0.04	-0.62	-0.62	0.05
2008	0.06	-0.23	-0.22	0.06
2009	0.50	0.32	0.33	0.42
2010	0.38	0.42	0.44	0.32
2011	0.88	0.84	0.87	0.73
2012	1.36	1.50	1.54	1.12

4.3.5　协调度的计算与分析

人口系统因子综合得分和经济系统因子综合得分的标准差分别为0.726和

第四章 北京市各主体功能区人口与经济协调度比较分析

0.579，且 $f(x)$、$f(x)'$、$g(y)$、$g(y)'$ 均已求出，代入如下公式：

$$C(人口/经济) = \exp[-k(f(x) - f(x)')^2]$$
$$C(经济/人口) = \exp[-k'(g(y) - g(y)')^2]$$

即可求得 C（人口/经济）、C（经济/人口）及 C（人口，经济），如表 4-27 所示。

表 4-27 人口系统与经济系统协调度

年份	C（人口/经济）	C（经济/人口）	C（人口，经济）
2003	0.781	0.948	0.864
2004	0.696	0.884	0.790
2005	0.912	0.954	0.933
2006	0.956	0.900	0.928
2007	0.541	0.460	0.500
2008	0.897	0.866	0.882
2009	0.961	0.982	0.971
2010	0.996	0.983	0.990
2012	1.000	0.978	0.989
2012	0.959	0.779	0.869

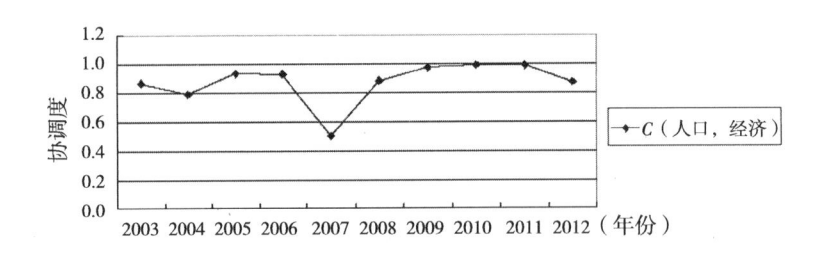

图 4-3 昌平区人口系统与经济系统协调度走势图

为了将协调度的变化情况表现得更为直观，将人口与经济的协调度 C（人口，经济）用图形来表示（见图 4-3）。从图 4-3 可以看出，昌平区除 2007 年以外，其他年份人口与经济的协调度都较高，2007 年协调度最低，为 0.5。原因上面已经讲到，即该年昌平区经济数据出现波动，在三产产值占比不断上升的趋势下，2007 年的三产产值占比由 2006 年的 49.99% 下降为 2007 年的 47.27%，这使得经济系统得分较低，进而不能与人口系统相协调。从协调度

的划分来看，2004年协调度为0.79，属于中等协调。2007年协调度为0.5，属于初等协调。其他年份协调度均在0.8以上，属于优等协调，再根据人口系统和经济系统的因子综合得分来对优等协调进行划分，可见2009年以前属于低水平的协调，2010年属于中水平的协调，2011年和2012年属于高水平的协调。

4.4 生态涵养发展区

4.4.1 指标体系

以门头沟区为生态涵养区的代表，评价指标体系如表4-28所示，其中包括了5个人口指标和6个经济指标。数据来源为历年的《北京市门头沟区统计年鉴》和《北京统计年鉴》。

表4-28 门头沟区人口与经济协调研究指标体系

目标层	准则层	指标层
人口指标	人口规模	常住人口、人口出生数
	人口结构	城镇人口占比、二产从业人员比重、三产从业人员比重
经济发展指标	经济水平	地区生产总值GDP、城镇居民人均可支配收入、农村人均纯收入
	经济结构	二产产值比重、三产产值比重、全社会固定资产投资

4.4.2 人口系统因子综合得分计算

对人口系统的5个指标进行因子分析，结果KMO统计量为0.829，Bartlett球形检验的p值为0.000，这些都说明人口系统的各个指标适合进行因子分析，如表4-29所示。

表4-29 人口系统KMO检验与Bartlett球形检验

KMO检验统计量		0.829
Bartlett's 球形检验	卡方值	90.011
	自由度	10
	p值	0.000

第四章　北京市各主体功能区人口与经济协调度比较分析

在人口系统的指标做因子分析过程中，提取出两个主因子，两个主因子的方差贡献率分别为83.721%和11.183%。这两个因子总共可以解释原始变量94.9%的方差，已经包含了原始变量的大部分信息，具体如表4-30所示。

表4-30　人口系统方差贡献表

主因子	特征根	方差贡献率（%）	累积方差贡献率（%）
1	4.186	83.721	83.721
2	0.559	11.183	94.904

两个主因子都可以表示为标准化之后的原始变量的线性组合：

$X_1 = 0.361 \times$ 常住人口 $- 0.418 \times$ 人口出生数 $+ 0.253 \times$ 城镇人口占比 $- 0.316 \times$ 第二产业从业人员占比 $+ 0.315 \times$ 第三产业从业人员占比

$X_2 = -0.226 \times$ 常住人口 $+ 1.178 \times$ 人口出生数 $+ 0.014 \times$ 城镇人口占比 $- 0.101 \times$ 第二产业从业人员占比 $- 0.099 \times$ 第三产业从业人员占比

以上两个线性组合的得出来自因子得分系数矩阵，如表4-31所示。

表4-31　人口系统因子得分系数矩阵

指标	主因子 1	主因子 2
常住人口	0.361	-0.226
人口出生数	-0.418	1.178
城镇人口占比	0.253	0.014
第二产业从业人员占比	-0.316	0.101
第三产业从业人员占比	0.315	-0.099

两个主因子及其方差贡献率均已求出，代入公式即可求得人口系统的因子综合得分。

4.4.3　经济系统因子综合得分计算

对经济系统的6个指标进行因子分析。KMO统计量为0.726，Bartlett球形检验的 p 值为0.000，这些都说明经济系统的各个指标适合进行因子分析，如表4-32所示。

表 4-32　经济系统 KMO 检验与 Bartlett 球形检验

KMO 检验统计量		0.726
Bartlett's 球形检验	卡方值	177.208
	自由度	15
	p 值	0.000

在经济系统的指标因子分析过程中，提取出两个主因子，两个主因子的方差贡献率分别为 82.779% 和 15.947%，这两个因子总共可以解释原始变量 98.726% 的方差，已经包含了原始变量的大部分信息，具体如表 4-33 所示。

表 4-33　经济系统方差贡献表

主因子	特征根	方差贡献率（%）	累积方差贡献率（%）
1	4.967	82.779	82.779
2	0.957	15.947	98.726

两个主因子可以表示为标准化之后的原始变量的线性组合：

$Y_1 = 0.328 \times$ GDP $+ 0.32 \times$ 城镇居民人均可支配收入 $+ 0.319 \times$ 农民人均纯收入 $+ 0.237 \times$ 二产产值比重 $- 0.191 \times$ 三产产值比重 $+ 0.253 \times$ 全社会固定资产投资

$Y_2 = -0.14 \times$ GDP $- 0.128 \times$ 城镇居民人均可支配收入 $- 0.126 \times$ 农民人均纯收入 $- 0.628 \times$ 二产产值占比 $+ 0.576 \times$ 三产产值比重 $- 0.027 \times$ 全社会固定资产投资

以上两个线性组合的得出来自因子得分系数矩阵，如表 4-34 所示。

表 4-34　因子得分系数矩阵

	主因子	
	1	2
GDP	0.328	-0.14
城镇居民人均可支配收入	0.320	-0.128
农村人均纯收入	0.319	-0.126
二产产值比重	0.237	-0.628
三产产值比重	-0.191	0.576
社会固定资产投资	0.253	-0.027

第四章　北京市各主体功能区人口与经济协调度比较分析

两个主因子及其方差贡献率均已求出，代入公式即可求得人口系统的因子综合得分。

将人口系统的因子综合得分 $f(x)$ 对经济系统的因子综合得分 $g(y)$ 做线性回归，得到回归方程 $f(x) = 0.9544g(y) + (1.7E-6)$，利用该回归方程得到 $f(x)$ 的拟合值 $f(x)'$。然后，将 $g(y)$ 对 $f(x)$ 做线性回归，得到回归方程 $g(y) = 0.8789f(x) - (1.6E-6)$，利用该回归方程求得 $g(y)$ 的拟合值 $g(y)'$。

4.4.4　因子综合得分分析

运用上述方法，求出 $f(x)$、$f(x)'$、$g(y)$、$g(y)'$，结果如表 4-35 所示。根据因子综合得分的结果可以发现，门头沟区 2000—2012 年人口系统与经济系统的综合发展水平总体上都呈上升趋势，但经济系统有个别年份综合发展水平出现明显下滑的趋势。例如，经济子系统的发展水平由 2008 年的 0.546 下降到 2009 年的 0.309，原因在于，从原始指标数据来看，第二产业产值比重由 2008 年的 56.2% 下降为 2009 年的 50.1%，第三产业产值比重由 2008 年的 42.3% 下降为 2009 年的 48.2%。而在经济系统第一个主因子的线性表达式中，第二产业产值比重的系数为 0.237，第三产业产值比重的系数为 -0.191，这样引起因子综合得分的下降。人口系统因子综合得分呈上升趋势，但从数据来看，有两个年份的数据有些反常，分别为 2003 年和 2007 年。先来看 2003 年，因子综合得分从 2002 年的 -0.946 上升到 2003 年的 0.282，原因在于，从原始指标数据来看，人口出生数由 2002 年的 1247 人下降为 2003 年的 650 人，而在人口系统第一个主因子的线性表达式中为 -0.418，人口出生数的下降带来因子综合得分的增加。再来看 2007 年，因子综合得分从 2006 年的 -0.067 上升到 2007 年的 0.096，从原始指标数据来看，二产从业人员比重由 2006 年的 59.9% 下降到 2007 年的 50%，而从人口系统两个主因子线性表达式上来看，二产从业人员比重的系数均为负值，比重的减少带来因子得分的增加。综上所述，尽管个别年份数据有所波动，但从门头沟区 2000—2012 年的各系统发展水平的变化可以发现：门头沟区的综合发展水平在整体上有了显著提升。

表 4-35　因子综合得分表

年份	人口系统因子综合得分 $f(x)$	经济系统因子综合得分 $g(y)$	$f(x)'$	$g(y)'$
2000	-1.51	-1.107	-1.056	-1.327
2001	-1.216	-1.065	-1.017	-1.068

续表

年份	人口系统因子综合得分 $f(x)$	经济系统因子综合得分 $g(y)$	$f(x)'$	$g(y)'$
2002	-0.946	-0.803	-0.766	-0.831
2003	0.282	-0.591	-0.564	0.248
2004	-0.35	-0.486	-0.464	-0.308
2005	-0.241	-0.152	-0.145	-0.212
2006	-0.067	-0.19	-0.182	-0.059
2007	0.096	-0.02	-0.019	0.085
2008	-0.049	0.546	0.521	-0.043
2009	0.401	0.309	0.295	0.353
2010	0.947	0.676	0.645	0.832
2011	1.287	1.22	1.165	1.131
2012	1.366	1.663	1.587	1.2

4.4.5 协调度的计算与分析

人口系统因子综合得分和经济系统因子综合得分的标准差分别为 0.792 和 0.730，且 $f(x)$、$f(x)'$、$g(y)$、$g(y)'$ 均已求出，代入如下公式：

$$C(人口/经济) = \exp[-k(f(x) - f(x)')^2]$$
$$C(经济/人口) = \exp[-k'(g(y) - g(y)')^2]$$

即可求得 C（人口/经济）、C（经济/人口）及 C（人口，经济），如表 4-36。

表 4-36 人口系统与经济系统协调度表

年份	C（人口/经济）	C（经济/人口）	C（人口，经济）
2000	0.771	0.936	0.853
2001	0.951	0.999	0.976
2002	0.960	0.999	0.979
2003	0.406	0.382	0.393

第四章 北京市各主体功能区人口与经济协调度比较分析

续表

年份	C（人口/经济）	C（经济/人口）	C（人口，经济）
2004	0.983	0.957	0.971
2005	0.988	0.995	0.992
2006	0.983	0.976	0.980
2007	0.983	0.985	0.984
2008	0.663	0.622	0.643
2009	0.986	0.997	0.992
2010	0.892	0.967	0.929
2011	0.981	0.989	0.985
2012	0.939	0.746	0.843

为了将协调度的变化情况表现得更为直观，将人口与经济的协调度 C（人口，经济）用图形来表示（见图4-4）。门头沟区2003年和2008年的协调度分别为0.39和0.64，根据标准，2003年属于轻微失调，2008年属于轻度协调，这两个年份都是比较特殊的年份。2003年，人口出生数下降，使得人口系统的因子综合得分比较高，而经济系统的因子综合得分比较低，这从某种程度上会与2003年的"非典"有关，两个系统因子综合得分的差距带来了协调度的下降。2008年北京奥运会的举办使得经济投入大量增加，经济系统的因子综合得分高于人口系统的因子综合得分，带来了协调度的下降。其余年份的协调度均在0.8以上，属于优等协调，但为了更加客观地表现社会发展的实际，我们需要对优等协调进行详细的划分：2000—2007年（不包括2003年）这7年由于因子综合得分为负值，但协调度却在0.8以上，因此这几年门头沟区的发展状况属于低水平的协调。另外，门头沟区2009年经济系统综合得分为0.309，而协调度为0.99，按划分标准，属于低水平的协调；2010年经济系统综合得分为0.676，协调度为0.929，因此属于中等水平的协调。2012年由于经济系统和人口系统的因子综合得分分别为1.663和1.366，且协调度在0.8以上，因此属于高水平的协调。

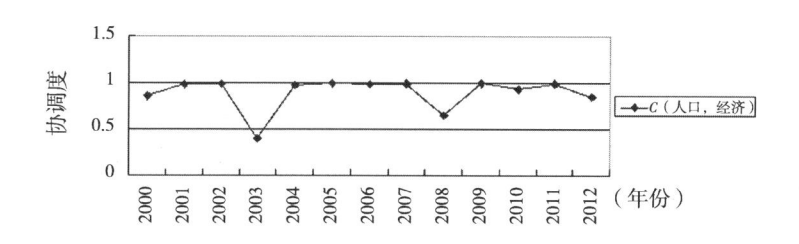

图4-4 门头沟区人口系统与经济系统协调度走势图

4.5 主体功能区人口与经济协调小结

综合上文的分析，可对首都功能核心区、城市功能拓展区、城市发展新区和生态涵养区这四类功能区在主要年份的协调度进行对比分析，选取的主要年份为2003年、2005年、2010年和2012年，首先来看功能核心区，该区选取的代表为西城区，其人口与经济协调度在4个年份的波动不大，分别为0.951、1、0.962、0.944，平均值为0.9642，标准差为0.02。其次，功能拓展区选取的研究对象为海淀区，该区在4个年份人口与经济的协调度分别为0.928、0.958、0.972、0.999，随着年份的增加，协调度的数值也在变大，4个年份协调度的平均值为0.9643，标准差为0.03，相比功能核心区，协调度的均值基本不变，但不同年份协调度数值波动在变大。再次，城市发展新区选取的研究对象为昌平区，该区在4个年份人口与经济的协调度分别为0.864、0.933、0.990、0.869，平均值为0.9140，标准差为0.06，相比于前两个功能区，发展新区的协调度均值减小，数值波动变大，不同年份协调度的差距相比而言更大。最后，生态涵养区选取的研究对象为门头沟区，该区4个年份人口与经济的协调度分别为0.393、0.992、0.929、0.843，平均值为0.789，标准差为0.27。从数值上来看，门头沟区是四类功能区中协调度均值最小、数值波动最大的区，其2003年的人口与经济协调度仅为0.393，因为生态涵养区经济水平发展较低，其人口规模与经济水平不相适应；随着生态涵养区经济水平的发展，其人口与经济的协调度也在增加，但平均水平在四类功能区中仍属最低，且不同年份协调度的数值波动较大（见图4-5）。

第四章　北京市各主体功能区人口与经济协调度比较分析

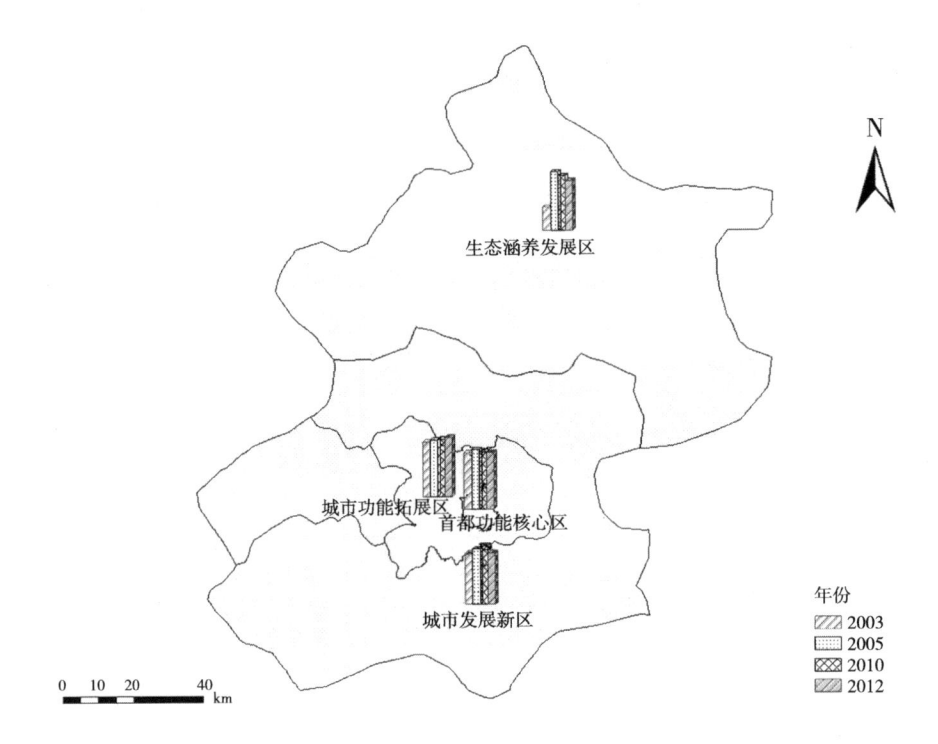

图 4-5　北京市四类主体功能区人口与经济协调发展趋势

第五章 城市发展新区——大兴区人口优化研究

5.1 大兴区人口发展变化及特点

5.1.1 人口规模发展变化特点

(1) 21世纪以来人口规模增长迅速

大兴区人口规模增长加速发生在进入21世纪以后。2000年年底，大兴区常住人口为67.1万人，到2010年年底时，常住人口增长到136.5万人，常住人口在10年间增加了69.4万人，年均增长6.94万人（见图5-1）。常住人口增长的速度非常之快，在短短10年的时间内，常住人口的数量就翻了一番。

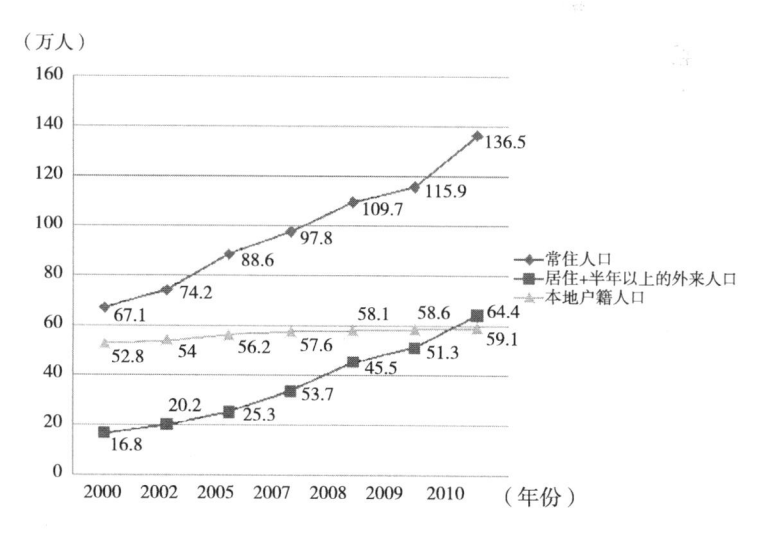

图5-1 2000—2010年大兴区常住人口居住半年以上的外来人口变化

与常住人口快速增长不同,大兴区户籍人口增长比较稳定,每年大约增长5000~10000人。大兴区户籍人口在2000~2010年分别为52.8万和59.1万,10年间只增加了6.3万人,年均增长6300人。

大兴区外来人口规模增长迅速。2010年年底时,大兴区居住半年以上的外来人口(居住半年以上)达到了64.4万人,而2000年年底时,大兴区居住半年以上的外来人口仅为16.8万人,在10年间增加了47.6万人,年均增长4.76万人。在2000年~2010年的10年间,大兴区居住半年以上的外来人口增长的速度如此之快,2010年年底时大兴区居住半年以上的外来人口比2000年年底时增加了283.3%。2000年~2010年的10年间,大兴区居住半年以上的外来人口增长量占到了大兴区常住人口增长量的68.6%。

大兴区与北京市其他四个城市发展新区(顺义区、通州区、昌平区、房山区)相比,21世纪以来常住人口增速最快。2000年年底,大兴区是北京市五个城市发展新区中常住人口第三多的区。到2005年年底,大兴区成为北京市五个城市发展新区中常住人口最多的区,一直保持到2009年年底。到2010年,常住人口规模10年间增加了69.4万人。2000年年底,大兴区常住人口规模占北京市五个城市发展新区常住人口总规模的比例为19.7%,而2010年年底,大兴区常住人口规模占北京市五个城市发展新区常住人口总规模的比例达到了22.6%,10年间增加了2.9个百分点。

(2)人口规模在北京市区县中位居第五,五个新城区中居第二

至2010年年底,大兴区常住人口为136.5万人,人口规模在北京市16个区县排第五位(朝阳区354.5万,排第一;海淀区为328.1万,排第二;丰台区211.2万,排第三;昌平区166.1万,排第四)。五个首都城市发展新区中,大兴区人口规模排在第二位,仅次于昌平区。

大兴区的人口规模,近10年来增长较其他四个新城区迅速。2000年年底时,大兴区常住人口为67.1万人,低于房山区(81.4万人)和通州区(67.4万人),在北京市五个城市发展新区中位列第三,并且大兴区常住人口规模与通州区、顺义区、昌平区都比较接近。2002年年底时,大兴区常住人口为74.2万人,超过通州区(73.1万人)成为北京市五个城市发展新区中常住人口第二多的区,房山区(84.2万人)依然是北京市五个城市发展新区中常住人口最多的区,并且大兴区常住人口规模与通州区、顺义区、昌平区还是比较接近(见表5-1)。

表 5-1 2000—2010 年北京市五个城区发展新区常住人口规模比较

单位：（万人）

年份 城区	2000	2002	2003	2004	2005	2006	2007	2008	2009	2010
大兴区	67.1	74.2	84.3	80.8	88.6	91.9	97.8	109.7	115.9	136.5
顺义区	63.6	67.3	72.1	72.4	71.1	71.8	73.6	72.5	73.2	87.7
通州区	67.4	73.1	75.2	78.7	86.7	89.5	96.5	103.9	109.3	118.4
昌平区	61.5	70.7	73.7	78.2	78.2	82.9	89.6	94.2	102.1	166.1
房山区	81.4	84.2	86.6	86.9	87	88.6	88.7	90.5	91.2	94.5
合计	341.1	369.5	391.9	397	411.6	424.7	446.2	470.8	491.7	603.2
大兴比例（%）	19.7	20.1	21.5	20.4	21.5	21.6	21.9	23.3	23.6	22.6

数据来源：《大兴区"十五"时期社会经济统计资料汇编》《大兴区统计年鉴（2008）》《大兴区 2008 年国民经济和社会发展统计资料》《北京统计年鉴（2010）》《北京统计年鉴（2011）》。

"十一五"期间，大兴区常住人口规模上升加快，成为北京市五个新城区中常住人口第二大区，并在五个新城区中人口所占的比例逐渐上升（由于大兴区人口规模调控措施的作用，2010 年常住人口在五个新城区中的比例较 2009 年下降一个百分点）。应该说，大兴区人口发展速度自 2005 年是一个加快的拐点，到 2006 年成为五个新城区中人口规模最大的区。2010 年，昌平区一跃成为人口第一大区，大兴区人口规模排到第二位。

（3）流动人口的大量流入是人口规模迅速增长的主要原因

截至 2010 年年底，大兴区户籍人口为 59.1 万人，相比于 1991 年年底时的 49.9 万人，大兴区户籍人口 19 年增长了 9.2 万人，年均增长不足 0.5 万人，并且户籍人口增长趋势稳定，没有出现大的波动，大兴区户籍人口规模呈现出缓慢增大的态势（见图 5-2）。

大兴区户籍人口的增长又可分为自然增长和迁移增长两部分，自然增长在大兴区户籍人口增长中所占的比例较低，而迁移增长则是大兴区户籍人口增长的主要方式。1991—2010 年，大兴区户籍人口共增长了 10.2 万人，其中自然增加人口总计为 1.65 万人，占总增加人口的 16.2%，年均增长不到 0.1 万人，而迁移增加人口总计为 8.55 万人，占总增加人口的 83.8%，年均增长高于 0.4 万人（见表 5-2）。

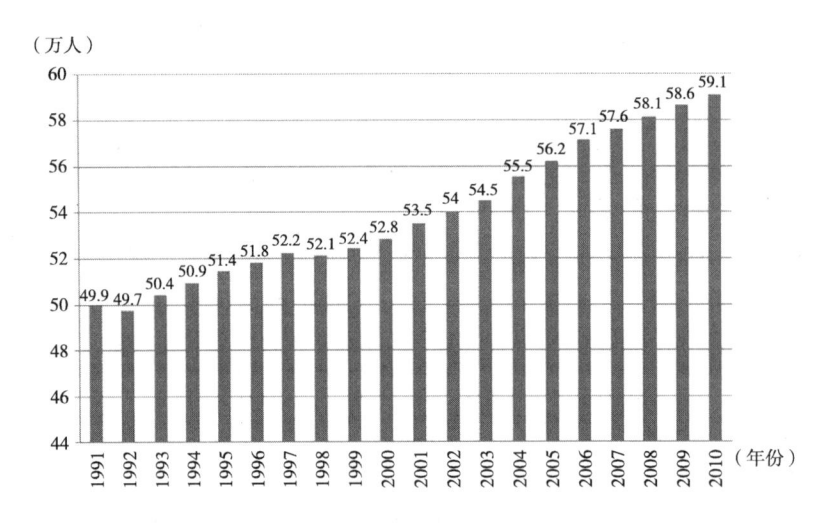

图 5-2　1991—2010 年大兴区户籍人口数量变化

大兴区户籍人口迁移增长远远大于自然增长，户籍人口迁移增长很大程度上决定了大兴区户籍人口的增长规模和增长趋势。从增长率的角度看，大兴区户籍人口自然增长率先有一个十分明显的下降趋势，然后在 2005 年以后有一个显著的上升趋势，但是自然增长率总体上还是在一个非常低的水平上，体现出大兴区计划生育工作的成效。在 2000—2003 年，大兴区有三年出现了户籍人口负增长，自然增长率为负值。2005 年以后，大兴区户籍人口自然增长率明显提高，主要原因一是大兴进入了育龄妇女的生育高峰期，二是随父入户政策的实施也导致这一结果的出现。

表 5-2　1991—2010 年大兴区户籍人口自然增长和迁移增长比较

单位：（万人、%）

年份	户籍总增加人口数	自然增加人口 人数	自然增加人口 增长率	迁移增加人口 人数	迁移增加人口 增长率
1991	1.1	0.3	6.41	0.8	16.03
1992	-0.2	0.2	4.31	-0.4	-8.05
1993	0.7	0.2	3.92	0.5	9.92
1994	0.5	0.2	3.46	0.3	5.89
1995	0.5	0.1	2.36	0.4	7.78
1996	0.4	0.1	1.34	0.3	5.79
1997	0.4	0.0	0.22	0.4	7.66

续表

年份	户籍总增加人口数	自然增加人口 人数	自然增加人口 增长率	迁移增加人口 人数	迁移增加人口 增长率
1998	-0.1	0.0	0.19	-0.1	-1.92
1999	0.3	0.0	0.83	0.3	5.73
2000	0.4	-0.1	-1.25	0.5	9.47
2001	0.7	0.0	0.67	0.7	13.08
2002	0.5	-0.1	-1.38	0.6	11.11
2003	0.5	-0.2	-2.84	0.7	12.84
2004	1	0.1	1.74	0.9	16.22
2005	0.7	0.0	0.38	0.7	12.46
2006	0.9	0.1	2.39	0.8	14.01
2007	0.5	0.3	5.98	0.2	3.47
2008	0.5	0.2	4.17	0.3	5.16
2009	0.5	0.2	2.92	0.3	5.12
2010	0.4	0.05	0.85	0.35	5.93

数据来源：《大兴区县社会经济统计资料1990—1995年》《大兴区县"九五"时期社会经济统计资料汇编》《大兴区"十五"时期社会经济统计资料汇编》《大兴区统计年鉴(2007)》《大兴区统计年鉴（2008）》《大兴区2008年国民经济和社会发展统计资料》《大兴区2009年国民经济和社会发展统计公报》及大兴区人口和计划生育委员会。

大兴区人口规模增长中，最主要的因素是流动人口的大量流入。这里利用2000～2010年的数据，对大兴区户籍人口和流动人口各年的增长数量计算可知，流动人口对人口规模的增长贡献率基本在70%以上（见表5-3）。

表5-3 大兴区人口规模增长中户籍人口和流动人口贡献率

年份	户籍人口 人数（万人）	户籍人口 较上年增长（万人）	流动人口 人数（万人）	流动人口 较上年增长（万人）	总人口增长（万人）	户籍人口增长贡献（%）	流动人口增长贡献（%）	合计（%）
2000	52.8	—	7	—	—	—	—	—
2001	53.5	0.7	9	2	2.7	25.9	74.1	100
2002	54	0.5	19	10	10.5	4.8	95.2	100
2003	54.5	0.5	29	10	10.5	4.8	95.2	100

续表

年份	户籍人口 人数（万人）	户籍人口 较上年增长（万人）	流动人口 人数（万人）	流动人口 较上年增长（万人）	总人口 增长（万人）	户籍人口 增长贡献（%）	流动人口 增长贡献（%）	合计（%）
2004	55.5	1	40.9	11.9	12.9	7.8	92.2	100
2005*	56.2	0.7	39.6	-1.3	-0.6	100	0	100
2006	57.1	0.9	47.5	7.9	8.8	10.2	89.8	100
2007	57.6	0.5	57	9.5	10	5.0	95.0	100
2008	58.1	0.5	59	2	2.5	18.5	81.5	100
2009	58.6	0.5	59.2	0.2	0.7	71.4	28.6	100
2010	59.1	0.5	64.4	5.2	5.7	8.8	91.2	100

*2005年流动人口下降可能是由于统计的原因。

5.1.2 人口结构发展变化特点

（1）户籍人口中农业人口规模连续减小，非农业人口增加迅速

2001—2010年，大兴区户籍人口中的农业人口规模逐年减小（见图5-3）。2001年，大兴区户籍人口中农业人口规模为37万人，而2010年大兴区户籍人口中农业人口规模降低为30.9万人，10年时间里，大兴区户籍人口中农业人口规模减少了6.1万人。

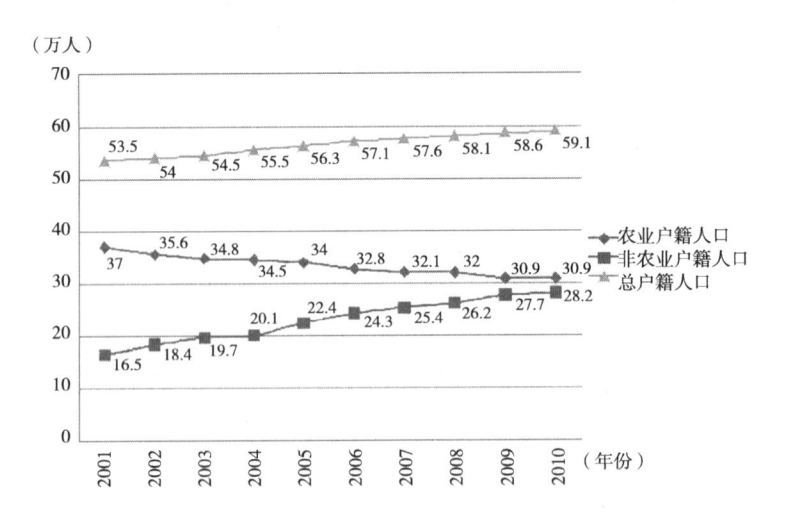

图5-3 2001—2010年大兴区农业户籍人口非农业户籍人口变化

2001—2010年,大兴区户籍人口中的非农业人口规模快速增大。2001年时,大兴区户籍人口中的非农业人口规模仅为16.5万人,而2010年大兴区户籍人口中非农业人口规模比2001年增加了11.7万人,达到了28.2万人。10年内大兴区户籍人口中的非农业人口规模将近了翻了一番,年均增长1.3万人。非农业人口占大兴区户籍人口的比例也从2001年的30.8%增加到2010年的47.7%。户籍人口中农业人口规模不断降低,非农业人口规模的不断增大,表明大兴区城市化速度正在加快,人口结构正在走向优化。

(2) 出生性别比在正常范围内波动

2001—2010年,大兴区户籍人口出生性别比在正常范围内波动。2002年,大兴区户籍人口出生性别比达到了"十五""十一五"期间的最高值,为119.84。然而到了2003年,大兴区户籍人口出生性别比迅速下降至"十五""十一五"期间的最低值,仅为98.94。与2002年的119.84相比,2003年的出生性别比大幅下降了20.9。其他年份,如2001年、2004年、2006年、2008年、2009年这五年,大兴区户籍人口出生性别比控制在103~108的正常范围内,并远低于全国同期120左右的人口出生性别比(见表5-4)。总的来说,"十五""十一五"期间,大兴区户籍人口出生性别比保持在正常水平以内,控制性别选择的工作卓有成效。

表5-4 2001—2010年大兴区户籍人口计划生育率、出生性别比表

年度	计划生育率(%)	出生性别比
2001	98.49	107.76
2002	98.94	119.84
2003	99.04	98.94
2004	98.05	103.41
2005	95.73	110.12
2006	95.20	107.79
2007	95.97	112.12
2008	97.28	107.49
2009	97.05	106.00
2010	95.16	108.92

(3) 老龄人口比重增加迅速

2000年,区域内60岁以上的老年人口总人数为6.8万人,占总人口的比

重为10.2%，65岁以上的为4.6万人，比重为6.8%。2010年人口普查时，区域内60岁以上的老年人口总人数为12.9万人，占总人口的比重9.5%，65岁以上的为8.2万人，比重为6.0%。出现这种情况，主要是因为流动人口迁移的"稀释效应"的影响。

若从户籍人口的老龄化发展情况看，其发展速度和所占比重又是另一种状况。2000年，区域内60岁以上的老年人口总人数约为6.5万人，占户籍人口的比重为10.2%；2010年人口普查时，区域内60岁以上的老年人口总人数为9.3万人，占户籍人口比重15.4%。从全区户籍人口的比重发展趋势看，老龄人口的比重上升迅速。

5.1.3 人口素质发展变化特点

（1）常住人口素质普遍提高

2010年大兴区第六次全国人口普查数据显示，在该区6岁及以上常住人口中，大学专科及以上人口为25.6万人，占18.7%；高中人数为26.4万人，占19.3%；初中人数为59.0万人，占43.2%；小学人数为16.6万人，占12.1%（见图5-4）。

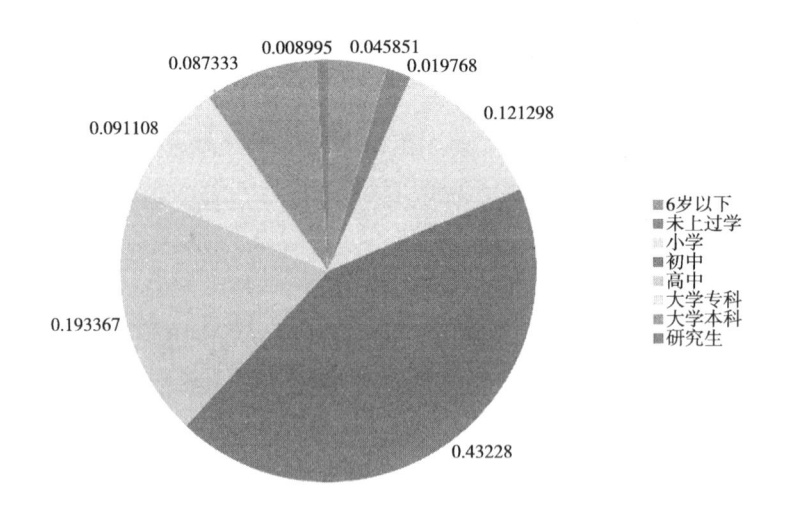

图5-4 2010年大兴区常住人口受教育程度

与2000年第五次全国人口普查数据相比，大兴区除初中学历水平比例保持不变外，小学学历水平比例下降了11.8个百分点；高中及以上学历水平比例均得到了明显提高，文化素质总体呈现出了逐步上升的趋势（见图5-5）。

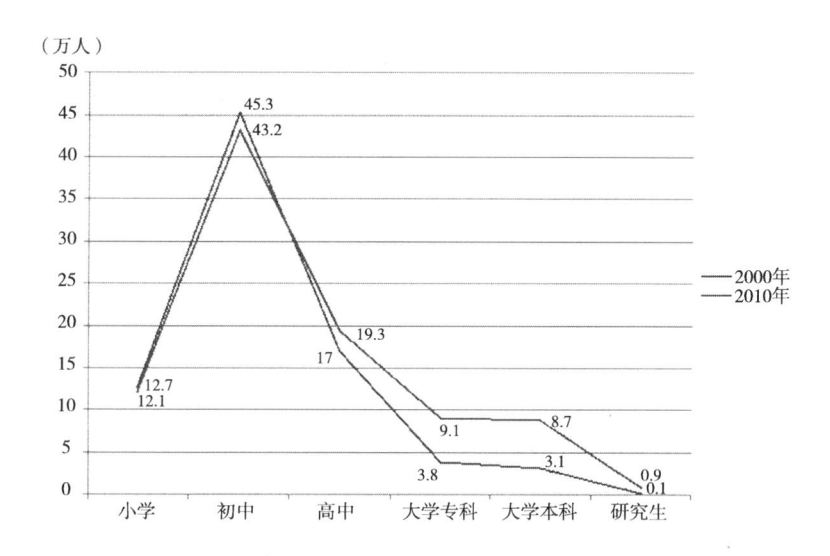

北京是大了还是小了
——人口与经济协调发展优化研究

图 5-5　2000 年与 2010 年大兴区常住人口受教育程度对比

（2）流动人口素质不断提高，但总体素质仍然偏低

近年来，大兴区流动人口素质水平正在逐年提升。2008 年，初中学历的外来人口占到总流动人口的 65%，到 2010 年年底，这个比例就下降到了 55%。高中学历的比例仅增加了一个百分点，说明中等教育水平的比重变化不大。越来越多受到高等教育的人才，向大兴区聚集。2008 年，流动人口中拥有高等学历的比重仅为 6%，其中大学专科学历占 4%，大学本科学历占 2%，研究生学

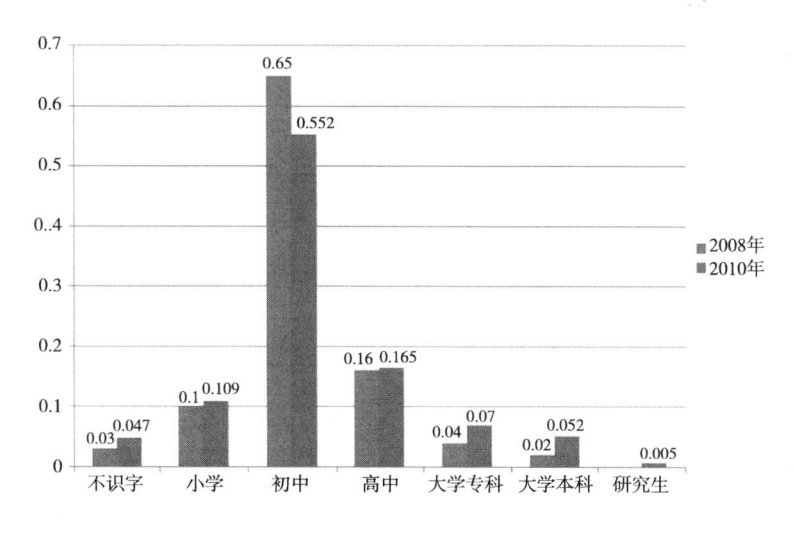

图 5-6　2008 年与 2010 年大兴区流动人口学历结构对比

历的比重为0%。到2010年年底，仅两年的时间，流动人口中拥有高等学历的比重就增加到了13%，增加了7个百分点。高级人才已逐步被吸引，越来越多的受过高等教育的人才已成为促进大兴区发展的重要力量（见图5-6）。

虽然近年来，流动人口素质不断提高，但总体来看，流动人口素质还处在较低水平。大兴区流动人口大多是文化程度较低、技能不突出的传统务工人员。2010年的统计数据显示，流动人口的学历以初中为主，占到55.2%，高中（含中专）学历的占到16.5%，大专以上的占到12.7%（见图5-7）。

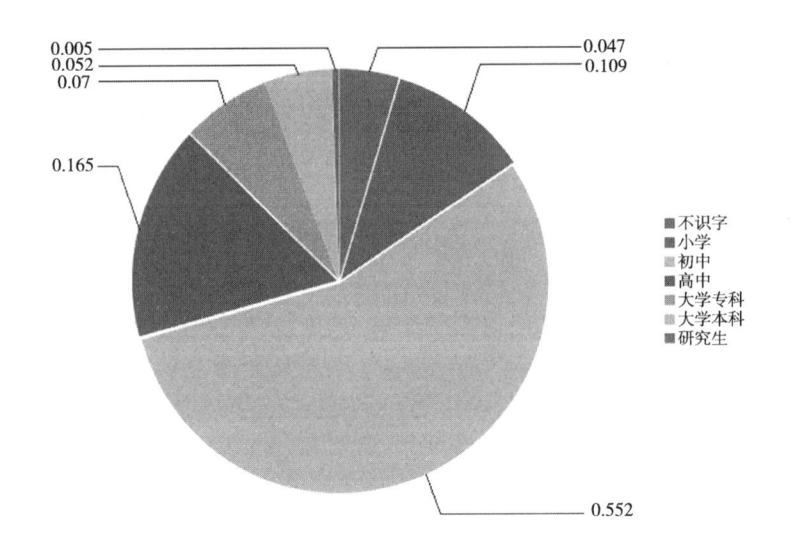

图5-7 2010年年底大兴区流动人口学历结构

5.1.4 人口空间分布变化特点

（1）区域人口呈"北密南疏"格局

大兴区人口在空间上分布不平衡。由于大兴区北部离市中心较近，导致北部乡镇人口多。"北五镇"（包括黄村镇、旧宫镇、西红门镇、亦庄镇、瀛海镇）是大兴区距离北京市中心城区最近的五个镇，与丰台区、朝阳区相接，是大兴区居住半年以上的外来人口最为集中的区域。这里利用《北京市大兴区县2000年人口普查资料》统计了2000年第五次人口普查大兴区县分镇常住人口、居住半年以上的外来人口（见图5-8）。

2000年，黄村镇、旧宫镇、西红门镇、亦庄镇、瀛海镇是大兴区居住半年以上的外来人口最多的五个镇，这五个镇居住半年以上的外来人口总和为15.1万人，占大兴区居住半年以上的外来人口（16.8万人）的90%。其中，黄村镇常住人口为21.6万人，是大兴区14个镇中常住人口最多的镇；旧宫镇常住

北京是大了还是小了
——人口与经济协调发展优化研究

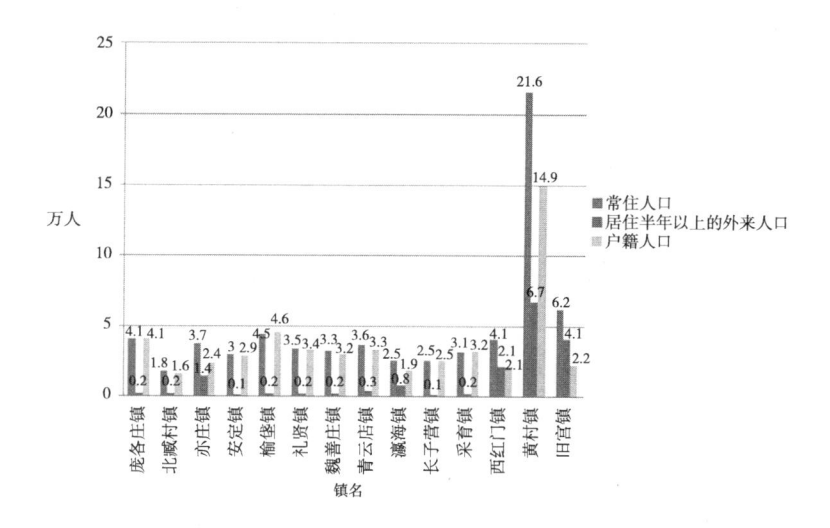

图 5-8 2000 年大兴区各镇人口分布

注：大兴区设立于 2001 年，由原大兴县而来。大兴区 5 个街道，其中兴丰街道、清源街道、林校路街道设立于 2001 年，观音寺街道、天宫院街道设立于 2009 年，2000 年时黄村镇包括了这 5 个街道的区域。

人口为 6.2 万人。黄村镇居住半年以上的外来人口为 6.7 万人，是大兴区 14 个镇中居住半年以上的外来人口最多的镇；旧宫镇外来人口为 4.1 万人，是大兴区 14 个镇中外来人口第二多的镇；西红门镇外来人口为 2.1 万人，在大兴区 14 个镇中居住半年以上的外来人口数量位居第三；亦庄镇居住半年以上的外来人口为 1.4 万人，位居第四；瀛海镇居住半年以上的外来人口为 0.8 万人，是大兴区 14 个镇中居住半年以上的外来人口第五多的镇。

2000 年，黄村镇户籍人口为 14.9 万人，是大兴区 14 个镇中户籍人口最多的镇；榆垡镇户籍人口为 4.6 万人，是大兴区 14 个镇中户籍人口第二多的镇。户籍人口在大兴区 14 个镇的分布基本是均匀的。黄村镇是大兴区 14 个镇中名副其实的人口第一大镇，黄村镇常住人口、居住半年以上的外来人口、户籍人口均为大兴区 14 个镇中最多的镇。旧宫镇居住半年以上的外来人口为 4.1 万人，高于旧宫镇户籍人口（2.2 万人），为大兴区 14 个镇中唯一的人口倒挂镇。榆垡镇户籍人口为 4.6 万人，高于榆垡镇常住人口（4.4 万人）；采育镇户籍人口为 3.2 万人，高于采育镇常住人口（3.1 万人）。榆垡镇和采育镇是大兴区 14 个镇中人口净流出的两个镇。

随着城市化进程的加速，大兴区的人口规模越来越大。户籍人口和流动人口总和在 2001 年为 57.3 万，到 2010 年为 112.2 万，增长了 54.9 万，10 年间

第五章 城市发展新区——大兴区人口优化研究

增加了近一倍。其中"北五镇"增长情况最为明显（见图5-9）。

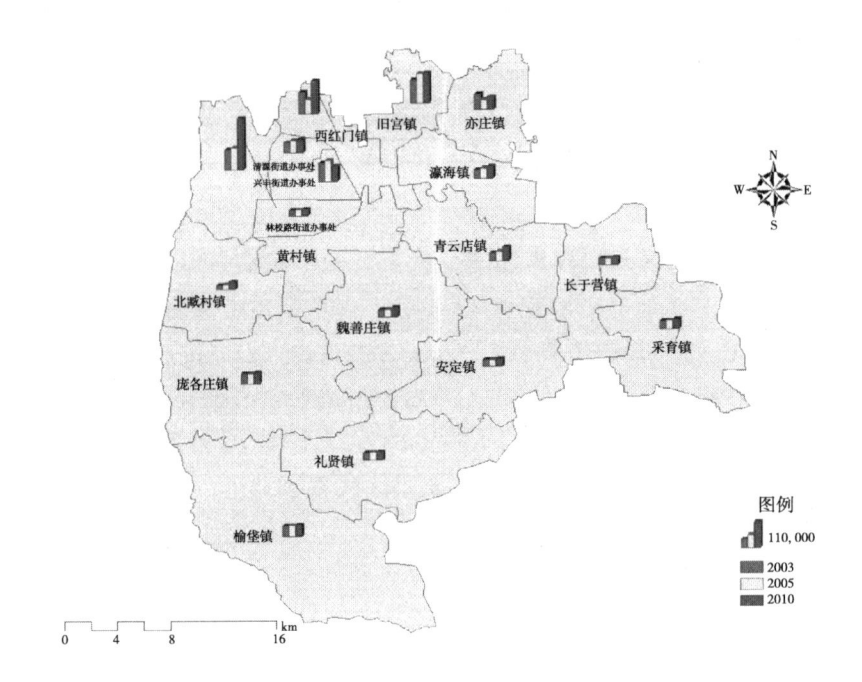

图5-9 大兴区空间总人口变动情况

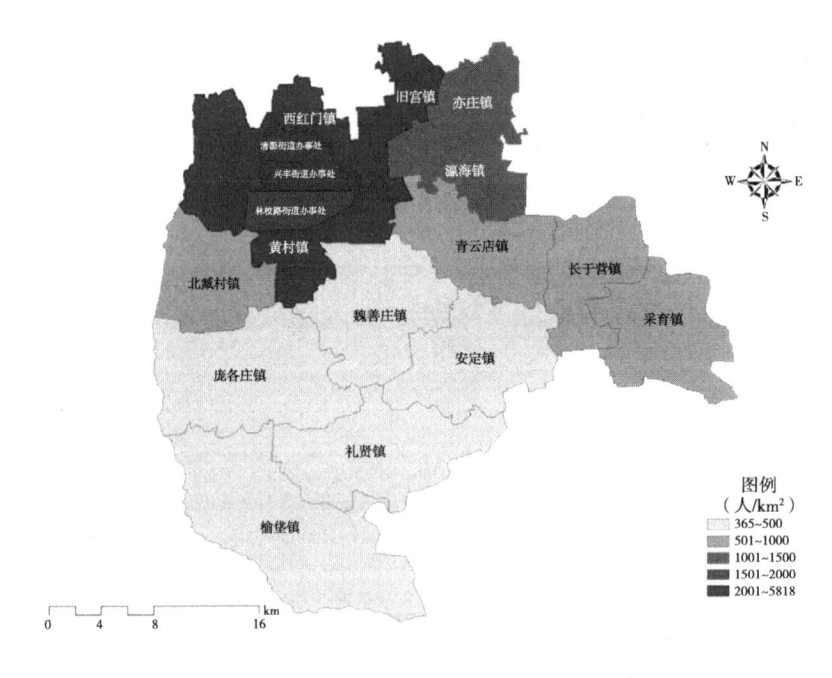

图5-10 2010年大兴区人口北密南疏的分布格局

随着人口数量的上升，毋庸置疑，人口密度也同时上升，人口密度在空间分布上呈北密南疏的特点（见图5-10）。至2010年年底，位于北部的清源街道办事区域处人口密度最大，达到5818人/km²，黄村镇5069人/km²，居第二；旧宫镇、西红门镇、兴丰街道办事处人口密度分别居于第三、第四、第五，分别为4468人/km²、4422人/km²和4114人/km²。

（2）人口"倒挂"现象突出

前已述及，大兴区人口规模迅速上升主要在于流动人口规模的迅速上升。2000年第五次人口普查时，旧宫镇为大兴区14个镇中唯一的人口倒挂镇（流动人口多于户籍人口）。2010年，"北五镇"的流动人口均高于户籍人口数量，全部出现人口"倒挂"（见图5-11）。倒挂最高的镇为西红门镇，户籍人口为2.7万，流动人口为11.4万，流动人口比户籍人口多8.7万余人。黄村镇人口倒挂8.6万多，旧宫镇人口倒挂6.8万余人。从2008年起，大兴区流动人口户籍比例已经超过1∶1，成了人口倒挂区。2010年，大兴区17个地区，其中有11个大区人口已经倒挂（见表5-5）。

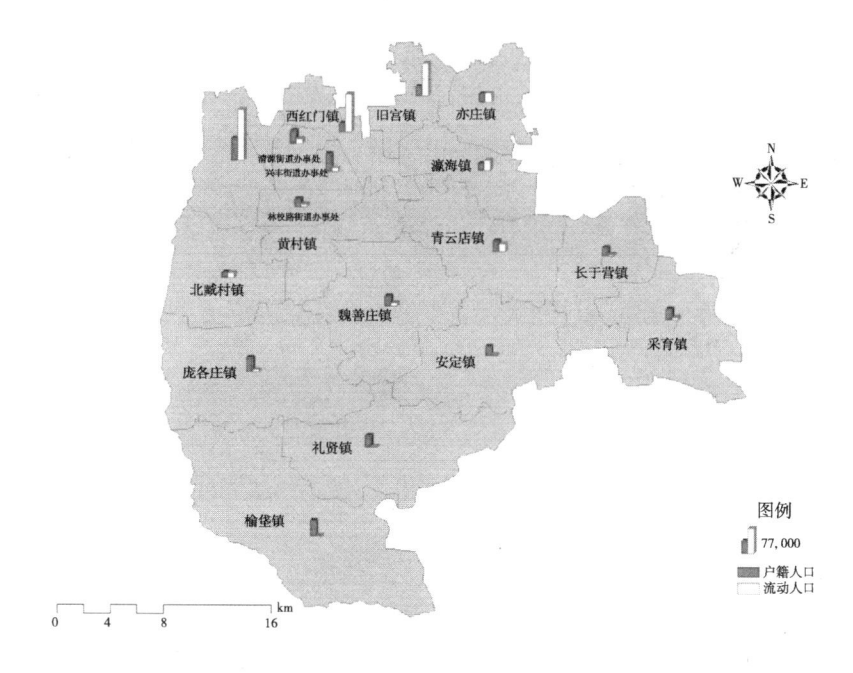

图5-11 2010年大兴区户籍人口和流动人口的分布格局

第五章 城市发展新区——大兴区人口优化研究

表 5-5　2010 年大兴区人口倒挂情况表

地区	户籍人数	流动人数	倒挂人数（流动人数—户籍人数）
黄村	66956	153036	86080
庞各庄	43489	6225	-37264
榆垡	48051	3213	-44838
礼贤	35832	2207	-33625
安定	29171	2165	-27006
青云店	34246	24495	-9751
采育	32718	6631	-26087
旧宫	29508	98095	68587
西红门	26738	114312	87574
北臧村	18948	14957	-3991
魏善庄	31717	9157	-22560
长子营	26035	5979	-20056
瀛海	21734	31277	9543
亦庄	26165	27552	1387
兴丰街道	54863	11566	-43297
林校街道	23837	6836	-17001
清源街道	40680	13661	-27019

注：为了便于比较，2010 年观音寺街道、天宫街道的数据计入了黄村镇。

进一步比较 2010 年和 2008 年的人口空间分布变化发现，北部镇的流动人口有减少的趋势，但中部和南部的流动人口有增加趋势。导致这一现象的原因一是城市化进行的扩展，北部生活成本如租房成本等上升；二是大兴区的城市化进行也不断向南波及，对流动人口形成吸引力；三是与大兴区的流动人口"北清南控"调控策略有关。图 5-12 中黑颜色代表流动人口流出的地带，颜色越深，流出人口越多；白颜色代表流动人口流入的地带，颜色越深，流入人口越多。

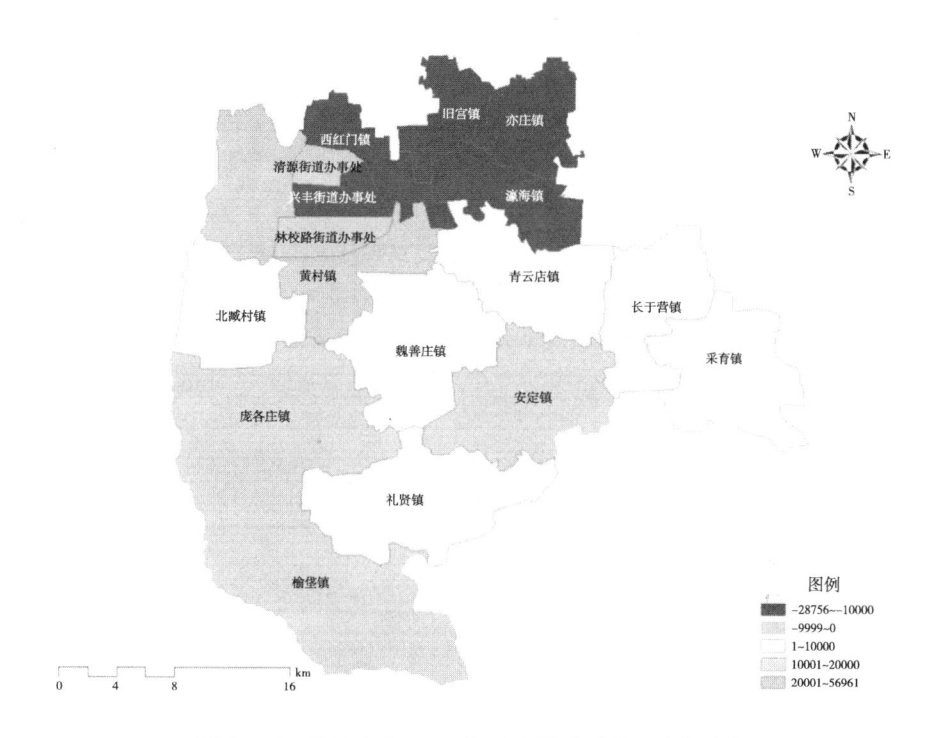

图 5-12　2010 年和 2008 年大兴区流动人口空间变化

注：大兴区设立于 2001 年，由原大兴县而来。大兴区 5 个街道，兴丰街道、清源街道、林校路街道设立于 2001 年，观音寺街道、天宫院街道设立于 2009 年，2000 年时黄村镇包括了这 5 个街道的区域。为了便于比较，2010 年观音寺街道、天宫街道的数据计入黄村镇。

5.2　大兴区建设人口均衡示范区存在的问题与挑战

5.2.1　人口规模过快增长挑战区域承载能力

（1）未来人口规模将进一步增加，人口调控和管理与服务形势严峻

进入 21 世纪以来，大兴区人口规模持续、迅速膨胀，人口总量不断扩大。由于流动人口的大量涌入和越来越多的流动人口长期居留甚至举家流入，成为事实上的"常住人口"，大兴区的人口增速明显。随着首都第二机场即将落户大兴区，地铁大兴区线、轻轨亦庄线、京沪高铁在大兴区域内的建设开通，大兴区的区位优势凸显，对人口的吸引力也将加大，人口规模无疑将再增加。毋庸置疑，这对未来大兴区人口管理提出了严峻挑战。

由前文的分析可以知道，今后大兴区人口调控的工作重点不再是人口出生，而是人口的迁移流动。迁移和流动人口的数量及结构已经成为左右大兴区

人口全局的决定性因素。大兴区的社会经济发展离不开流动人口，流动人口已经并将继续为大兴区的发展发挥重大作用。流动人口是大兴区社会经济快速发展与构建和谐社会的要素，但是其过快增长又给大兴区的发展带来了严峻的挑战，阻碍产业结构提升，增加城市建设的巨大压力。

(2) 人口规模迅速上升给资源环境及基础设施带来巨大挑战

首先，目前的人口增长与有限的资源、环境承载力之间矛盾尖锐。资源供给增量有限给大兴区的运转带来很大风险和不确定性。以水资源为例，大兴区多年平均可利用地下水资源量约为 2.41 亿立方米，实际本区年开采地下水约 2.74 亿立方米，每年超采地下水量超过 3000 万立方米。随着"十二五"时期经济加速发展，亦庄新城规划新扩区 215km^2，建设"一区六园"产业基地，特别是新航城及其配套产业、商业、居住及公共服务区的建设，必将导致人口和产业聚集，用水急剧增加。

其次，基本公共服务资源与社会管理资源的压力空前。大兴区道路拥堵日益严重，公共交通不堪重负；生活垃圾处理困难。在义务教育、医疗、住房、社会保障、计划生育、就业服务等方面，对流动人口的社会管理和公共服务滞后，带来了许多社会矛盾。

5.2.2 人口老龄化影响经济社会发展

(1) 人口老龄化对经济发展形成压力

根据第六次全国人口普查的数据，2010 年大兴区 60 岁以上老龄人口占户籍人口的比重已达到 15.4%，已超过国际对于老龄化界定的标准。随着城市化进程的加快，经济的迅速发展，人民的生活水平也随之提高，人均预期寿命也在不断延长，老年人口对经济将形成一定压力。大兴区 2000 年的人均 GDP 为 1.0 万元，2010 年为 2.3 万元，一般发达国家在 60 岁以上老龄人口达到 10% 时人均生产总值达到 1 万美元，而目前大兴区尚处于中等收入水平的阶段，人口老龄化对经济的压力很大。

(2) 未富先老为养老事业带来挑战

在家庭小型化、核心化的背景下，人口老龄化对传统的家庭养老方式提出挑战：家庭支持来源减少，老年贫困的机会增加，特别是计划生育家庭容易陷入困境；再加上居住方式的代际分离，无法满足老年人情感和生活照料的需求。老年人口规模增加，加剧社会负担及老年医疗问题，社会服务、福利保障和卫生保健等需求急剧增加，尤其是加剧新建养老机构用地与区域建设可开发用地紧张关系。

随着承接北京市城市功能调整任务的深入推进，经济发展在大兴区"十二五"时期乃至更长时期内区域发展中占据重要地位，同时，户籍老龄化水平加速引发的社会发展问题很容易被忽视。然而，目前无论是老龄机构管理能力还是为老服务能力，都不能适应老龄化水平的快速升高趋势，尤其是大兴区老龄管理体制尚在探索中，老龄化问题应对的任务更为艰巨。

5.2.3 人口及劳动力文化素质不均衡影响经济社会发展质量

（1）各镇街道人口文化素质发展不平衡，高学历人口在中北部地区聚集

以大专及以上学历人数与常住人口数比值为口径，从19个镇、街道及开发区的人口文化素质看，中北部地区文化素质相对较高，平均比重在20%以上；南部地区的文化素质较低，平均比重不到10%。

中北部地区的兴丰街道、林校街道，清源街道大专及以上学历人口比重均达到30%以上，而清源街道由于大专院校集中，大专及以上学历人口比重高达45.5%。

在南部地区，榆垡镇的文化素质相对较高，主要受大专院校集中区的影响，大专及以上学历人口比重为19.1%，提高了南部地区的平均比重。文化素质较低的是礼贤镇，其大专及以上学历人口比重仅为4.3%。图5-13中颜色越浅，所占比重越小。

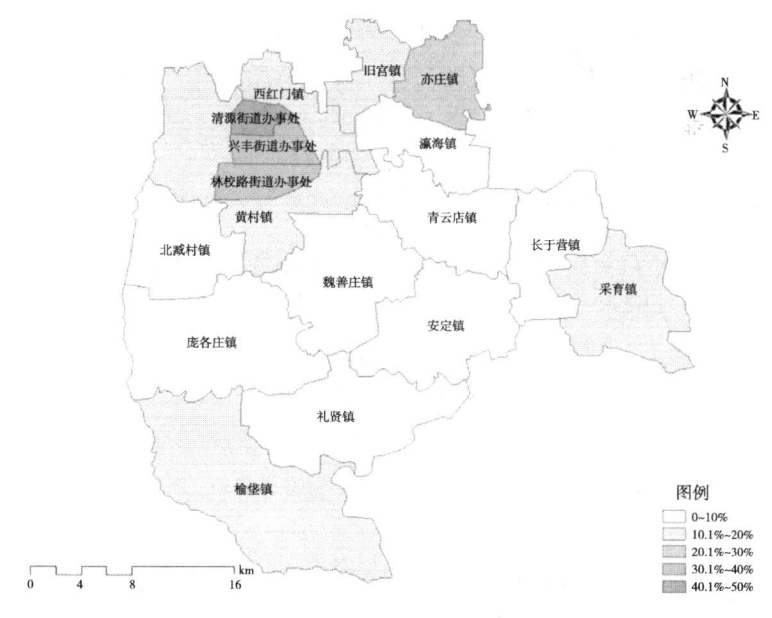

图5-13 2010年大兴区大专及以上学历人口占常住人口比重空间分布图

(2) 低端劳动力文化素质影响经济发展质量

人口素质与产业水平有关。一方面，劳动力作为最重要、最活跃的生产要素，像资本等其他生产要素一样具有"产业跟随性"，劳动力素质与高的产业结构相适应；另一方面，产业也有一定的"劳动力跟随性"，即产业也跟着劳动力走，只有劳动力的素质提高了，产业结构的提高才有可能。二者相互影响，相互促进。

目前，大兴区有相当数量的小企业，处于低技术含量、低附加值的劳动密集型加工组装环节。虽然这些企业吸纳低端劳动力较多，但利润极少，每月交税从几十元到几百元不等，有的根本不交税，谈不上任何经济贡献，仅仅是其所有者和被雇者生存的一种手段，而且这类小加工、小饭馆、小卖部对城市环境影响很大，给城市管理带来额外的成本。更值得警惕的是，一个区域一旦集聚了大量的低素质劳动力，又会在一定程度上导致劳动密集型产业转移或产业升级的迟滞。由于劳动密集型产业的实际工资水平增长缓慢，厂商可以长期获得充裕的"过廉价"劳动力，并在这些区域坐享较高的投资收益，因而往往丧失了产业转型的内在动力，进而在产业大转移的大背景浪潮中失去产业升级的珍贵机遇，从而影响健康城市化的进程。

5.2.4 人口空间分布不均衡影响资源有效利用及社会和谐

(1) 人口区域分布不均衡降低了资源利用效率

大兴区人口在空间上分布不平衡。这种北密南疏的人口不平衡，降低了资源的有效利用，同时给环境造成了压力，不利于大兴区的均衡发展。

人口的适当集聚，可以产生集聚效应，提高资源的利用效率。当聚集到一定程度，就会产生聚集不经济，资源供给相对需求不足，导致房价、地价大幅上升，环境质量变差。

大兴区人口区域分布不均：2010年年底，北五镇的平均人口密度为4778人/km^2，而大兴区的平均人口密度为1324人/km^2。北五镇资源极度紧张，大量流动人口居无定所，交通拥挤不堪，公共设施超负荷运转，水资源短缺，环境污染压力巨大。大兴区一半的人口集中在不到辖区面积1/4的土地上，而占大兴区面积将近一半的人口最少的五镇人口密度不到500人/km^2，资源未得到充分利用，利用效率有待进一步提升。

(2) 人口"倒挂"引发社会问题

大兴区北五镇的住房不能满足如此多的人口，违章建筑应运而生，"流动人口倒挂村"的村民除了利用宅基地建房出租外，侵街占道、田间野外私搭乱

建不断增多。出租房屋租住秩序混乱,存在诸多安全隐患,极易滋生各类问题。

人口"倒挂",流动人口超过了户籍人口,外来人口在很大程度上与当地人口形成就业机会上的竞争,导致当地人口就业压力增大。同时,本来足以满足当地居民的公共设施,由于外来人口的大量涌入,而变得拥挤不堪,不但降低了公共设施的服务功能,也缩短了它们的寿命。各级政府每年投入大量资金用于公共设施建设,增加变压器、改造老化线路、打井、改造水管、修路、清运垃圾等,同时还要雇用大量人员进行日常管理,公共管理成本急剧增加。

5.3 大兴区建设人口均衡示范区的做法及成就

近年来,由于大兴区人口规模增长迅速,引起了大兴区委、区政府的高度重视。有关职能部门多次对此问题进行调研,提出"北清南控"策略,并将调研成果积极转化,加大实践上的操作力度,对遏制人口规模的膨胀、提高人口素质以及促使人口在空间的合理分布起到了重要的作用,也为构建"人口均衡示范区"奠定了基础。

5.3.1 加大拆迁力度,发挥对流动人口的挤出效应

拆迁不仅完成旧城改造,而且还可以将生存其中低端行业的人口挤出,效应明显。黄村镇是大兴区政府所在地,是大兴区流动人口密集的北五镇之一。例如,黄村镇拆迁之前,原有55个村,1个社区,2010年共拆除14个村庄。黄村镇已拆迁的14个村庄均为流动人口倒挂村(见表5-6),其中流动人口倒挂现象最为严重的是后高村,流动人口(8726人)是户籍人口(972人)的9倍。在黄村镇已拆迁的14个村庄中,流动人口最多的为小营村,有流动人口10742人,流动人口最少的为李庄子村,有流动人口1875人。拆迁面积最大的为前高村,拆迁面积为19.5万平方米,拆迁面积最小的为李营村,拆迁面积为3.1万平方米。黄村镇已拆迁14个村总的拆迁面积为130.6万平方米,而黄村镇已拆迁14个村原有的流动人口总计为67287人,粗略地计算一下,就可以得出黄村镇每挤出一个流动人口所要拆迁的面积为19.4平方米,虽然这个数字不是十分准确,也不是最新的数据,代表性也未必很强,但是它在一定程度上反映了挤出流动人口所需的成本:每挤出一个流动人口大概就需要拆迁将近20平方米的房屋,并且流动人口仅仅是被拆迁掉的村庄挤出了,他们很有可能转而在黄村镇其他村庄或者大兴区其他乡镇、街道继续居住下去,那么把一个流动人口挤出大兴区的成本将会高于把一个流动人口挤出黄村镇这14个村庄

第五章　城市发展新区——大兴区人口优化研究

的成本，也就是高于拆迁20m²房屋的成本。

表5-6　黄村镇已拆迁村及涉及人口情况

村名	户数（户）	拆迁面积（m²）	户籍人口（人）	流动人口（人）
李营	99	31000	700	2982
前高	848	195000	3059	9764
后高	292	79000	972	8726
小营	624	181894	1844	10742
西黄	530	77889	1820	5672
南程庄	320	49918	558	2342
北程庄	247	73000	390	1976
李庄子	305	61490	407	1875
康庄	220	54618	1080	4672
韩园子	262	99825	1588	2089
大庄	287	111571	1188	4725
义和庄	339	142000	788	1976
小陈庄	728	149000	1713	9746
合计	5101	1306205	16107	67287

数据来源：大兴区黄村镇人口和计划生育委员会。

5.3.2　积极引导本地劳动力就业，尽量压缩流动人口就业岗位

城市发展中劳动力的不足会吸引大量流动人口涌入。改变就业机会的空间分布就能够带动流动人口分布的变化，这是改变人口流向的最有效方式。调查显示，86%的本地下岗职工认为自己与流动人口存在就业竞争，57%的本地下岗职工选择了流动人口通常从事的餐饮、保安、门卫、售货员、保洁等行业。大兴区为促进本地劳动力就业，一是制定了《关于促进大兴区劳动力就业的暂行办法》及《关于做好促进就业工作的意见》等文件，规定入区企业招用本地劳动力的指导性指标，明确政府各部门在促进就业工作中的主要职责和任务；二是切实加强对企业用工的监管力度，提高外地用工的居住条件和劳动保障，减少因居住成本和用工成本较低而带来的不正当竞争；三是充分发挥现行就业优惠政策的创业扶持作用，鼓励本地人自主创业；四是做好社区岗位开发与充分就业社区（村）创建工作。

5.3.3 推行村民自治管理体制,加强出租房屋管理

第一,充分发挥村民自治作用。进一步引导基层行政村健全《村民自治章程》中的流管工作条款,广泛开展了出租房屋安全管理宣传,着力增强村民意识,通过强化村民、村干部和职能部门的责任,提高章程的执行力。例如,巴园子村强化村民自治与经济调节相结合,有效遏制了"瓦片经济";西红门镇寿保庄村发挥村民自治章程作用,组织拆除多处承包地上违章建筑。

第二,加强出租房屋合法性、安全性的审查认定。依法查处擅自改变房屋结构和居住性质等行为。加大出租房主责任义务,从防煤气中毒、火灾、疾病、重点人员等方面,逐级签订责任书,对出现问题的依法追究相关部门及房主责任。

第三,严格证照管理。各部门联动,严格了《暂住证》《健康证》及《工商营业执照》等证照的审核、发放、管理,抬高行业准入门槛。

第四,充分发挥出租房屋税的调节作用。从开始的由地税部门自征,逐步转变为委托17个镇、街流管机构和2家地产中介公司代为征收。

对于"以房控人"这项人口规模调控措施,黄村镇流动人口倒挂村之一的桂村的一些具体做法非常有借鉴意义。首先,桂村要求每个村民出租房屋都必须签订"房屋租赁合同",并且在村里备案,有利于出租房屋有序进行;其次,桂村在2010年1月11日的村民代表会议上通过了《黄村镇桂村流动人口和出租房屋管理补充条款》,对出租房主的主要责任和义务进行规定,在村规民约里强化了出租房主对流动人口的管理责任,有利于出租房屋管理;最后,按照相关规定和村民自治章程规定,出租房屋主必须签订《出租房屋管理责任书》。该责任书明确规定,出租房屋主为第一责任人,对出租房屋及流动人员管理服务负全责,并明确了出租房屋主的具体义务,加强了出租房屋管理。桂村的这些具体措施是有效的,并且也是合理的,十分有力地支持了大兴区人口均衡示范区目标的实现。

5.3.4 以业控人,清理整治低端行业,发展高端产业,提高人口素质

大兴区把淘汰转移与本地区功能定位不相符的落后低端产业作为重点,坚定不移地清理整治"五小"企业、"六小"场所。例如,2005年大兴区共清理取缔非法废品收购站点688家、大院26家,减少流动人口从业人员5000余人。2008年,大兴区共取缔无照经营的废品收购站点160余处。2008年,大兴区法制办专门下发了《关于对"五小"企业、"六小"场所专项整治工作的指导意见》,明确了各职能部门在清理工作中的职责任务和基本工作程序。2008年,

第五章 城市发展新区——大兴区人口优化研究

大兴区共清理"五小"企业、"六小"场所635家,取缔黑场所248家,取缔无照经营9555家。2009年,工商、公安、卫生、安监、城管等部门联合对存在无照经营、超范围经营行为、严重安全隐患的食品经营、歌舞娱乐、网吧等严厉打击。这些具体措施有效地减少了大兴区从事低端行业的流动人口规模,效果明显。同时,这些企业、场所安全隐患大,环境污染重,将其清理、取缔也有效地支持了大兴区人口均衡目标的实现。

要巩固整治低端产业调控人口的成果,必须有破有立,即整治低端产业的同时,要加快发展高端产业。鉴于此,大兴区紧紧围绕现代服务业、现代制造业、文化创意产业和都市型现代农业四大主导产业,走产业集聚发展之路,逐步改善产业结构。为此制订了《大兴区"十一五"时期与空间布局规划》《大兴区新城市场发展规划》,2009年还研究出台了《关于促进大兴区经济发展的若干意见》及相关产业政策。重新制定项目准入标准和促进大兴区经济发展的奖励办法,以投资强度、投资规模、产业效益、能耗水平及带动本地劳动力就业为主要条件,健全项目评审机制,着力引进符合区域功能定位和产业发展方向的高效企业,改善流动人口素质结构。

5.3.5 实施"北清南控"策略,打破流动人口在区域内循环,促进人口均衡分布

所谓"北清南控"就是指,在大兴区的北部地区(黄村镇、旧宫镇、西红门镇、瀛海镇、亦庄镇)清理流动人口聚集区,同时在大兴区的南部地区(青云店镇、采育镇、安定镇、礼贤镇、榆垡镇、庞各庄镇、北臧村镇、魏善庄镇、长子营镇)严格控制流动人口的进入,防止大兴区北部地区清理出的流动人口向大兴区南部地区转移,从而把流动人口控制在大兴区的范围以外。前已述及,大兴区的北部地区(北五镇)是大兴区流动人口最为集中的地区。2006年,北五镇常住人口密度为2025人/km^2,其中旧宫镇常住人口密度最大,为3344人/km^2,而当时的大兴区常住人口密度仅为887人/km^2[1]。北五镇居住了大兴区绝大多数流动人口,对北五镇流动人口聚集区进行集中清理可以在短时间内大幅减少这一区域的流动人口规模,促进大兴区流动人口的均衡分布。

大兴区进行"北清"所采用的一项具体措施就是旧村改造,换句话说就是为推进城市化进程而进行的村庄整体拆迁。2010年,大兴区政府的目标是将拆迁64个村,这64个村主要都是分布在北五镇,大多是流动人口倒挂村。通过

---

[1] 大兴区发改委课题组. 大兴区流动人口调研报告[J]. 大兴区调研, 2008 (2).

旧村改造，拆掉流动人口聚集的村庄、流动人口倒挂村，在短期内可以迅速减少这些村庄的流动人口，也就是拆掉流动人口在这些村庄居住的根本(房屋)。

"南控"是另一个重要人口均衡调控措施，即在大兴区南部地区（青云店镇、采育镇、安定镇、礼贤镇、榆垡镇、庞各庄镇、北臧村镇、魏善庄镇、长子营镇）严格控制流动人口的进入，防止大兴区北部地区清理出的流动人口向大兴区南部地区转移，从而把流动人口控制在大兴区的范围以外。为了严格执行"南控"措施，大兴区在南部地区每一个村都进驻了一个专门管理此事的乡镇干部，并且要求基层派出所配合执行这项措施。"南控"的一项非常重要的具体措施就是成立了一个新的机构，名为"大兴区国有房出租公司"，由大兴区国资委负责管辖。这家公司把区南部没有拆迁的村庄中还没有出租的房屋以1000元/月的价格租下来，以防止村民把房屋出租给"北清"清理出的外来人口。这样就可以把"北清"清理出的流动人口控制在大兴区之外，达到大兴区人口空间分布的整体均衡。

如果不能保证"南控"的切实可行，那么大兴区将来可能还要进行重复拆迁，并且拆迁的成本将会越来越高，"北清南控"措施的效果将会大打折扣。所以，"南控"是一项非常有效的人口规模和空间分布的调控措施，有利于大兴区人口均衡的实现。

5.3.6 构建人口均衡示范区的经验：产业手段调控人口最根本、最持久、最有效

北京作为首都，是全国人民的首都，是全国人民向往的地方，不可能也不应该通过设立城市门槛的办法将某些公民拒之门外。但是，作为资源环境和公共设施承载力有限的城市，人口资源环境必须协调发展，把北京建设好、发展好、管理好，是全国人民共同的心声和责任。没有人会对此提出质疑：当资源有限的时候，不得不引入竞争机制，通过竞争增强城市的实力，通过竞争提升城市的活力。首都人口均衡的关键在于引进竞争机制，将有能力、竞争力强的人引进来，提高首都人口素质结构，同时达到空间上的均衡分布。而要达到这一效果，最根本的是靠产业手段。

大兴区作为首都的16区县之一，为首都的发展、首都人口均衡的调控及管理服务做出贡献，这是天经地义的事情。因此，大兴区各级政府进行人口均衡示范区构建的主要目标就是控制流动人口规模的过快增长，同时调整优化人口结构，提升人口素质，实现人口空间均衡分布。而要实现这些目标，通过产业结构调整升级，优化产业空间布局是最有效的方法。

第五章 城市发展新区——大兴区人口优化研究

尽管产业调控是最根本的人口均衡措施,但是需要时间较长,调控效果的显现需要一个比较长的周期。我们也应该清醒认识到,一旦产业结构发生了改变,产业实现了升级,那么人口的规模和结构自然会发生显著变化,从而实现人口均衡的目标。产业调控的有效性虽然不可能像拆除违章建筑、城中村改造等措施在短期行之有效,立竿见影,但如果以产业途径为切入点,绩效可以大大高于其他各种人口调控措施。其原因是产业调控对人口的强制性小,不会对人口的工作生活自由和权利造成损害,让每位中国人都享有尊严。当然,产业途径不可能"一剑封喉",只有与其他如规划、政策引导等手段并用,才能合理引导人口有序流动,优化人口结构,促进人口素质的提升,最后实现人口均衡。

第六章　城市发展新区——房山区人口优化研究

6.1 房山区域发展定位及产业支撑

6.1.1 区域发展定位

房山区既是首都的西南门户，也是首都西南的生态屏障。自20世纪末，房山区一方面开始关闭煤矿和非煤矿山等"五小企业"，另一方面致力于调整产业结构，加强发展新兴产业，加快推进产业结构优化升级。目前，房山区已经形成了以石化材料加工、机电装备及新材料、房地产及建材、物流四大产业主导的产业格局，正在引领首都制造业向高端化迈进。

从房山的自然资源禀赋来看，山区和半山区占到土地总面积的70%，平原地区占到30%。对于城市范围迅速扩张，人口规模持续增长的北京城市来说，生态环境压力不断增大，生态安全问题愈加严重，因此迫切需要扩大首都的生态腹地建设，而房山的区位和资源禀赋非常适合作为首都新城区和生态涵养区。因此，房山区委、区政府以融入首都、依托首都、服务首都的理念为指导，统筹考虑发展的前瞻性、科学性和现实性，结合房山的发展历史和现实情况，确定了"一区一城"（"一区"指首都高端制造业新区，"一城"指现代生态休闲新城）的区域发展功能定位。在此定位之下，着力推进"三化两区"（"三化"指城市化、工业化和现代化；"两区"指产业友好新区和生态宜居新区）发展战略，按照新型城市化发展路径，通过对区域资源、要素以及产业的整合与重构，努力构建"两轴三带五园区"发展新格局。"两轴"即京石高速发展轴（以高端制造业和现代服务业为支撑）和轨道交通房山线及西延发展轴（以石化新材料与现代服务业为支撑）；"三带"指永定河绿色生态发展带（世界城市的新城示范区和绿色水岸硅谷）、中部平原发展带（石化新材料和现代

新兴产业发展带）和西部山区发展带（世界城市的高端旅游新区）；"五区"指中央休闲购物区（CSD）、北京石化新材料科技产业基地、北京高端制造业基地、中国房山世界地质公园和中国北京农业生态谷。

6.1.2 产业发展支撑

城市是产业的依托和载体，产业是城市发展的基础和支撑。所谓"无业不成市，无市业难兴"就是此理。因此在一定的城市功能定位之下，必须有相应的产业做支撑。只有城业一致，才能城兴业茂，城业共荣。房山"首都高端制造业新区"和"现代生态休闲新城"的区域定位，必然要依托精心规划、发展相应的产业来实现。

"首都高端制造业新区"的定位意味着未来房山产业的发展方向是制造业中新出现的具有高技术含量、高附加值、强竞争力的行业。毋庸置疑，高端制造业是具有高技术含量和高附加值的产业，居于制造业产业链的高端，处于工业化发展的高级阶段。与具有劳动力密集型特点的传统制造业相比，高端制造业的显著特征是高技术、高附加值，低污染、低排放，具有较强的竞争优势。相应的，高端制造业的发展对劳动力素质也提出了更高的要求，很大程度上促进了劳动力素质的全面提升。按照产业规划，房山未来主要发展石化新材料工业、新能源汽车及零部件制造业、新能源制造业和城际列车制造业、现代农业加工产业等高端制造业。

"现代生态休闲新城"的定位，既符合房山的资源禀赋，也符合世界城市建设的潮流。世界城市发展历程表明，每一座有影响力的国际都市都有生态休闲区，它已成为国际城市的先进运营理念，同时代表了该城市人居模式的至高标准。而生态休闲本身，作为一种生活主张，倡导人与自然的和谐共存、共同发展和相互促进，它既是人们着力营造的生态环境和生态享受的结合，也是一种创新的生活方式和生活态度。现代休闲生态新城建设要求适应消费结构升级趋势，挖掘房山地域生态、资源、文化等特色，以大力发展生态、低碳型的生态休闲等现代服务业为支撑。

房山区目前的产业现状离区域功能定位的目标还有一定的距离。主要表现在：一是地区生产总值规模尚小，2010年为342亿元，而其他新区县如顺义同期为812.7亿元；二是比较优势的产业不多，具有比较优势的石油化工、汽车、装备制造和建材等行业的基础还比较薄弱；三是第三产业2010年仅为34.9%，份额较低，表明有较大的提升空间；四是产业之间缺乏关联，优势产业不集中等。

《房山区新城规划（2005—2020）》为未来15年及至更长时间指出了努力的目标，即贯彻新理念，落实新定位，促进新城产业结构的调整和增长方式的转变，促进新城的可持续、集约、协调发展，早日成为首都西南的"明珠"。

6.2 房山区人口区域变动特点

6.2.1 总人口规模及密度变化特点

（1）常住人口规模持续增加，但增速低于全市和城市发展新区平均水平

2010年第六次人口普查资料显示，房山区常住人口规模为94.5万，与2000年第五次人口普查时的81.4万相比，10年间人口净增加13.1万，平均每年增加1.31万人，年均增长率约为1.5%。自2000年年底起，除2004年常住人口规模相比于前一年稍有下降之外，其余年份常住人口规模均有增长，其中增长最多的为2010年，增长了3.3万人，如图6-1所示。

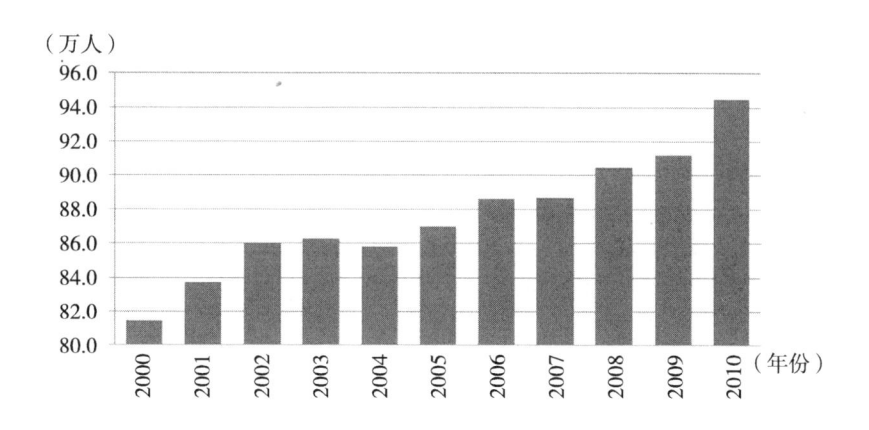

图6-1 2000—2010年房山区常住人口规模变动情况

数据来源：北京市房山区2000年人口普查资料、《北京统计年鉴（2002—2006）》《房山区统计年鉴（2007—2011）》。

房山区21世纪第一个10年间人口的增加，无论是从数量上还是速度上都低于北京市其余四个"城市发展新区"，且年均增长率更是低于北京市的平均水平，仅相当于全市平均水平的42%左右（见表6-1）。从控制人口规模的效果看，在过去10年，房山区处于全市的领先水平。

第六章 城市发展新区——房山区人口优化研究

表6-1 2000—2010年北京市城市发展新区人口年均增长情况

地区	年均增长人数（万人）	年均增长率（%）
北京市	57.93	3.6
城市发展新区合计	26.19	5.9
房山区	1.31	1.5
通州区	10.46	5.8
顺义区	2.40	3.2
昌平区	6.93	10.4
大兴区	5.10	7.3

数据来源：根据北京市房山区2000年人口普查资料、《北京统计年鉴（2011）》计算。

（2）户籍人口规模基本保持稳定，外来人口增加迅速

与常住人口规模不断增加的趋势相比，户籍人口基本保持稳定，从2000年第五次全国人口普查的75.2万人增加到2010年第六次全国人口普查的76.8万人，10年间增长了1.6万人，平均每年增加1600人，年均增长率约为0.21%，接近于零增长（见图6-2）。

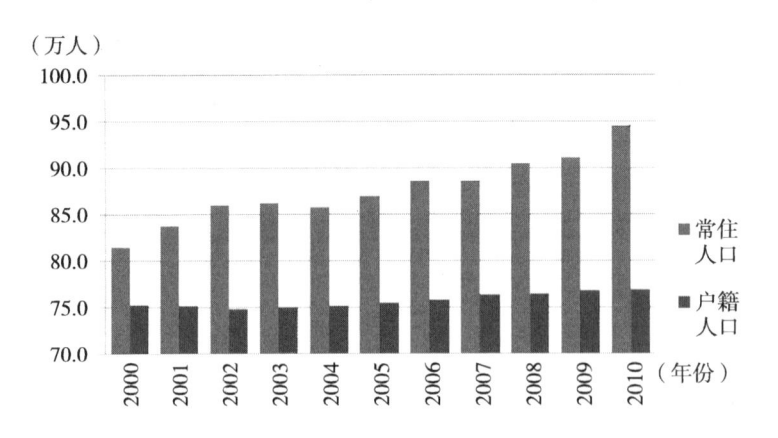

图6-2 2000—2012年房山区人口规模变动情况

数据来源：北京市房山区2000年人口普查资料、《北京统计年鉴（2002—2006）》《房山区统计年鉴（2007—2011）》。

北京是大了还是小了
——人口与经济协调发展优化研究

2010年第六次全国人口普查资料显示，房山区常住外来人口19.5万人，与2000年第五次全国人口普查时的8.4万人相比增加了11.1万人，年均人口增长1.11万人，年均增长率约为8.8%。在常住人口增加的13.1万人中，常住外来人口贡献了64.1%。常住外来人口占常住人口的20.6%，其中15~64岁的常住外来人口7.6万，占常住外来人口的80.4%。常住外来人口，尤其是其中的青壮劳动力为房山的发展提供了动力，延缓了老龄化的进程，但是也给房山区社会建设尤其是公共服务带来了挑战。

（3）人口密度有所增加，但速度低于北京市和城市发展新区平均水平

2010年，房山区人口密度约为475人/km²，比2000年增长了66人/km²，增长低于城市发展新区和北京市的平均水平。2000年，房山区的人口密度在5个城市发展新区中最低，较城市发展新区平均水平低133人/km²。2010年，房山区人口密度较五个城市发展新区低得更多，差异约为483人/km²，房山区的人口密度相当于城市发展新区人口密度平均水平的49.6%（见表6-2）。房山区是北京市除了生态涵养发展区外，人口密度最低的区县，这一方面由于房山区土地面积的广阔，另一方面也得益于10年间房山区对自身人口规模的调控。相对较低的人口密度和广阔的土地面积为房山区的进一步发展留足了后备空间，有利于在今后一段时间里房山区人口集聚效应的发挥和区域的全面发展。

表6-2　2000—2010年北京市城市发展新区人口密度变动情况

地区	面积（km²）	2000年人口（万人）	2010年人口（万人）	2000年人口密度（人/km²）	2010年人口密度（人/km²）	人口密度增加（人/km²）
房山区	1995	81.4	94.5	409	475	66
通州区	906	67.4	118.4	744	1307	563
顺义区	1020	63.7	87.7	625	860	235
昌平区	1344	61.5	166.1	458	1236	778
大兴区	1036	67.2	136.5	648	1317	669
城市发展新区	6296	341.2	603.1	542	958	416
北京市	16411	1381.9	1961.2	842	1195	353

数据来源：北京统计年鉴（2001—2011）。

注：房山国土面积数据来源于房山区国土资源局。

6.2.2 房山区人口结构变化情况

（1）房山区老龄化程度加剧，但人口抚养比有所下降

2010年房山区65岁以上老年人口为83087人，占总人口比重达到8.79%，而2000年房山区65岁以上老年人口为55001人，占总人口比重达到6.75%，10年间老年人口占总人口比重增加了2.04个百分点。无论是老年人占总人口比重还是10年间老年人占总人口比重的增加都高于北京市的平均水平，可见，房山区的老龄化程度高于北京市平均水平，速度上快于北京市平均水平（2010年北京市老年人口比重为8.7%，10年间增加了0.3个百分点），老龄化问题日益显著。值得注意的是，在这10年间老年人口比重跨越了7%的老年型人口标准，房山区在这10年间完成了由青年型人口向老年型人口的转变。

2010年房山区14岁及以下少儿人口为102201人，占总人口比重达到10.82%；2000年房山区14岁及以下少儿人口为149399人，占总人口比重达到18.35%，10年间少儿人口占总人口比重下降了7.53个百分点。虽然少儿人口比重高于北京市8.60%的平均水平，但是降幅超过了北京市的平均水平。

由于老年人口比重的增加幅度没有超过少儿人口减少的幅度和青壮年流动人口增加进入带来的劳动力人口增长的共同作用，房山区人口抚养比由2000年的25.10下降到2010年的19.61，低于20.94的北京市平均水平，说明现阶段房山区人口结构对于经济社会发展的压力较小，但从长期来看，老年人口的持续增加和少儿人口的持续降低势必会对房山区的发展形成冲击，通过吸纳流动人口缓解区域人口结构矛盾是大势所趋。

通过人口金字塔可以更为直观地认识10年间房山区人口年龄结构的变化情况（见图6-3和图6-4）。可以发现，10年间房山区人口金字塔的底座部分缩减明显，而顶端略有增加，金字塔中部增加也比较明显。更为突出的问题是房山区人口金字塔的波动程度较大，如果不通过吸纳劳动力的办法增加劳动力人口进入房山，在一定时期内将形成人口"倒金字塔结构"。这样的人口结构不但会给劳动力人口造成极大的抚养压力，而且会使区域发展陷入僵化、停滞的境地。

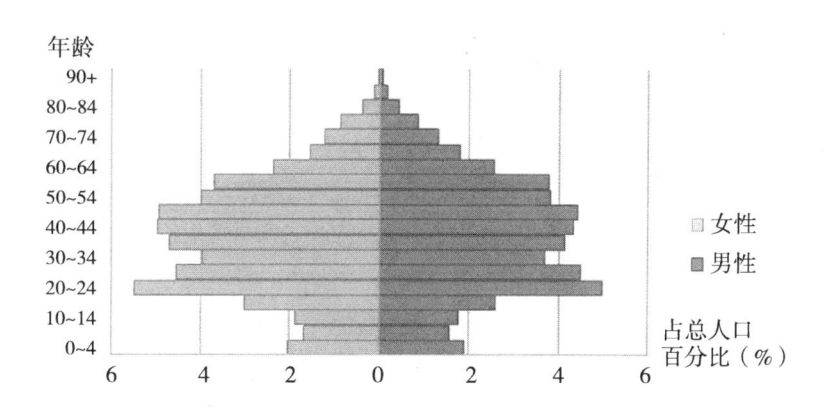

图 6-3 2010 年房山区人口金字塔

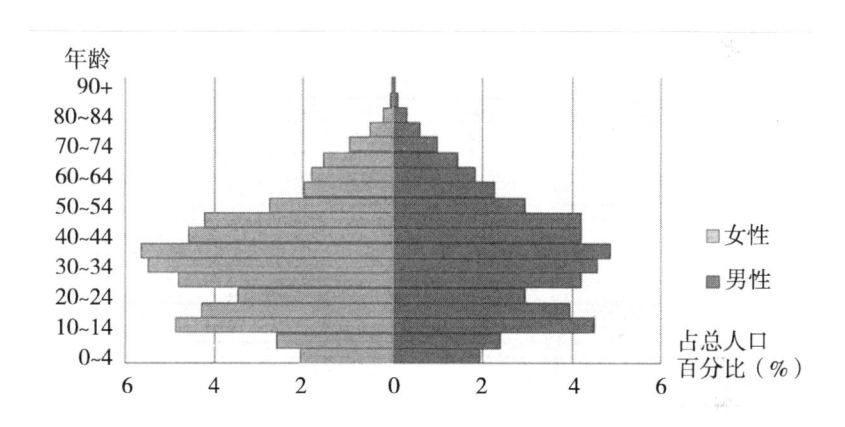

图 6-4 2000 年房山区人口金字塔

（2）房山区人口性别结构问题暂不突出

2010 年房山区人口性别比由 2000 年的 107.7 下降到 105.8，0~5 岁人口性别比保持在 108 左右，虽然略高于 103~107 的正常水平，但在全国范围内已是低龄儿童性别比比较低的地区。从 2000—2010 年的变化情况看（见图 6-5），可以发现房山区虽然总人口性别比在下降，但是部分年龄组别的人口性别比发生升高的情况，如何通过产业结构调整，促进人口性别结构均衡，这也是房山区在今后发展中应当注重的问题。

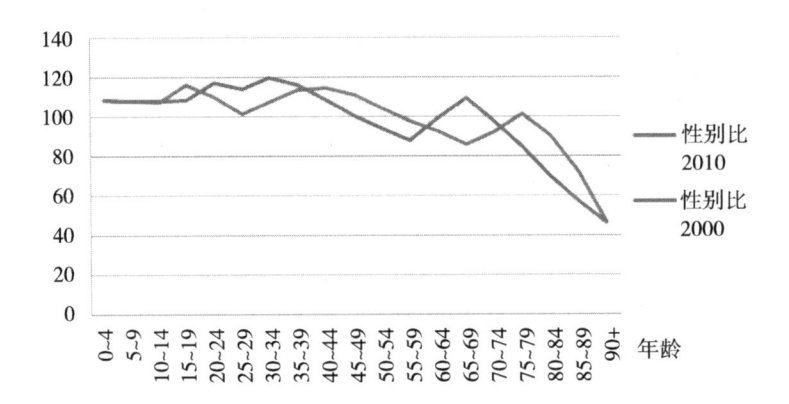

图 6-5 房山区人口分年龄性别比情况

6.2.3 房山区的人口受教育程度情况

(1) 房山区受教育程度有所提高，但仍低于全市和城市发展新区平均水平

房山区 2010 年的人均受教育年限为 10.1 年，比 2000 年的 8.6 年提升了 2.5 年，增长的幅度较大。但是，低于 2010 年北京市 11.5 年和城市发展新区 10.7 年的平均受教育水平（见图 6-6）。

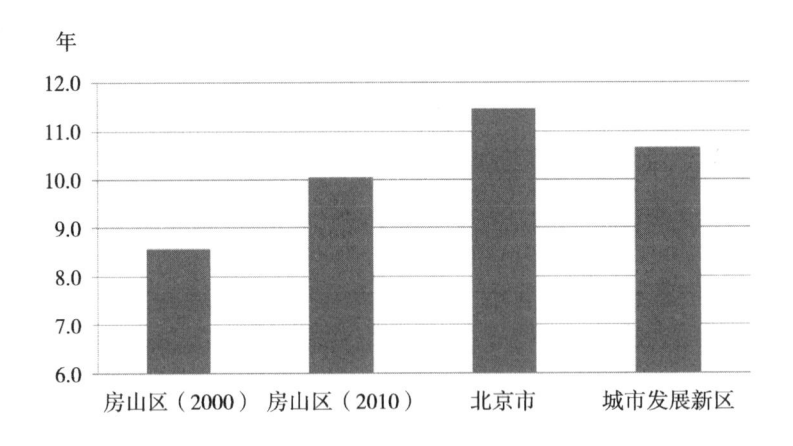

图 6-6 北京市部分地区人均受教育年限情况

(2) 房山区人口中受教育程度在大学及以上的比重与北京市相比较低

房山区人口的受教育程度主要集中在初中，每万人中有超过 4500 人的受教育程度是初中，而北京市每万人中仅有 3273 人受教育程度处于此类别，如图 6-7 所示。而受教育程度在大学及以上的人口占总人口比重方面，与自身相比，房山区 10 年的进步是十分明显的，2010 年房山区每万人接受过高等教

育的人仅有210人，到2010年达到824人/万人，10年间这一比例翻了近两番。但是，房山区明显低于北京市平均水平和城市发展新区平均水平，北京市和城市发展新区每万人中接受过高等教育的人数分别为2020人和1296人。房山区在发展高等教育和吸纳受过高等教育的人口在区内就业、生活等方面还需要继续加强工作。

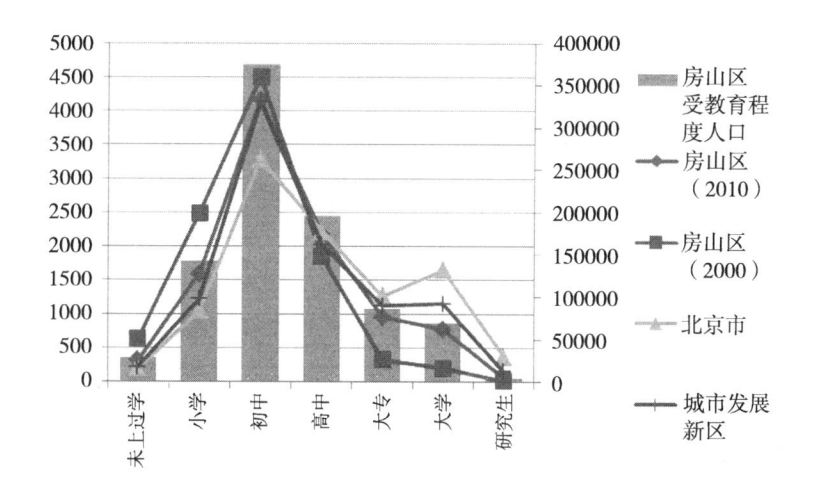

图6-7 房山区受教育程度人口和比重与北京市及城市发展新区比较情况

注：图中左边的纵轴是每万人中各种受教育人口的规模，与折线图对应；右边的纵轴是2010年房山区各种受教育程度的实际人口规模。

6.2.4 各个乡镇街道人口规模变化

2000—2010年房山区人口总量虽然增加，但在每一个子区域人口规模的变化情况却各有不同。值得注意的特点有以下两个方面。

（1）房山区60%的乡、镇、街道人口出现负增长

2000年房山区大多数乡、镇、街道人口规模为2万~10万人，人口最多的是良乡地区[1]，达110945人；人口最少的是蒲洼乡，为4254人。人口超过10万的只有良乡一个地区，人口少于2万的有蒲洼乡、南窖乡、新镇街道、霞云岭乡、十渡镇、大安山乡、佛子庄乡、史家营乡八个乡镇，其中七个乡镇位于房山区的西部，均为山区（见图6-8）。

---

[1] 2006年良乡地区区划调整，分为良乡地区、拱辰街道和西潞街道三个区域。本研究鉴于比较分析的科学性和可操作性，将良乡三个区域视为一个独立单元进行，仍称为良乡地区进行分析。

第六章 城市发展新区——房山区人口优化研究

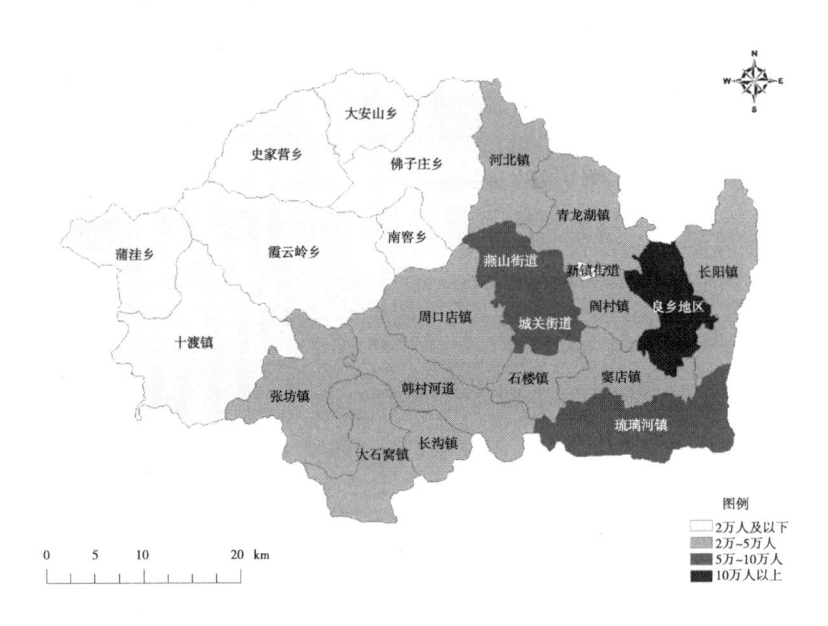

图6-8 2000年房山区各乡镇街道人口规模情况

数据来源：北京市房山区2000年人口普查资料。

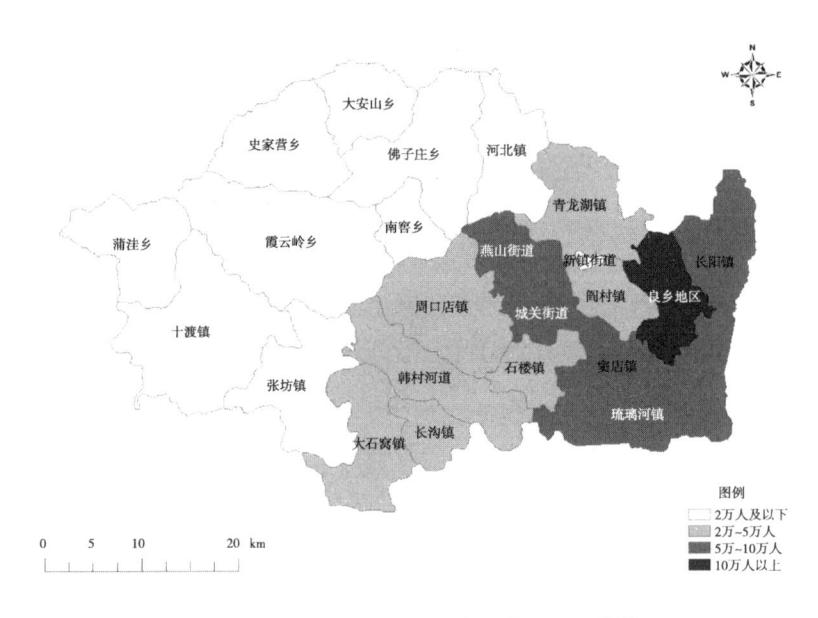

图6-9 2010年房山区各乡镇街道人口规模情况

数据来源：房山区2010年第六次全国人口普查主要数据资料。

北京是大了还是小了
——人口与经济协调发展优化研究

2010年房山区大多数乡、镇、街道人口规模在5万人以下，人口最多的依然是良乡地区，人口达到216055人，10年间基本实现了人口规模的翻番；人口最少的仍是蒲洼乡，为2472人，人口减少超过40%。人口超过5万的有良乡地区、城关街道、燕山街道、窦店镇（原窦店镇、交道镇）、长阳镇（原长阳镇、葫芦垡乡）、琉璃河镇（原琉璃河镇、东南召镇、窑上乡）六个地区（见图6-9）。

从变化情况看，房山区超过60%的乡、镇、街道人口出现人口负增长，燕山街道和史家营乡人口减少达到1万人以上，其中史家营乡人口减少11678人，是10年间房山区人口减少最多的乡镇，这些乡镇大多位于西部的山区乡镇。人口的增加主要集中于东北部地区，良乡地区、长阳镇、窦店镇、阎村镇和城关街道，人口增加超过1万人，其中良乡地区10年人口增加105110人，是房山区人口增加最多的地区（见图6-10）。

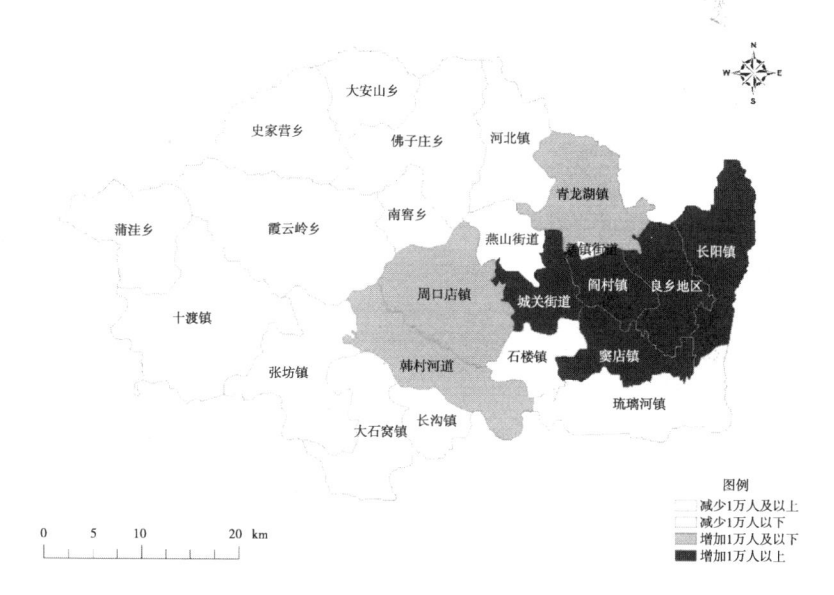

图6-10　2000—2010年房山区各乡镇街道人口规模变化情况

数据来源：根据北京市房山区2000年人口普查资料、房山区2010年第六次全国人口普查主要数据资料计算。

（2）人口向东部集中趋势明显

通过对房山区内各乡、镇、街道近10年的人口规模变化情况的统计，可以发现房山区的人口变化出现了西部地区减少、东部地区增加的现象，且东部地区人口的增加量大于西部地区人口的减少量；人口向东部地区集聚的趋势比

第六章 城市发展新区——房山区人口优化研究

较明显。2000 年房山区人口重心位于城关街道中部（115°59′E，39°42′N），而 2010 年房山区人口重心已移动到城关街道东部地区（116°1′E，39°42′N），10 年间人口重心向东移动了 3.34km（见图 6-11）。房山区近 10 年的人口分布的变化是房山区东部地区迅速发展吸纳人口的结果，也是西部山区人口外迁的结果，这一变化趋势符合房山区发展实际和功能定位需求，说明人口空间分布在不断优化。

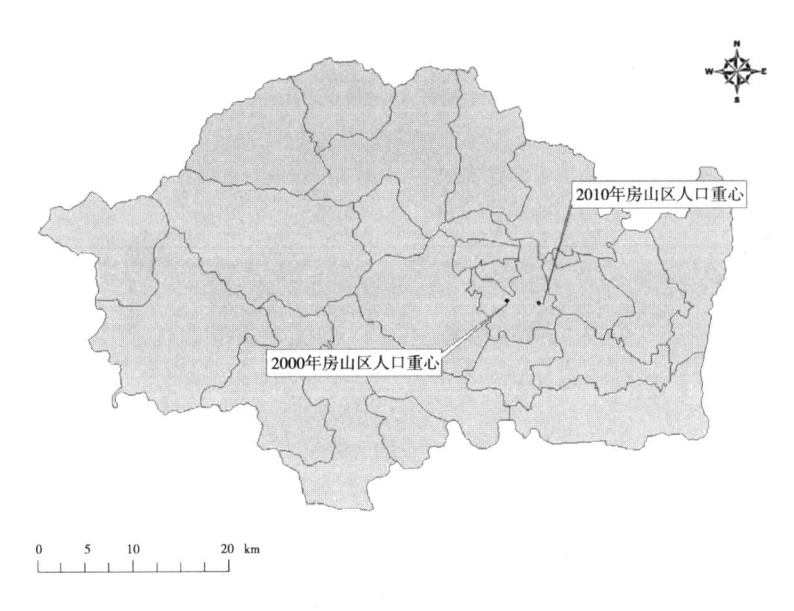

图 6-11 2000—2010 年房山区人口重心变动情况

数据来源：根据北京市房山区 2000 年人口普查资料、房山区 2010 年第六次全国人口普查主要数据资料计算。

6.2.5 各个乡镇街道人口密度变化

（1）房山区人口密度分布东部密集，西部稀疏

2000 年房山区人口密度为 409 人/km²，其中西部的 8 个乡、镇人口密度不足 300 人/km²；东部的大多数乡、镇、街道人口密度在 300~700 人/km²；燕山街道、新镇街道、良乡地区、城关街道和窦店镇人口密度超过 700 人/km²。人口密度最大的地区燕山街道为 5939 人/km²，人口密度最小的地区蒲洼乡为 46 人/km²（如图 6-12）。

北京是大了还是小了
——人口与经济协调发展优化研究

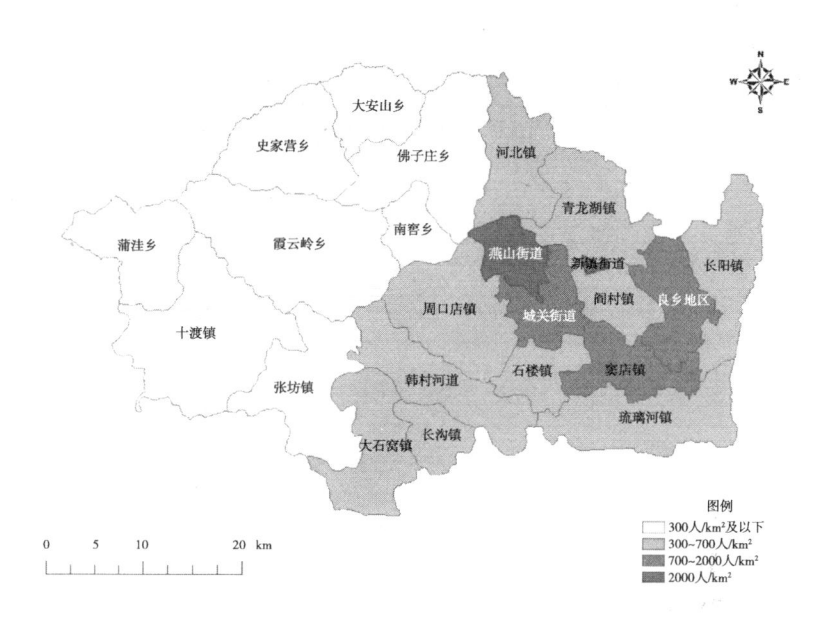

图 6-12　2000 年房山区人口密度情况

数据来源：根据北京市房山区 2000 年人口普查资料计算。

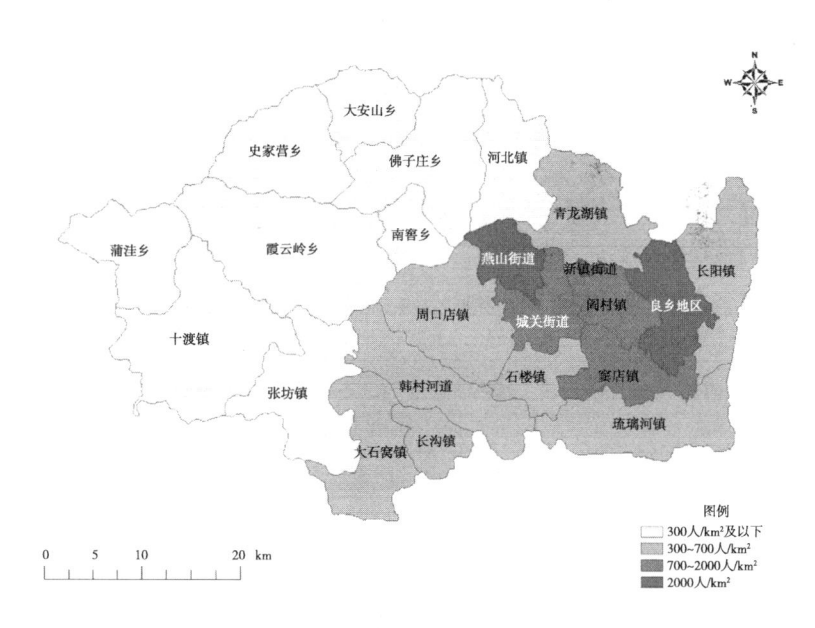

图 6-13　2010 年房山区人口密度情况

数据来源：根据北京市房山区 2000 年人口普查资料计算。

第六章 城市发展新区——房山区人口优化研究

2010年房山区人口密度为475人/km², 其中西部的9个乡、镇人口密度在300人/km²以下; 新增加的河北镇, 人口密度由2000年的301人/km²下降到2010年的237人/km²; 东部的大多数乡、镇、街道人口密度在300~700人/km²; 燕山街道、良乡地区、新镇街道、城关街道、窦店镇和阎村镇人口密度超过700人/km², 其中阎村镇人口密度由2000年的632人/km²上升到2010年的1005人/km², 良乡地区人口密度由2000年的1625人/km²上涨到2010年的3164人/km²。人口密度最大的地区为燕山街道, 达到5261人/km², 人口密度最小的地区蒲洼乡为27人/km²（见图6-13）。

（2）人口密度变化情况在区域上东西两头高、中部低, 呈"哑铃型"分布

由于区域面积基本稳定, 房山区2000—2010年人口密度的变化情况与人口规模的变化情况具有相同的特点, 超过60%的乡、镇、街道人口密度有下降情况。其中下降最多的为新镇街道, 人口密度减少了678人/km², 在增加的区域中以良乡地区的增加量为最多, 增加了1539人/km²（见图6-14）。

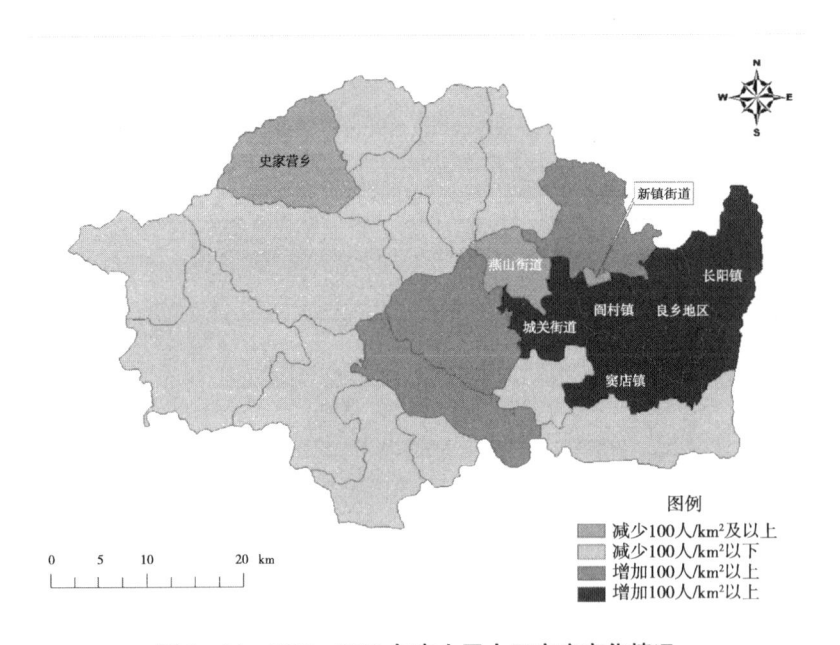

图6-14 2000—2010年房山区人口密度变化情况

数据来源：根据北京市房山区2000年人口普查资料、房山区2010年第六次全国人口普查主要数据资料计算。

而从变化速度看, 房山区近10年的人口密度变化情况是更为明显的, 西部的史家营乡、蒲洼乡、南窑乡、佛子庄乡、霞云岭乡人口密度减少幅度超过

30%，而东部的良乡地区、长阳镇、阎村镇和窦店镇人口密度增加幅度超过30%，其余区域人口密度的变化幅度都在30%以下。其中，人口密度增加幅度最大的地区是良乡地区，人口密度增加94.7%；人口密度减少幅度最大的地区是史家营乡，人口密度减少65%（见图6-15）。

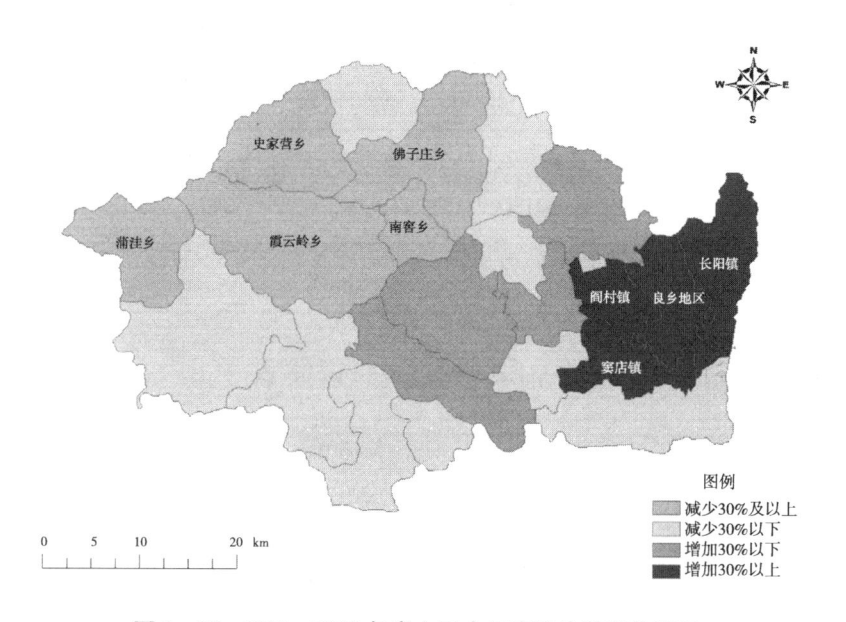

图6-15 2000—2010年房山区人口密度比重变化情况

数据来源：根据北京市房山区2000年人口普查资料、房山区2010年第六次全国人口普查主要数据资料计算。

如果结合房山区的地貌情况来看近10年来房山区人口密度的变化，也具有比较明显的特点（见图6-16）：海拔较高的地区人口密度减少幅度较大，如史家营乡、蒲洼乡、南窑乡、佛子庄乡、霞云岭乡五个人口密度减少较大的地区平均海拔都超过了800米；海拔较低的地区人口密度增加幅度较大，良乡地区、长阳镇、阎村镇和窦店镇人口密度增加较大的地区平均海拔都低于400米，具有比较明显的"人往低处走"特点。由于房山区的山区和丘陵地区主要功能定位是生态休闲、文化创意旅游带，人口总量的减少和人口密度的下降，有利于这一功能定位的实现；而东部平原区主要功能定位是高端制造业新区和新城区，聚集人口是其主要功能之一。因此，21世纪以来人口在区域上的变动符合房山的区域规划功能定位，表明人口空间分布在不断优化发展。

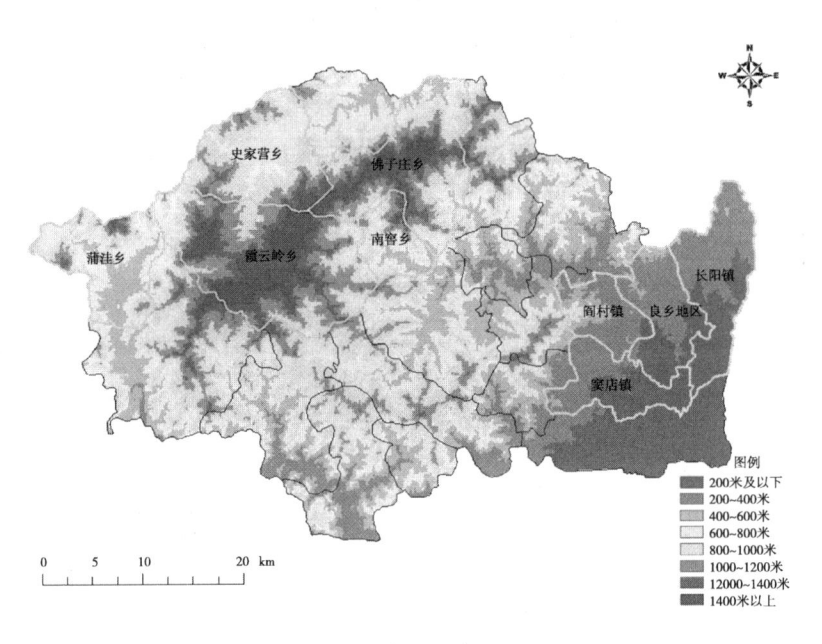

图 6-16 房山区高程图

出现这种人口分布变化主要是由两方面的原因造成的：一方面是房山区重点规划的中央休闲购物区、石化新材料科技产业基地和窦店高端制造业产业基地主要集中于房山区的东部地区，导致了东部地区对人口特别是劳动力的吸纳作用增强，人口由西部向东部倾斜；另一方面是房山区自2010年4月开始实施的"山区人口迁移集中安置项目"初见成效。

6.3 顺利实现房山区域功能定位的人口需求

对于房山未来的经济发展所需要的人口数量，根据此次调研掌握的相关数据，设定以2011年为基年，2020年为预测末年进行计算。

6.3.1 房山区各行业经济发展情况预测

预测思路如下：第一步，设定未来房山区各年经济增长率高、中、低方案，并依据最近一年的经济总量数据推出连续各年份经济总量；第二步，根据房山区产业发展政策导向设计未来产业结构及其中分行业结构；第三步，将预测得到的各年份经济总量依据行业结构进行分割，得到房山区分行业经济发展数据并计算相应发展速度。

(1) 房山区经济发展总体水平预测

①房山区未来经济增长方案设定。

为实现对房山区首都高端制造业新区和现代生态休闲新城的功能定位，房山在今后的发展过程中将进入发展的关键时期，需要将全面推进"三化两区"建设、加快转变经济发展方式作为中心任务。针对2011年及以后房山区经济运行面临的国际、国内环境，按照不同环境和政策力度以及本地区经济自身运行规律，设计三种可能的情境，模拟高、中、低方案下的经济运行态势。

根据房山区的区域发展定位和产业发展支撑，设计思路如下：阶段一，由于相关政策及措施的积极影响，在2011—2015年经济开始恢复并实现快速增长，高、中、低方案年均增长率分别保持15%、12%和8%❶；阶段二，随着时间的推进，房山区经济实力达到较高阶段，2016—2020年经济增长率较前一阶段降低，维持在稳定水平，高、中、低方案年均增长率分别保持12%、10%和7%。高方案对于发展前景持最乐观态度，认为房山区会顺利推进"三化两区"建设和产业结构调整，保持稳健发展；中方案是比较有把握和可以达到的，而低方案是最保守的估计。具体设计方案如图6-17所示。

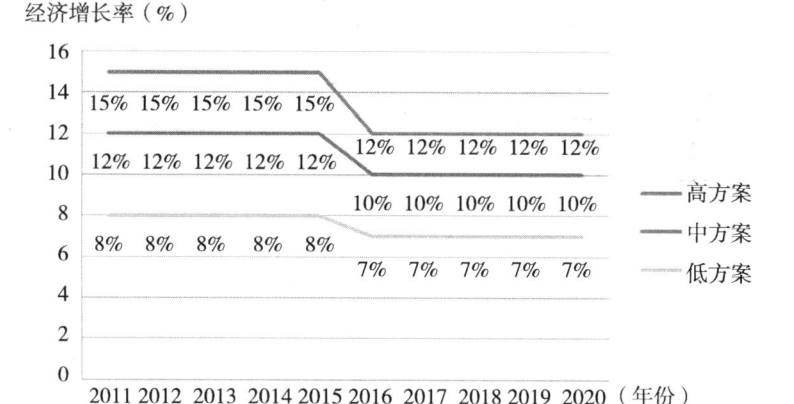

图6-17 2011—2020年房山区经济增长率预测

---

❶ 15%的平均增长率参考《中共北京市房山区委关于制定北京市房山区国民经济和社会发展第十二个五年规划的建议》中的经济社会发展目标；12%的平均增长率参考《北京市房山区国民经济和社会发展第十二个五年规划纲要》中的地区生产总值平均增长率；8%的平均增长率主要参考《北京市国民经济和社会发展第十二个五年规划纲要》中的地区生产总值平均增长率。

第六章 城市发展新区——房山区人口优化研究

②高、中、低经济增长方案下房山区未来年份地区生产总值。

依据房山区 2011 年公布的数据,房山区地区生产总值为 417.10 亿元,比 2010 年增长 12.3%,其中第一产业产值 15.16 亿元,第二产业产值 256.24 亿元,第三产业产值 145.69 亿元。三次产业比重分别为 3.64%、61.43% 和 34.93%。

结合经济高、中、低发展方案,根据 2011 年房山区地区生产总值,预测得到房山区 2012—2020 年地区生产总值,具体数据如表 6-3 所示。在高、中、低不同经济增长方案下,至 2015 年,房山区地区生产总值将分别达到 729.51.83 亿元、656.31 亿元和 567.46 亿元。至 2020 年,房山区地区生产总值将分别达到 1285.64 亿元、1056.99 亿元和 795.89 亿元。

表 6-3 高、中、低经济发展方案下房山区 2011—2010 年经济总量预测

单位:(亿元)

年份	高方案	中方案	低方案
2011	417.10	417.10	417.10
2012	479.66	467.15	450.46
2013	551.61	523.21	486.50
2014	634.35	585.99	525.42
2015	729.51	656.31	567.46
2016	817.05	721.94	607.18
2017	915.09	794.14	649.68
2018	1024.90	873.55	695.16
2019	1147.89	960.90	743.82
2020	1285.64	1056.99	795.89

(2) 房山区三次产业结构及其中行业结构预测

①房山区三次产业结构设定。

考虑到房山区的现实状况、区域特点和发展定位,根据《房山新城规划 (2005—2020)》中的目标设定,对于房山区产业结构规划如下:2020 年,房山区第一产业份额设定为 3%,第二产业达到占产业结构的 52%,第三产业份

额为 45%。其余各年产业结构数据在此基础上做平滑处理，实现其结构的稳步发展和调整。具体结果如表 6-4 所示。

表 6-4　房山区 2011—2020 年三次产业预测百分比　　　单位：(%)

年份	总体	第一产业	第二产业	第三产业
2011	100.00	3.64	61.43	34.93
2012	100.00	3.57	60.39	36.05
2013	100.00	3.49	59.34	37.17
2014	100.00	3.42	58.29	38.29
2015	100.00	3.35	57.24	39.41
2016	100.00	3.28	56.19	40.52
2017	100.00	3.21	55.14	41.64
2018	100.00	3.14	54.10	42.76
2019	100.00	3.07	53.05	43.88
2020	100.00	3.00	52.00	45.00

②房山区分行业结构设定。

在上一步房山区未来产业结构设计基础上设计内部行业结构，设计思路如下所述。

第一产业在此不再细分，房山区农业发展水平依据第一产业的设定结果。

第二产业包括工业和建筑业两部分。本研究将建筑业从工业当中剥离出来，主要是考虑到当今及未来一段时期内，随着房山新城等一系列城市建设项目的开展，建筑业相比于其他工业项目更加受人关注，同时增长也更为稳定。为了适应北京市经济社会发展新格局的要求，房山区面临着构建"两轴三带五园区"的重要任务，建筑业的任务空前繁重。根据房山区住房与建设委员会"十二五"时期发展规划，建筑业总产值以年均 8% 以上增长。按照 8% 的标准预测，至 2020 年建筑业占房山区总体经济生产总值的 5.38%。考虑到市政府把房山作为高端制造业基地，虽然提供了难得的历史机遇，但是随着传统产业退出带来的社会问题日益增多，以及发展高端制造业面临着资本、技术、人才、制度、观念等问题的困扰，产业结构调整的阵痛会使工业产值份额降低，

预计至2020年占房山区总体经济生产总值的46.62%。

第三产业由交通运输、仓储和邮政业、商贸服务业、金融业、房地产业、其他服务业组成。其中，商贸服务业主要包括批发和零售业、住宿和餐饮业、租赁与商务服务业以及居民服务和其他服务业。其他服务业主要包括信息传输、计算机服务和软件业，科学研究、技术服务和地质勘察业，水利、环境和公共设施管理业，教育，卫生、社会保障和社会福利业，文化、体育和娱乐业，公共管理和社会组织。将交通运输、仓储和邮政业、商贸服务业、金融业、房地产业从第三产业中剥离出来单独进行分析，是考虑到相比于其他服务行业，这四个行业具有自身鲜明的特点，并且在今后一段时间内会成为房山区完善自身产业结构，明确自身产业定位而需要重点发展的产业。

第三产业的每个行业由于没有具体的规划指标可供参考，于是根据房山区2004—2011年每年各行业产值占第三产业总产值的比重，通过线性拟合得到2020年各行业产值占第三产业总产值的比重，再根据2020年产值结构预测中第三产业的份额得到相应各个行业的份额。

交通运输、仓储和邮政业在经历了20世纪90年代中期及21世纪初期的快速发展后现已进入平稳发展阶段，至2020年所占比例达到2.74%。

商贸服务业在国际金融危机导致人们消费预期降低的背景下，其发展受到一定影响，但考虑到今后消费市场的巨大需求，所以该行业在整体经济中的地位不会动摇。预计商贸业从2011年起进入稳健发展阶段，至2020年达到8.75%。

金融业是在金融危机影响下发展趋势争议较大的行业。房山区的金融业随着以长阳半岛为龙头的"首都金融服务中心区"的打造，本地区的金融业还会有较大的发展空间，所以会保持自身稳步发展，预计2020年达到5.40%。

房地产业的发展是近来的焦点。根据房山区的产业布局和功能定位要求，未来一段时间房山区的房地产业将呈现供需两旺发展趋势，并且会带动第三产业迅速发展，成为国民经济的重要支柱产业。综合以上考虑，房地产业的发展预计2020年达到11.26%。

其他服务业包含的项目较多，其中无论是科技创新、人才培养，还是社会保障、公共管理，都是房山区未来发展的重要条件，在未来将会得到越来越多的重视，这符合房山区的发展方向，预计2020年达到16.85%。各行业期间的年份均做平滑处理，方案具体数据如表6-5所示。

表 6-5 2010—2020 年房山区行业产值结构预测　　　　单位：(%)

年份	合计	第一产业	第二产业	工业	建筑业	第三产业	交通运输、仓储和邮政业	商贸服务业	金融业	房地产业	其他服务业
2011	100	3.64	61.43	53.97	7.46	34.93	2.44	7.44	3.71	8.98	12.35
2012	100	3.57	60.32	53.15	7.23	36.05	2.48	7.58	3.90	9.24	12.85
2013	100	3.49	59.20	52.34	7.00	37.17	2.51	7.73	4.09	9.49	13.35
2014	100	3.42	58.08	51.52	6.77	38.29	2.54	7.87	4.28	9.74	13.85
2015	100	3.35	56.96	50.70	6.54	39.41	2.58	8.02	4.46	10.00	14.35
2016	100	3.28	55.84	49.89	6.31	40.52	2.61	8.16	4.65	10.25	14.85
2017	100	3.21	54.72	49.07	6.07	41.64	2.64	8.31	4.84	10.50	15.35
2018	100	3.14	53.60	48.25	5.84	42.76	2.68	8.45	5.03	10.76	15.85
2019	100	3.07	52.48	47.44	5.61	43.88	2.71	8.60	5.21	11.01	16.35
2020	100	3.00	52.00	46.62	5.38	45.00	2.74	8.75	5.40	11.26	16.85

(3) 房山区分行业经济发展规模预测

按上一步设计的行业结构对房山区未来年份高、中、低三个预测方案下的经济总量进行分割，从而可以得到房山区未来分行业不同经济规模方案。具体数值如表 6-6~表 6-8 所示。

至 2020 年，在高经济增长方案下，房山区地区生产总值将达到 1285.64 亿元，其中第一产业 38.57 亿元，第二产业 668.53 亿元，第三产业 578.54 亿元。在中经济增长方案下，房山区地区生产总值将达到 1056.99 亿元，其中第一产业 31.71 亿元，第二产业 549.64 亿元，第三产业 475.64 亿元。在低经济增长方案下，房山区地区生产总值将达到 795.89 亿元，其中第一产业 23.88 亿元，第二产业 371.04 亿元，第三产业 358.15 亿元。

第六章 城市发展新区——房山区人口优化研究

表6-6 高经济增长方案下2010—2020年房山区分行业生产总值

单位：（亿元）

年份	合计	第一产业	第二产业	工业	建筑业	第三产业	交通运输、仓储和邮政业	商贸服务业	金融业	房地产业	其他服务业
2011	417.10	15.16	256.24	225.11	31.12	145.69	10.20	31.02	15.49	37.47	51.52
2012	479.66	17.10	289.31	254.96	34.68	172.91	11.89	36.37	18.71	44.30	61.65
2013	551.61	19.28	326.53	288.70	38.61	205.02	13.85	42.63	22.55	52.34	73.65
2014	634.35	21.72	368.42	326.83	42.93	242.87	16.14	49.95	27.13	61.80	87.86
2015	729.51	24.46	415.52	369.89	47.69	287.47	18.80	58.50	32.56	72.92	104.69
2016	817.05	26.82	456.24	407.60	51.52	331.10	21.32	66.70	38.00	83.74	121.33
2017	915.09	29.39	500.75	449.04	55.58	381.08	24.19	76.04	44.28	96.11	140.47
2018	1024.90	32.19	549.37	494.55	59.88	438.27	27.43	86.65	51.52	110.24	162.44
2019	1147.89	35.25	602.45	544.52	64.41	503.71	31.10	98.72	59.85	126.38	187.67
2020	1285.64	38.57	668.53	599.36	69.17	578.54	35.25	112.43	69.44	144.80	216.61

表6-7 中经济增长方案下2010—2020年房山区分行业生产总值

单位：（亿元）

年份	合计	第一产业	第二产业	工业	建筑业	第三产业	交通运输、仓储和邮政业	商贸服务业	金融业	房地产业	其他服务业
2011	417.10	15.16	256.24	225.11	31.12	145.69	10.20	31.02	15.49	37.47	51.52
2012	467.15	16.65	281.76	248.31	33.78	168.40	11.58	35.42	18.22	43.14	60.04
2013	523.21	18.28	309.72	273.84	36.62	194.47	13.14	40.43	21.39	49.65	69.86
2014	585.99	20.06	340.33	301.91	39.66	224.36	14.91	46.14	25.06	57.09	81.17
2015	656.31	22.01	373.83	332.78	42.90	258.62	16.91	52.63	29.30	65.60	94.18
2016	721.94	23.70	403.13	360.16	45.52	292.56	18.84	58.94	33.58	73.99	107.21
2017	794.14	25.51	434.56	389.69	48.24	330.71	20.99	65.99	38.43	83.41	121.90
2018	873.55	27.44	468.24	421.52	51.04	373.55	23.38	73.86	43.91	93.96	138.45
2019	960.90	29.51	504.31	455.82	53.92	421.66	26.03	82.64	50.10	105.79	157.10
2020	1056.99	31.71	549.64	492.77	56.87	475.65	28.98	92.44	57.09	119.05	178.09

表6-8 低经济增长方案下2010—2020年房山区分行业生产总值

单位：（亿元）

年份	合计	第一产业	第二产业	工业	建筑业	第三产业	交通运输、仓储和邮政业	商贸服务业	金融业	房地产业	其他服务业
2011	417.10	15.16	256.24	225.11	31.12	145.69	10.20	31.02	15.49	37.47	51.52
2012	450.46	16.06	271.70	239.44	32.57	162.39	11.16	34.16	17.57	41.60	57.89
2013	486.50	17.00	287.99	254.63	34.05	180.82	12.22	37.60	19.89	46.16	64.96
2014	525.42	17.99	305.15	270.70	35.56	201.17	13.37	41.37	22.47	51.19	72.78
2015	567.46	19.03	323.22	287.72	37.09	223.61	14.62	45.50	25.33	56.72	81.43
2016	607.18	19.93	339.05	302.91	38.29	246.06	15.85	49.57	28.24	62.23	90.17
2017	649.68	20.87	355.51	318.80	39.46	270.55	17.17	53.98	31.44	68.23	99.73
2018	695.16	21.84	372.62	335.44	40.62	297.27	18.60	58.77	34.94	74.77	110.18
2019	743.82	22.84	390.38	352.84	41.74	326.40	20.15	63.97	38.78	81.89	121.61
2020	795.89	23.88	413.86	371.04	42.82	358.15	21.82	69.60	42.99	89.64	134.10

6.3.2 房山区分行业劳动生产率测算

根据相关数据[1]，结合北京市各行业劳动生产率的相关研究预测，对2011—2020年房山区分行业劳动生产率按时间函数进行拟合及外推，最终得到2011—2020年房山区分行业劳动生产率，如表6-9所示。

表6-9 房山区2011—2020年分行业劳动生产率预测

单位：（万元/人）

年份	农业	工业	建筑业	交通运输、仓储和邮政业	商贸服务业	金融业	房地产业	其他服务业
2011	4.09	24.97	7.18	2.44	2.95	26.30	38.66	5.87
2012	4.39	26.47	8.08	2.94	3.55	27.80	39.66	7.37
2013	4.69	27.97	8.98	3.44	4.15	29.30	40.66	8.87
2014	4.99	29.47	9.88	3.94	4.75	30.80	41.66	10.37

---

[1] 基年劳动生产率根据房山区统计局提供的分行业劳动力数量计算得到，预测值结合《北京统计年鉴（2004—2011）》与《北京城市总体规划（2004—2020）》得到。

第六章 城市发展新区——房山区人口优化研究

续表

年份	农业	工业	建筑业	交通运输、仓储和邮政业	商贸服务业	金融业	房地产业	其他服务业
2015	5.29	30.97	10.78	4.44	5.35	32.30	42.66	11.87
2016	5.59	32.47	11.68	4.94	5.95	33.80	43.66	13.37
2017	5.89	33.97	12.58	5.44	6.55	35.30	44.66	14.87
2018	6.19	35.47	13.48	5.94	7.15	36.80	45.66	16.37
2019	6.49	36.97	14.38	6.44	7.75	38.30	46.66	17.87
2020	6.79	38.47	15.28	6.94	8.35	39.80	47.66	6.3

6.3.3 房山区劳动力需求量预测

根据"高、中、低经济增长方案下 2011—2020 年房山区分行业生产总值"与"房山区 2011—2020 年分行业劳动生产率预测"数据相除，得到房山区 2011—2020 年高、中、低经济增长方案下劳动力需求数值，具体情况如表 6-10~表 6-12 所示。

表 6-10 高经济增长方案下房山区 2010—2020 年分行业劳动力需求数值

单位：（万人）

年份	农业	工业	建筑业	交通运输、仓储和邮政业	商贸服务业	金融业	房地产业	其他服务业
2011	3.71	9.02	4.34	4.19	10.52	0.59	0.97	8.78
2012	3.89	9.63	4.29	4.05	10.25	0.67	1.12	8.36
2013	4.11	10.32	4.30	4.03	10.28	0.77	1.29	8.30
2014	4.35	11.09	4.35	4.10	10.52	0.88	1.48	8.47
2015	4.62	11.95	4.42	4.24	10.94	1.01	1.71	8.82
2016	4.80	12.55	4.41	4.32	11.21	1.12	1.92	9.07
2017	4.99	13.22	4.42	4.45	11.61	1.25	2.15	9.45
2018	5.20	13.94	4.44	4.62	12.12	1.40	2.41	9.92
2019	5.43	14.73	4.48	4.83	12.74	1.56	2.71	10.50
2020	5.68	15.58	4.53	5.08	13.47	1.74	3.04	11.18

表 6-11　中经济增长方案下房山区 2010—2020 年分行业劳动力需求数值

单位：（万人）

年份	农业	工业	建筑业	交通运输、仓储和邮政业	商贸服务业	金融业	房地产业	其他服务业
2011	3.71	9.02	4.34	4.19	10.52	0.59	0.97	8.78
2012	3.79	9.38	4.18	3.94	9.98	0.66	1.09	8.15
2013	3.90	9.79	4.08	3.82	9.75	0.73	1.22	7.87
2014	4.02	10.25	4.01	3.79	9.72	0.81	1.37	7.83
2015	4.16	10.75	3.98	3.81	9.84	0.91	1.54	7.93
2016	4.24	11.09	3.90	3.82	9.91	0.99	1.69	8.02
2017	4.33	11.47	3.83	3.86	10.08	1.09	1.87	8.20
2018	4.43	11.89	3.79	3.94	10.33	1.19	2.06	8.46
2019	4.55	12.33	3.75	4.04	10.66	1.31	2.27	8.79
2020	4.67	12.81	3.72	4.18	11.07	1.43	2.50	9.19

表 6-12　低经济增长方案下房山区 2010—2020 年分行业劳动力需求数值

单位：（万人）

年份	农业	工业	建筑业	交通运输、仓储和邮政业	商贸服务业	金融业	房地产业	其他服务业
2011	3.71	9.02	4.34	4.19	10.52	0.59	0.97	8.78
2012	3.66	9.05	4.03	3.80	9.63	0.63	1.05	7.85
2013	3.62	9.10	3.79	3.55	9.06	0.68	1.14	7.32
2014	3.60	9.19	3.60	3.40	8.71	0.73	1.23	7.02
2015	3.60	9.29	3.44	3.30	8.51	0.78	1.33	6.86
2016	3.56	9.33	3.28	3.21	8.33	0.84	1.43	6.74
2017	3.54	9.39	3.14	3.16	8.24	0.89	1.53	6.71
2018	3.53	9.46	3.01	3.13	8.22	0.95	1.64	6.73
2019	3.52	9.55	2.90	3.13	8.26	1.01	1.75	6.80
2020	3.52	9.65	2.80	3.15	8.34	1.08	1.88	6.92

第六章　城市发展新区——房山区人口优化研究

将高、中、低经济增长方案下房山区劳动力需求预测结果进行汇总,得到的结果用表6-13表示。从中可以看到以下几点。

其一,在经济高增长方案下,房山区劳动力需求增长最快,预计从2011年的42.10万人上升到2020年的60.30万人,平均每年增长2.02万人,年均增长率为4.80%。

其二,经济中速增长方案下,房山区劳动力需求的增长慢于经济高增长方案下的数值,但快于经济低增长方案,劳动力需求预计从2011年的42.10万人上升到2020年的49.58万人,平均每年增长0.83万人,年均增长率为1.97%。

其三,经济低增长方案下,房山区经济增长速度低于预测劳动生产率增长速度,导致就业萎缩,劳动力需求可能不增反降的情况。劳动力需求预计从2011年的42.10万人下降到2020年的37.33万人,平均每年减少0.53万人,年均增长率为-1.26%。

表6-13　高、中、低经济增长方案下房山区2010—2020年劳动力需求变化

单位:(万人)

年份	高经济增长方案	中经济增长方案	低经济增长方案
2011	42.10	42.10	42.10
2012	42.27	41.17	39.70
2013	43.40	41.16	38.28
2014	45.24	41.79	37.47
2015	47.70	42.92	37.11
2016	49.41	43.66	36.72
2017	51.54	44.73	36.59
2018	54.07	46.08	36.67
2019	56.98	47.70	36.93
2020	60.30	49.58	37.33

6.3.4　房山区人口规模预测及分析

(1) 房山区人口—就业劳动力系数设定

人口—就业劳动力系数是指一定区域范围内在一定时间总人口数与就业劳动力人数之比,反映该区域内每名已就业劳动力需要供养的平均人数。对于房山区来讲,2010年年底全区常住人口达到94.5万人,其中就业劳动力人数为

42.1万人，人口—就业劳动力系数比达到2.245。在此，可将房山区2011—2020年人口—就业劳动力系数设定成高、中、低3个不同方案，高方案为2.445，中方案为2.245，低方案为2.045，分别对应就业人口对总体常住人口的高供养负担、中供养负担和低供养负担情况。

（2）房山区人口规模预测结果

将此前得出的"房山区2011—2020年高、中、低经济增长方案下劳动力需求"数值与上一步确定的"房山区人口—劳动力系数高、中、低方案"结合，便可最终得到房山区2011—2020年人口需求的所有方案。结果见表6-14。

表6-14　2011—2020年各经济增长方案和不同人口—劳动力系数下房山区人口需求　　　　　　　　　　　单位：（万人）

年份	高经济增长方案				中经济增长方案				低经济增长方案			
	劳动力需求	人口需求			劳动力需求	人口需求			劳动力需求	人口需求		
		高负担	中负担	低负担		高负担	中负担	低负担		高负担	中负担	低负担
2011	42.10	102.93	94.51	86.09	42.10	102.93	94.51	86.09	42.10	102.93	94.51	86.09
2012	42.27	103.35	94.90	86.45	41.17	100.66	92.42	84.19	39.70	97.06	89.12	81.18
2013	43.40	106.11	97.43	88.75	41.16	100.64	92.41	84.18	38.28	93.58	85.93	78.27
2014	45.24	110.62	101.57	92.52	41.79	102.19	93.83	85.47	37.47	91.62	84.13	76.63
2015	47.70	116.63	107.09	97.55	42.92	104.93	96.35	87.77	37.11	90.73	83.30	75.88
2016	49.41	120.82	110.93	101.05	43.66	106.75	98.02	89.29	36.72	89.78	82.44	75.09
2017	51.54	126.02	115.71	105.40	44.73	109.36	100.41	91.47	36.59	89.47	82.15	74.83
2018	54.07	132.19	121.38	110.57	46.08	112.67	103.45	94.24	36.67	89.66	82.33	74.99
2019	56.98	139.33	127.93	116.53	47.70	116.63	107.09	97.55	36.93	90.28	82.90	75.51
2020	60.30	147.44	135.38	123.32	49.58	121.22	111.30	101.39	37.33	91.28	83.81	76.34

（3）房山区人口规模预测结果分析

房山区人口需求预测分为3个大方案，分别模拟房山区经济在高、中、低三种发展情景下对应的人口容纳量。其中，每个方案又分为就业人口对全部常住人口的高、中、低负担方案，分别对应不同的人口需求规模。

可以看到，在经济高增长方案下，房山区劳动力需求增长最快，预计从2011年的42.10万人上升到2020年的60.30万人，平均每年增长2.02万人，年均增长率为4.80%。与此相对应，其人口需求规模也是最大的：在就业人口

处于较高供养负担状态下，即负担系数取值为 2.445 时，房山区人口需求扩张最快，从 2011 年的 102.93 万人增长到 2020 年的 147.44 万人，平均每年增加 4.95 万人；在就业人口处于适中供养负担状态，即负担系数取值为 2.245 时，房山区人口需求将从 2011 年的 94.51 万人增长到 2020 年的 135.38 万人，平均每年增加 4.54 万人；在就业人口处于较轻供养负担状态下，即负担系数取值为 2.045 时，房山区人口需求扩张最慢，从 2011 年的 86.09 万人增长到 2020 年的 123.32 万人，平均每年增加 4.14 万人。

中经济增长方案下，房山区劳动力需求的增长慢于高经济增长方案下的数值，但快于低经济增长方案，劳动力需求预计从 2011 年的 42.10 万人上升到 2020 年的 49.58 万人，平均每年增长 0.83 万人，年均增长率 1.97%。在就业人口处于较高供养负担状态下，即负担系数取值为 2.445 时，房山区人口需求将从 2011 年的 102.93 万人增长到 2020 年的 121.22 万人，平均每年增加 2.03 万人；在就业人口处于适中供养负担状态，即负担系数取值为 2.245 时，房山区人口需求将从 2011 年的 94.51 万人增长到 2020 年的 111.30 万人，平均每年增加 1.87 万人；在就业人口处于较轻供养负担状态下，即负担系数取值为 2.045 时，房山区人口需求将从 2011 年的 86.09 万人增长到 2020 年的 101.39 万人，平均每年增加 1.70 万人。

低经济增长方案下，房山区经济增长速度低于预测劳动生产率增长速度，导致就业萎缩，劳动力需求可能不增反降的情况。劳动力需求预计从 2011 年的 42.10 万人下降到 2020 年的 37.33 万人，平均每年减少 0.53 万人，年均增长率为 -1.26%。与此相对应，就业人口在不同供养负担下能支撑的人口需求规模也在减少：在就业人口处于较高供养负担状态下，即负担系数取值为 2.445 时，人口需求将从 2011 年的 102.93 万人减少到 2020 年的 91.28 万人，平均每年减少 1.29 万人；在就业人口处于适中供养负担状态，即负担系数取值为 2.245 时，房山区人口需求将从 2011 年的 94.51 万人减少到 2020 年的 83.81 万人，平均每年减少 1.19 万人；在就业人口处于较轻供养负担状态下，即负担系数取值为 2.045 时，房山区人口需求将从 2011 年的 86.09 万人减少到 2020 年的 76.34 万人，平均每年减少 1.08 万人。

而根据房山区的区域特点和发展定位考虑，随着房山区内生产生活设施的逐步完善，在未来几年，更多的人将以居住而非单纯工作为目的迁入，所以预计人口—就业劳动力系数会逐渐上升。此外，考虑到房山区产业转型过程中的经济增长形势，笔者认为中经济增长方案下高供养负担至中供养负担所对应的人口需求更接近房山区未来几年的发展情况。至 2020 年，房山区人口需求为

111.30万~121.22万人。

6.4 房山区人口承载力测算

6.4.1 单因素人口承载力

（1）水资源人口承载力

水是人类生存和发展所需的重要资源，而由于自然原因和人为原因的共同作用，水资源已成为限制北京市人口集聚和区域发展的一个短板。从整体看，北京市的人口规模已超过其水资源适宜承载的人口规模。即使通过南水北调等工程缓解人水矛盾，但是由于大量的人口迁移增长，北京市水资源短缺的局面还将长期存在。在这样的形势下，房山区作为北京市重要的水资源供给地区，具有分担首都水资源压力，保证满足人民群众的基本用水需求的职责。在某一区域内，利用该区域水资源总量（生活用水量）与人均水资源占有量标准（人均生活用水标准）相除计算出了区域水资源人口承载力：

$$水资源人口承载力 = \frac{水资源总量（生活用水量）}{人均水资源占有标准（人均生活用水标准）}$$

房山区可利用水资源总量约为2.77亿立方米，按照联合国教科文组织规定的缺水标准线（高标准，人均水资源占有量1000立方米），可承载人口仅为27.7万人；按照联合国教科文组织规定的极度缺水标准线（中标准，人均水资源占有量500立方米），可承载人口仅为55.4万人；按照《北京城市总体规划（2004—2020）》的标准（低标准，人均水资源占有量300立方米），可承载人口为92.3万。房山区现有人口94.5万，与低标准下的人口承载力最为接近，但仍超载2.2万人，按照高标准人口超载66.8万人，按照中标准人口超载39.1万人（见表6-15）。

表6-15 房山区水资源承载力与实际人口比较情况

水资源总量（亿立方米）		2.77
人均水资源标准	高（立方米）	1000
	中（立方米）	500
	低（立方米）	300
水资源承载力	高（万人）	27.7
	中（万人）	55.4
	低（万人）	92.3

第六章 城市发展新区——房山区人口优化研究

续表

实际人口（万人）		94.5
不同标准下水资源承载力与现有人口差值	高（万人）	-66.8
	中（万人）	-39.1
	低（万人）	-2.2

数据来源：根据房山区水务局提供资料计算。

水资源人口承载力的状况不仅与水资源总量有关，也与用水结构紧密相关，尤其是与人均生活用水量有着密切的关系，而工农业用水主要与工农业发展有关，与人类的日常生活关系不强，这一情况在北京中心产业大量向周边地区转移后更加明显。所以，在考虑人口承载力的问题上，生活用水的水平是更直接的影响因素。根据表6-16，房山区近年生活用水的平均量为6130万m³，其中主要用于居民生活的为3400万m³，而根据中华人民共和国建设部（现住建部）2002年发布的《城市居民生活用水量标准》华北地区人均生活用水量为基准（85~140L/人·天），考虑到北京市所处的华北地区的水资源匮乏问题和国家鼓励的节约、利用水资源政策和房山区目前的人均用水情况，选取100L/人·天的标准进行计算（100L/人·天×365天=36.5m³/人·年），则房山区水资源承载力为93.2万人。

表6-16 2006—2011年房山区用水结构情况

年份	用水量（万立方米）					
	工业	农业	生活用水		环境	合计
			居民生活	公共服务		
2006	5931	15825	3754	2106	560	28176
2007	6379	16126	3139	3360	555	29559
2008	5614	15855	3262	3598	724	29053
2009	5372	16141	3313	3889	769	29484
2010	3268	13720	3450	3606	832	24876
2011	4070	12613	3482	3425	1639	25229
2006—2011平均	5105	15046	3400	2730	847	27730

数据来源：房山区水务局。

综合考虑水资源总量承载力,特别是与现实最为接近的低标准情境下的水资源总量承载力的情况和生活用水水资源承载力的情况,房山区水资源承载力约为92.7万人,存在一定的超载现象。

虽然,房山区水资源的承载力与房山区的实际人口相差并不算大(尤其是与北京市其他区县相比和考虑到南水北调工程贯通后可利用水资源增加的情况),但是各个乡、镇、街道的水资源承载能力之间存在着很大的差异。通过图6-18可以发现,房山区西部山区人口规模小,当地水资源可以承载本地区的人口,但是东部人口较多的良乡地区、燕山街道、城关街道、阎村镇(包括新镇街道)和长阳镇的人口是超载的,加之这些地区是房山区经济发展和人口集聚的重要区域,要实现相应的区域发展定位,应当充分开发和利用房山区的水资源,加强水资源的空间统筹和调配工作,使水资源的分布能够满足各区域的人口需求。

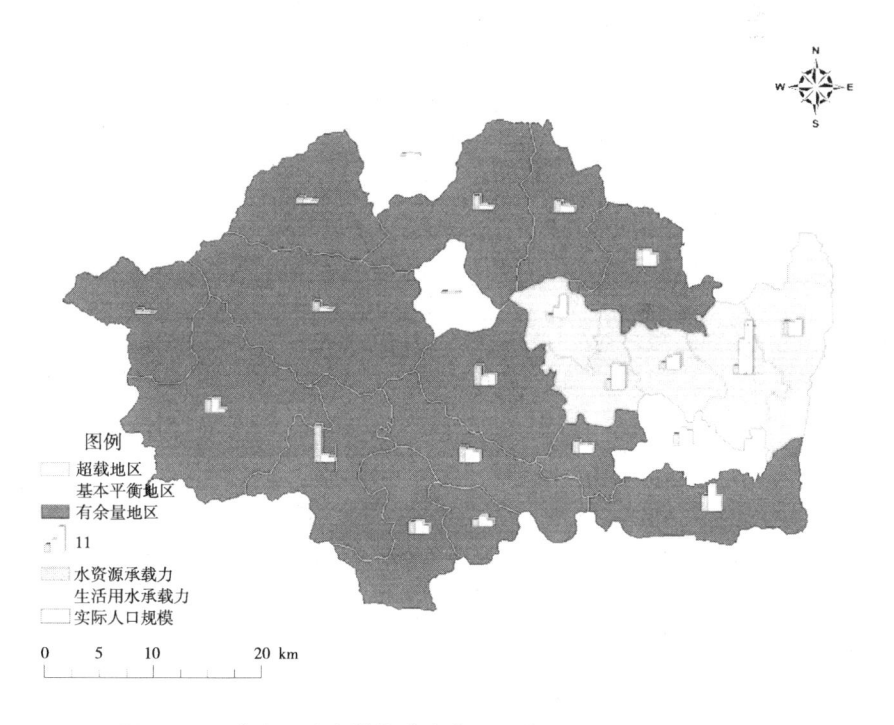

图6-18 房山区分乡镇街道水资源承载力与实际人口差异情况

(2) 水环境人口承载力

水环境承载力(COD)是指水环境不被破坏的情况下,所能容纳污染物的最大负荷。化学需氧量表示在强酸性条件下重铬酸钾氧化一升污水中有机物所

第六章 城市发展新区——房山区人口优化研究

需的氧量,可大致表示污水中的有机物量。氨氮是另一项主要的水环境污染物,水体中氨氮超标会破坏生态环境,如果用于饮用还会威胁人体健康。所以本研究采用化学需氧量和氨氮两项指标,计算房山区水环境承载力。近几年,房山区根据区域功能定位,注重保护生态环境,化学需氧量和氨氮排放量不断下降。2010年,环保部门对化学需氧量的统计口径做出调整,将农业源纳入统计范围,使化学需氧量的统计数值更接近于实际情况,并将氨氮减排加入到改善水环境检测与考核的指标体系内。

水环境的人口承载力由表6-17测算。

表6-17 北京市和房山区部分水环境污染物排放情况

		2010年	2011年	平均
房山区	化学需氧量(吨)	17215.0	17060.0	17137.5
	氨氮(吨)	1775.0	1754.0	1764.5
	人口(万人)	94.5	96.7	95.6
	万人COD(吨)	182.2	176.4	179.3
	万人氨氮(吨)	18.8	18.1	18.5
北京市	化学需氧量(吨)	200259.6	193184.2	196721.9
	氨氮(吨)	21977.5	21325.4	21651.5
	人口(万人)	2018.6	1961.9	1990.3
	万人COD(吨)	99.2	98.5	98.8
	万人氨氮(吨)	10.9	10.9	10.9

数据来源:房山区环保局、《北京统计年鉴(2012)》。

根据房山区环保局提供的资料,房山区2010年和2011年万人COD平均为179.3吨,万人氨氮为18.5吨;根据《北京市统计年鉴》的数据资料,北京市相应的两项数据分别为98.8吨和10.9吨(见表6-17)。本次研究将以房山区的水平作为低标准,以北京市的水平作为高标准,分情境探讨房山区水环境承载力情况。

根据北京市环保局的相关要求,房山区2015年的COD和氨氮排放量要分别控制在14632吨和1574吨。则低标准下的水环境承载力(COD)和水环境承载力(氨氮)分别为81.6万人和85.3万人;高标准下的水环境承载力(COD)和水环境承载力(氨氮)分别为148.0万人和144.7万人。房山区COD污染源比较广泛的现实,决定了污染物减排不可能轻而易举就达到高标准

的要求。但减少人均污染物排放又是必然的趋势和目标，因此本次研究在计算水环境承载力时综合考虑两种情况，认为房山区水环境承载力为COD和氨氮的低标准和高标准情况下的平均值，即为114.9万人。根据国际环保事业的发展规律，在经济发展到一定阶段之后对于环境保护的重视程度将更进一步提高，对于污染物的总量控制也将取代浓度控制成为限制地区污染物排放的主要标准，但同时人均污染物排放水平也应该是下降的，所以本研究认为2015年后，房山区水环境承载力将基本保持稳定或略有上升。但值得注意的是，目前房山区的地表水河流中除拒马河能够达到其Ⅱ类水体功能类别外，其他河流均为劣五类，达不到应有的功能水体类别要求。加之近年来自然降水补给水量逐年减少，河流断流等因素影响河流水质得不到应有的稀释，造成房山区地表水环境质量较差，所以房山区污染物减排与水污染治理的工作只有不断加强其水环境承载能力才能达到上文所述的水平。

(3) 土地资源人口承载力

与水资源一样，土地资源也是决定人口承载力的一项重要因素。关于土地承载力的研究大都集中于研究土地的生产情况和土地的使用情况。而由于房山区城市发展新区的发展定位，土地的生产性使用（农业用地）要在一定程度上服务于土地的发展性使用（建设用地），土地的使用方式是房山区土地资源分配的关键。何况在开放市场和商品流通的条件下，区内居民能方便地购买到所需食品，区内粮食产量并不成为人口数量的主要制约因素。所以，本研究着重从土地的使用情况，即人均土地占有量，特别是人均建设用地的占有量入手。土地承载力计算即由区域土地资源总量与人均土地资源占有量相除所得：

$$土地资源人口承载力 = \frac{土地资源总量}{人均土地资源占有标准}$$

房山区2010年土地总面积为1995.42km^2，人口密度为475人/km^2。2010年北京市总人口密度为1195人/km^2，城市发展新区的平均人口密度为958人/km^2（见表6-18）。房山区人口密度水平相比于其他四个城市发展新区较低，人口密度相当于城市发展新区平均水平的50%左右，约为北京市全市人口密度的40%。但随着北京市人口的进一步增加，和房山区城市发展新区的快速发展，引导人口相对集聚的功能的日益提升，房山区人口规模和人口密度将进一步增加。另一方面，由于房山区的山区占地比例高（约占区域面积的2/3），且平原地区地质断裂带较多，全区实际可实施建设用地依然比较紧张。房山区人口对于土地的压力并没有数据反映得那么乐观，所以人口规模的增加需要考虑房山区土地构成的实际情况，以保证生态平衡的维持及发展。

第六章 城市发展新区——房山区人口优化研究

表6-18　2010年北京市各区县常住人口规模及人口密度

区　县	常住人口 （万人）	土地面积 （km²）	常住人口密度 （人/km²）
全　市	1961.2	16410.54	1195
东城区	91.9	41.86	21960
西城区	124.3	50.53	24605
朝阳区	354.5	455.08	7790
丰台区	211.2	305.80	6907
石景山区	61.6	84.32	7306
海淀区	328.1	430.73	7617
房山区	94.5	1995.42	475
通州区	118.4	906.28	1307
顺义区	87.7	1019.89	860
昌平区	166.1	1343.54	1236
大兴区	136.5	1036.32	1317
城市发展新区合计	603.2	6295.57	958
门头沟区	29.0	1450.70	200
怀柔区	37.3	2122.62	176
平谷区	41.6	950.13	438
密云县	46.8	2229.45	210
延庆县	31.7	1993.75	159

数据来源：《北京统计年鉴（2011）》。

注：房山国土面积数据来源于房山区国土资源局。

从农业用地看，2010年房山区农用地总面积达到1090.87km²，人均农用地面积为1154.4m²/人。从建设用地看，2010年房山区建设用地总面积为330.37km²，人均建设用地面积为349.6m²，约为人均农业用地的1/3。而从2005年~2010年的土地利用变动情况看，农用地有减少，建设用地稍有增加（见表6-19）。但是，由于耕地的占补平衡政策、部分污染型的工矿企业的关闭和建设用地的大量增加始于2009年等因素，房山区实际建设用地的增加面积是大于现有统计数据的。考虑到房山五大功能区建设的深入、基础设施建设的推进和山区搬迁工作的开展等因素，房山区未来的土地使用情况仍然会以建设用地的增加为主，但是由于要确保38.8万亩的耕地面积，农业用地面积会

保持一个基本稳定的状态。

表6-19　2005年和2010年房山区土地使用情况

土地总面积（km²）		2005年	2010年
		1995.38	1995.42
农用地	耕地	272.28	259.06
	园地	168.88	164.14
	林地	752.23	611.66
	牧草地	0.48	0.06
	其他农用地	54.01	55.95
	合计	1247.88	1090.87
建设用地	城镇村及工矿用地	294.63	284.40
	交通运输用地	23.38	35.94
	水域及水利设施用地	8.72	10.03
	合计	326.73	330.37
未利用地	未利用土地	380.22	500.68
	其他土地	40.54	73.49
	合计	420.76	574.17

数据来源：房山区国土资源局。

从城镇建设用地来看，2010年房山区的城镇村及工矿用地为284.40km²，按照《城市用地分类与规划建设用地标准》（GB J137—1990）中对小城市人均建设用地120m²的标准，农村居民点人均用地150m²的标准，结合房山区目前67.2%的城市化率，计算出房山区人均土地资源占用标准应为129.8m²，相应的土地承载力约为219.0万人。

（4）大气环境人口承载力

大气环境指生物赖以生存的空气的物理、化学和生物学特性，在人类活动密集的地区，大气质量与人类的生活密切相关。大气质量的优劣受到人类活动的影响，又反作用于人类，影响人类的身体健康和生活水平。所以大气环境是衡量某地区承载力的重要因素，尤其是在人类活动较为密集、人口集中、工农业发达的城市地区其作用更为突出。

国家对大气质量的检测主要涉及三类污染物，即二氧化硫（SO_2）、氮氧化物和可吸入颗粒物。而北京市二氧化硫和氮氧化物的年均浓度已连续多年达到

第六章 城市发展新区——房山区人口优化研究

国家环境空气质量二级标准（适用于城镇规划中确定的居住区、商业交通居民混合区、文化区、一般工业区和农村地区）。构成北京市环境污染的首要污染物是可吸入颗粒物，而房山区的情况与北京市是一致的（见图6-19），二氧化硫和氮氧化物的年均浓度指标基本符合国家标准，可吸入颗粒物的排放量虽然有下降趋势，但仍大幅高于国家标准。尤其是在执行新空气质量标准后，房山区空气质量超标将更为严重，不但可吸入颗粒物将继续超标，氮氧化物也将超标，二氧化硫也将更接近临界水平，所以在计算大气环境人口承载力时应统筹考虑三个指标。但由于可吸入颗粒物是面源污染，缺乏相应的基础数据，所以本次承载力计算只能采用二氧化硫和氮氧化物两个指标。

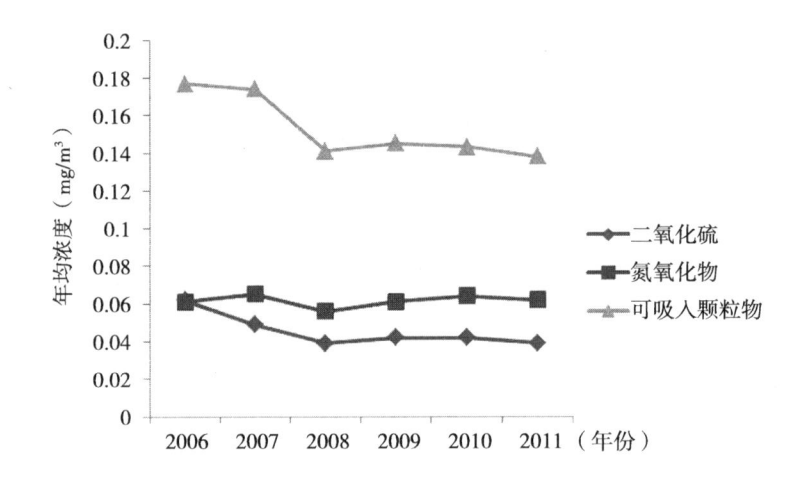

图6-19　2006—2011年房山区主要大气污染物年均浓度情况

数据来源：房山区环保局。

本次研究采用相对水平估计的方法计算房山区大气人口承载力的情况，如表6-20所示。

表6-20　北京市和房山区部分大气环境污染物排放情况

		2010年	2011年	平均
房山区	二氧化硫（吨）	11892	11509	11700.5
	氮氧化物（吨）	27584	27062	27323
	人口（万人）	94.5	96.7	95.6
	万人SO_2（吨）	125.8	119.0	122.4
	万人氮氧化物（吨）	291.9	279.9	285.9

北京是大了还是小了
——人口与经济协调发展优化研究

续表

		2010年	2011年	平均
北京市	二氧化硫（吨）	104375	97883	101129
	氮氧化物（吨）	198000		198000
	人口（万人）	2018.6	1961.9	1990.3
	万人SO_2（吨）	51.7	49.9	50.8
	万人氮氧化物（吨）	98.1		98.1

数据来源：房山区环保局。

根据房山区环保局提供的资料，房山区2010年和2011年万人SO_2平均为122.4吨，万人氮氧化物排放量为285.9吨；根据《北京市统计年鉴》的数据资料，北京市相应的两项数据分别为50.8吨和98.1吨（见表6-20）。本研究将以房山区的水平作为低标准，以北京市的水平为高标准，分别探讨房山区水环境承载力情况。

根据北京市环保局的相关要求，房山区2015年的SO_2和氮氧化物排放量要分别控制在10465吨和23447吨。则低标准下的大气环境承载力（SO_2）和水环境承载力（氮氧化物）分别为85.5万人和82.0万人；高标准下的大气环境承载力（SO_2）和水环境承载力（氮氧化物）分别为206.0万人和239.0万人。综合考虑各种情况，认为房山区大气环境承载力取SO_2和氮氧化物低标准和高标准情况下的平均值，为153.1万人。但是由于此次计算没有考虑房山区大气污染的最大污染物——可吸入颗粒物，所以认为房山区大气承载力应低于153.1万人。

（5）垃圾处理的人口承载力

对于垃圾的处理能力是制约城市发展和人口集聚的一项重要因素，世界上很多大城市困扰于自身的垃圾处理能力。一个城市，人口越多，制造的垃圾也越多，一旦人们制造的垃圾总量超过了城市处理垃圾的能力，不仅可能危害城市的大气环境、土壤环境和水环境，还可能滋生传染病，进而危害人们的健康。所以，根据垃圾的处理能力限制人口规模是必要的。

$$垃圾人口承载力 = \frac{垃圾最大处理能力}{人均垃圾产出}$$

根据房山区市政市容委提供的资料，2010年房山区城市垃圾产生量为0.8kg/日·人，农村地区略少，其中平原地区为0.6kg/日·人，山区为0.5kg/日·人，由于房山区城市化率约为67.2%，所以房山区日产垃圾约为

0.73kg/日·人。房山区的垃圾处理工作主要由半壁店生活垃圾卫生填埋场、城关田各庄临时垃圾卫生填埋场、燕山地区生活垃圾综合处理厂承担。处理方式主要以填埋为主，全区年垃圾无害化处理量约为 19.7 万吨。本研究按照现在的房山区人均生活垃圾日产量标准（0.73kg）进行计算，可以承载人口 73.5 万，低于房山区的人口总量，这与目前房山很多农村地区垃圾采用就地处理的情况基本一致。而根据房山区市政市容委的规划，要在 2020 年前建成 1 座日处理量达 1000 吨的综合垃圾处理项目，处理方式采用垃圾分选、生化处理、焚烧发电和填埋相结合的综合处理工艺，如果规划目标实现，则房山区可承载人口约为 136.2 万。

（6）交通人口承载力

在现代化的城市发展过程中，交通的作用十分重要。在开放的社会经济条件下，各类资源往往可以通过与周边地区交流互动得以调节，城市地区——特别是像北京市这样的特大城市——人口的承载力很大程度上受其交通设施的影响。关于交通承载力的衡量方面，本研究认为在不损害和破坏交通设施资源的前提下和保证城市交通功能有效发挥的条件下，当一个地区内的交通设施被充分利用时，其所能持续承载的人口数量即为该地区的交通承载力。

$$交通承载力 = \frac{公路总面积}{人均公路面积标准}$$

表 6-21 2011 年房山区公路情况

	国道	省道	县道	乡道	村道	专用路	合计
条数	2	11	60	464	674	28	1239
一级公路（km）	26.3	66.2	8.5	—	—	—	101.0
二级公路（km）	112.0	123.0	198.6	—	4.8	18.7	457.1
三级公路（km）	—	4.9	386.7	16.1	4.8	9.7	422.2
四级公路（km）	—	—	—	1059.1	493.6	1.3	1554.0
等外公路（km）	—	—	—	—	192.4	—	192.4

数据来源：《北京市房山区统计年鉴（2012）》。

根据公路设施建设标准核算，2011 年房山区公路总里程 2726.7km（见表 6-21），按照一级公路路面宽度 22.0m，二级公路路面宽度 10.0m，三级公

路路面宽度6.5m，四级公路路面宽度4.5m，等外公路路面宽度3.0m进行计算，公路总面积达到17.1km²。按照第六次全国人口普查的人口数量核算，人均公路面积达到18.1m²。

根据房山区公路局提供的资料，通过新建和对现有道路的改建、扩建，到"十二五"规划末期，房山区公路总里程要达到3036km，总里程增加309.3km，其中二级及以上公路达到1099km，比现阶段增加540.9km，三级及以下公路达到1937km，比现阶段减少231.6km，按照各等级公路比例大体稳定，高等级公路比重略有上升的原则核算，公路总面积达到22.8万km²，以现有人均公路面积为标准，则可承载人口126.1万。2011—2015年房山区公路面积年均增长率约为5.9%，如果2015—2020年公路面积年均增长率保持在3%左右，则到2020年交通人口承载力可达到146.2万人。

（7）住宅建设人口承载力

住房既是经济问题，又是影响社会稳定的重要民生问题，是限制某一区域人口规模的重要因素。近年来，北京市的住房问题也成为社会各界关注的热点问题，一方面是房价问题，另一方面是住房面积问题。对于人口承载力的探讨，主要从住房面积角度出发，但是如果房价过高导致普通民众难以购买，房屋大量闲置，理论上的住房承载力虽然可以承载一定规模的人口，但实际可能遇到一些由于房屋供给不足带来的问题，也应高度重视对房价的调控。

$$住房承载力 = \frac{住房总面积}{人均住房面积指标}$$

表6-22 2006—2011年房山区城镇住房面积情况

年份	人均住房面积（m²）	常住人口（万人）	房屋总面积（万m²）
2006	27.0	88.6	2392
2007	28.0	88.7	2484
2008	30.0	90.5	2715
2009	30.0	91.2	2736
2010	29.3	94.5	2769
2011	32.2	96.7	3114

数据来源：《北京市房山区统计年鉴（2007—2012）》。

根据《房山区统计年鉴（2007—2012）》的资料（见表6-22）显示，2006—2011年房山区住房面积逐年增长，年均增长率约为4.5%。假定2011—2015年4年间，房山区住房仍以4.5%的年均增长率增长，2015—2020年房山区住房年均增长率略有下降，保持在2%左右，则到2020年房山区城镇住房总面积可达到4100万km²。按照《北京城市总体规划（2004—2020）》确定的城镇人口人均住房建筑面积35m²计算，房山区城镇人口可达117.1万，由于房山区城市化进程快速推进，农业人口将呈现负增长，假定现有的农村居民住房可以满足2020年相应的农村居民住房需求，按照《房山区新城规划（2005—2020）》的80%的城市化率核算，则房山区住房承载力为146.4万人。

6.4.2 基于可能—满意度方法的综合承载力测算

（1）可能—满意度方法及原理简介

国内外人口承载力的定量研究方法有多种，按照其特点归纳起来主要有四类，即简单直接推算法、模糊综合评判法、多目标分析法及系统动力学方法。任何方法各有短长，这些方法最大的不足是只注重客观指标，对主观指标没有纳入其中。实际上，承载力的研究除了考虑各因素所能提供的承载能力外，与人的感受也有密切关系，即与需要的满足程度紧密相连。因此，既要考虑客观供给的可能，又要考虑主观需求的人口承载力计算方法，这样的思路符合建立幸福社会的理念。目前，可以将"可能"与"需要"联系起来的方法是可能—满意度方法。

可能—满意度方法即 P-S 法（Possible-Satisfiability Method），由人口系统工程的奠基者之一王浣尘根据系统工程学的原理和方法创立。在决策过程中，人们遇到的实际问题一般都要从"需要"和"可能"两方面来考虑。前者反映主观的意愿和期望，后者反映客观上的容许条件和可行性。若把表示"可能"的有关定量值定义为可能度，把表示可以达到的"需要"的相关定量定义为满意度，把可能度与满意度合并起来的定量值称为可能—满意度，该方法因此得名。

在人口承载力预测方面，可能—满意度方法具有其他方法不具备的优势。可能—满意度方法的优势主要不仅体现在人口发展中对各因素需要与供给可能的对接，而且它可以综合考虑各种因素对人口发展的不同作用。由于制约人口承载力的因素很多，各因素相互之间存在着比较复杂的联系，尤其是从不同因素出发得到的研究结果往往差异很大，一般研究很难全面综合对比考察诸多因素的人口承载力间相互关系，运用可能—满意度方法可以较好地解决此类问

题。除此之外，可能—满意度方法还有运算方便、概念清晰、结论明确易懂等优势。

(2) 可能—满意度多目标决策方法的原理

①可能度。

如果一个事物肯定能够做到，那么从可能度上来说，它的把握最大，其"可能度"为最高，给以定量的描述，记为 P，并定为 $P=1$。如果一个事物肯定做不到，则可取 $P=0$。$P=0 \sim 1$ 中的某个实数就可以用来表示各种不同的可能程度，即有 $P \in [0,1]$。可能度函数可表示为：

$$P(r) = \begin{cases} 1, & r \leq r_A \\ \dfrac{r - r_B}{r_A - r_B}, & r_A < r < r_B \\ 0, & r \geq r_B \end{cases}$$

该函数式下对应的可能度曲线如图 6-20 所示。

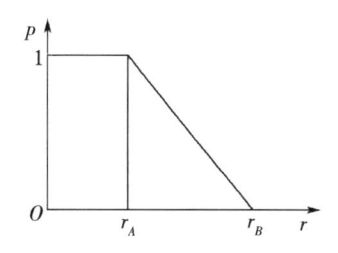

图 6-20　可能度曲线

②满意度。

一个事物出现了以后，从人们主观愿望来说存在着"是否满意"的判别。个人的"满意度"通过加权平均可得出集体的"满意度"。满意度记为 Q。如果充分满意，取 $Q=1$，如果完全不满意，取 $Q=0$，而一般满意的程度就用 $Q=0 \sim 1$ 中的某个实数来表示，即 $Q \in [0,1]$。满意度函数同样也可借用三折型曲线加以表示，关系式为：

$$Q(s) = \begin{cases} 1, & s \leq s_A \\ \dfrac{s - s_B}{s_A - s_B}, & s_A < s < s_B \\ 0, & s \geq s_B \end{cases}$$

第六章　城市发展新区——房山区人口优化研究

该函数式下对应的可能度曲线如图 6-21 所示。

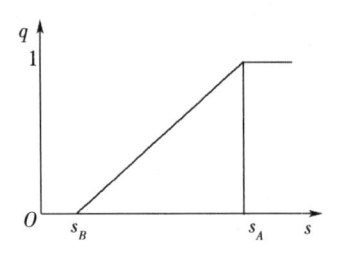

图 6-21　满意度曲线

③可能—满意度。

而 r、s 又与另一属性 α 满足某一关系式,即 $f(r,s,\alpha)=0$,则可以通过一定的规则将 $P(r)$ 和 $Q(s)$ 合并成一条相对于属性 α 的可能—满意度曲线,它用于描述既可能又满意的程度,记为 $W(\alpha) \in [0,1]$。当 $W(\alpha)=1$ 时表示既完全可能又完全满意的状况;当 $W(\alpha)=0$ 时表示或者完全不满意或者完全不可能的情况。其关系式为:

$$\begin{cases} W(\alpha) = \max_{r \text{ 或 } s} \min_{P \text{ 或 } Q} \{P(r), Q(s)\} \\ s.t.\ f(r,t,\alpha)=0 \\ r \in R,\ t \in T,\ \alpha \in A \end{cases}$$

可能—满意度的有关算法:

通常情况下,人口承载力计算时的限制条件为 $r = \alpha \times s$,则可得 $P(r)$ 和 $Q(s)$ 为三折型曲线弱并合的公式解为:

$$w(\alpha) = \begin{cases} \dfrac{-r_B + \alpha \times S_B}{(r_A - r_B) - \alpha(S_A - S_B)}, & \text{当 } 0 < \text{解} < 1 \\ 1, & \text{当解} \geq 1 \\ 0, & \text{当解} \leq 0 \end{cases}$$

两条以上可能—满意度曲线的并合方式:

通过不同的并合方法可以得出许多条(并合多次后就可能仅剩一条)在不同的制约条件下的可能—满意度曲线,这样在同一个坐标下可以一目了然地看出不同制约因素对研究对象的制约强度及走势,以做出最优化的选择。

可能—满意度方法一般是通过三个步骤来完成的,首先是建立可能度曲线、满意度曲线;接着是用建立的满意度曲线分析单个因子对人口承载力的影响程度;最后是决策分析,对所有的可能—满意度曲线进行综合决策分析,即

测算出多方案的人口承载力。

这里应用可能—满意度方法测算房山区综合承载力，是根据房山区当前及未来经济、社会、资源环境等因素的分析和预测，结合房山区发展功能定位，通过定性分析与定量计算相结合的方法研究房山区在实现发展战略目标条件下所能承载的最大和最优人口规模。在计算过程中，我们选取各种满意度并配以"十二五"规划《房山新城规划（2005—2020）》的各类经济、社会和资源环境的规划及发展趋势，测算出2020年的最大人口承载力和适度人口规模。

利用可能—满意度方法进行测算的步骤如下：首先，选取2020年作为测算适度人口和最大人口承载力的基准（2020年为新城规划的截至年份，也是"十二五"发展规划的远景年份）；其次，利用历年的《北京市房山区统计年鉴》《房山新城规划（2005—2020）》和相关部门统计资料中各个被选取指标的历史数据，根据其统计特征测算各指标在2020年的预测值，并给出预测值在95%置信水平下的置信区间；再次，参考房山各个政府职能部门所设置的战略规划，作为各个指标的满意度，按照预测之中的方法，满意度也加入了相应的置信区间；第四，取满意度为0.6对房山人口承载力进行测算，我们赋予各个指标预测值的上限0.6的权重，下限0.4的权重测算每个指标对应的适度人口规模总数；最后，在不同指标的人口承载规模上，根据房山经济、社会生活和资源环境状况确定各项指标的权重予以加总，从而得到整个房山总体的适度人口规模总数。

房山区总体的适度人口规模是在加总经济发展、社会生活及资源环境各自所对应的适度人口规模的基础上得到的，其赋予的权重有着不同的变化方式，我们一共设计了四套不同权重的方案，分别如下。

方案一：经济因素、社会因素和资源环境因素可以互补，即这三个因素同等重要，其总适度人口规模的加总公式为：

总适度人口 =（1/3）× 经济人口 +（1/3）× 社会人口 +（1/3）× 环境人口

方案二：经济因素比其他两个因素更重要，即经济因素的权重比其他两个的大，其总适度人口规模的加总公式为：

总适度人口 =（1/2）× 经济人口 +（1/4）× 社会人口 +（1/4）× 环境人口

方案三：社会因素比其他两个因素更重要，即社会因素的权重比其他两个的大，其总适度人口规模的加总公式为：

总适度人口 =（1/4）× 经济人口 +（1/2）× 社会人口 +（1/4）× 环境人口

方案四：资源环境因素比其他两个因素更重要，即资源环境因素的权重比其他两个的大，其总适度人口规模的加总公式为：

第六章 城市发展新区——房山区人口优化研究

总适度人口 = (1/4) × 经济人口 + (1/4) × 社会人口 + (1/2) × 环境人口

房山作为首都西南的生态涵养发展区和城市发展新区的双重功能定位,其经济因素、社会因素和资源环境因素都应该统筹考虑协调发展。因此,在计算房山适度人口规模时,选择方案一的测算结果。

(3) 测算结果及分析

按照可持续性适度人口的定义,把影响房山适度人口规模的因素分为以下几类。

经济因素指标体系:经济是人口发展的基础。经济规模的变化、产业结构的调整及产业布局都影响房山人口规模的大小、增长速度和分布情况。由于所能获得的规划数据有限,本研究用 GDP 总量这项指标来反映房山经济发展水平。

社会因素指标体系:地区建设用地、居住面积、医疗和城市化率等因素决定着某一地区人民的生活水平。这些因素的变化对地区人口规模及增长速度起着促进或者阻碍的作用。本研究采用以上提到的与居民生活息息相关的多种因素来反映房山的社会发展水平和居民生活情况。

资源环境因素指标体系:资源环境是人类赖以生存的基础,也是社会发展的重要支柱。本研究采用水资源拥有量、绿地面积及垃圾处理能力来反映房山的资源环境状况。

表 6-23 房山区 2020 年经济、社会和资源环境的指标测算

要素	子要素名称	性质	基础值	目标值	人口规模/万人
经济因素	GDP 总量/亿元	可能度	1004.14	1109.84	138.34
	人均 GDP/万元	满意度	7.26	8.02	
社会因素	房地产开发面积/万 m²	可能度	3527.80	4270.00	124.18
	人均居住面积/m²	满意度	28.00	35.00	
	建设用地/km²	可能度	120.00	132.00	106.67
	人均建设用地面积/m²	满意度	115.00	120.00	
	卫生技术人员/人	可能度	7049.00	7791.00	103.75
	千人卫生技术人员/人	满意度	6.80	7.50	
	城镇人口/万人	可能度	93.00	100.00	117.69
	城市化率/%	满意度	79%	85%	

续表

要素	子要素名称	性质	基础值	目标值	人口规模/万人
资源环境因素	水资源总量/亿 m³	可能度	4.83	5.34	96.81
	人均水资源占有量/m³	满意度	500.00	550.00	
	绿地总面积/ha	可能度	1547.91	1710.85	103.72
	人均绿地面积/m²	满意度	15	16.38	
	垃圾日处理量/t	可能度	750	1000	96.59
	人均垃圾日产生量/kg	满意度	0.8	1.0	

表6-23列举了2020年各项指标的预测区间值。

第一，测算依据。通过分析房山各项指标的历史数据的变化规律，建立数理分析方程，对房山2000年以后的各项指标进行统计分析和测算，在此基础上得到房山2020年各项指标预测的预测值。根据房山实际情况，参考房山区及北京市"十二五"规划目标和房山区新城规划目标，对预测结果进行相应调整，并对预测结果加入了一个95%的置信区间，根据以上指标体系测算出满意度为0.6时适度人口规模所能达到的区间。我们将置信区间的上下限作为预测结果的最大值和最小值，并根据房山经济、社会生活及资源环境状况确定了各项指标的权重。最后，根据不同方案分别计算适度人口规模，如表6-24所示。

表6-24　不同考虑前提下房山区2020年适度人口规模

方案	考虑因素			2020年适度人口规模（万人）
	经济因素	社会因素	资源环境因素	
I_1	所有因素可以相互补偿			117.0
I_2	经济因素比其他两因素重要			122.2
I_3	社会因素比其他两因素重要			115.9
I_4	资源环境因素比其他两因素重要			112.4

第二，预测结果分析。由表6-24可知，在房山2020年的适度人口预测中，将经济、社会和资源环境因素视为同等重要的方案一所测算的适度人口规模为117.0万人。四个方案中，方案二（侧重经济因素）所预测的适度人口规模最高，为122.2万人；方案四（侧重资源环境因素）所预测的适度人口规模

最低，为112.4万人。可以看出社会因素和资源环境因素在扩充房山适度人口规模方面起到了一定的限制作用，如图6-22所示更加直观地反映出来。

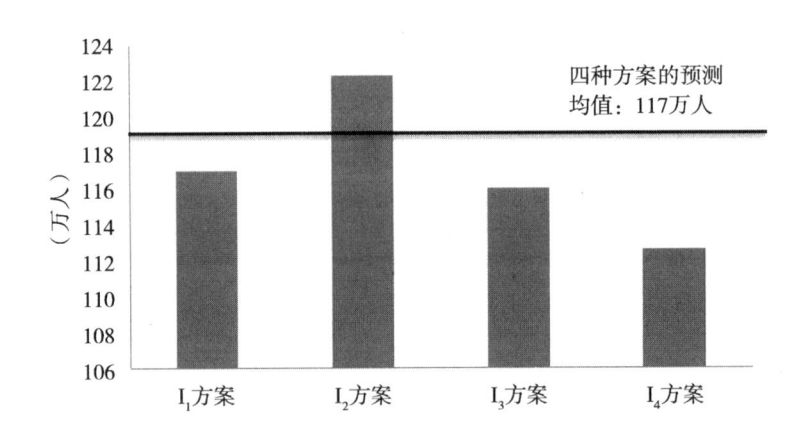

图6-22 不同考虑前提下房山区2020年适度人口规模

第三，适度人口测算结果与实有人口数量比较。根据房山区第六次人口普查数据，房山区现有常住人口94.5万人，与2020年117万人的适度人口预测值相差22.5万人。如果房山区人口在2020年增长至适度人口的预测值117万人，房山区在未来几年内常住总人口每年可平均增加2.25万人，年均增长速度限制在2.38%之内即可。

第四，不同满意度假设下适度人口规模分析。以上对房山适度人口规模的预测是在满意度为0.6的前提下进行的。

6.4.3 小结

综合以上的分析，对房山区人口承载力的主要限制是水资源人口承载力。虽然房山区的水资源总量在北京市各区县中比较丰富，但是由于华北平原地区水资源短缺的自然背景，水资源依然是限制房山区人口集聚的重要因素，水资源人口承载力为92.7万人也是限制房山区人口承载力的短板因素。

水环境承载力也是制约房山区人口集聚的一个重要因素。房山区的多项污染物人均排放水平远高于北京市的平均水平，虽然这其中包含着一部分产业结构差异造成的影响，但是加大力度治理水环境，减少污染物排放是房山区实现人口均衡和科学发展的必然选择。大气环境承载力的计算值虽然较大，但是由于尚未考虑大气污染中最为严重的可吸入颗粒物，房山区空气质量问题在全市中也处于比较严峻和突出的地位，所以也不能放松对大气环境的治理。

交通承载力、垃圾承载力和住房承载力均为135万~150万。综合以上各要素，房山区各分要素平均人口承载力为144.1万，去除土地资源人口承载力的影响，平均人口承载力为131.6万人。

基于可能—满意度法计算的综合人口承载力为117.0万人，低于分要素承载力的均值，说明单因素承载力中承载能力较低的因素对于限制房山区人口规模的增加作用比较明显（见图6-23）。

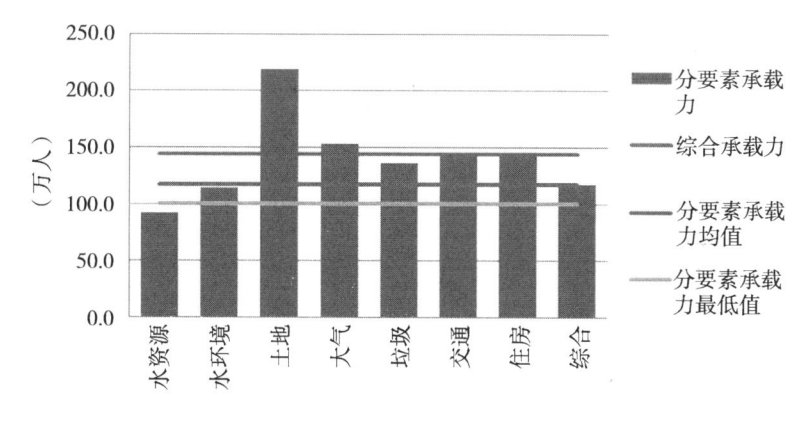

图6-23 2020年房山区人口承载力情况

6.5 区域功能定位的人口需求与资源环境承载力比较分析

6.5.1 总体概况分析

房山区要实现人口与经济社会资源环境的协调、科学发展，区域功能定位所需要的人口规模应与自然环境的承载力相一致。根据对房山区人口需求的预测部分的结论，经济增长的中方案应更接近于实际情况。

根据中方案预测，房山区2020年前经济发展需要劳动力人口49.6万，对应的总人口则为101.4万~121.2万人。2020年房山区人口综合承载力基本保持在117万上下（见表6-25）。可见，虽然人口承载力基本可以满足人口需求，但是在很多方面，人口需求接近、达到或略高于分要素人口承载力理论上的上限，尤其是在水资源和垃圾处理能力等方面问题比较突出。按照不同性质，可以把这些影响人口需求与人口承载力的要素划分为3个方面：城市发展因素、资源因素、环境因素。值得注意的是，房山区在新城建设过程中，各项人均资源、环境指标的标准是应该上升的，这也相应带来了区域人口承载力的下降，所以房山区在调控人口、节约资源、保护环境等方面的工作仍需继续大

力推进。

表6-25 房山区人口承载力与经济增长中方案人口需求比较情况

分要素承载力（万人）		经济增长中方案不同负担系数下人口需求（万人）			承载力与人口需求差异（万人）		
		高	中	低	高	中	低
水资源	92.7	121.2	111.3	101.4	-28.5	-18.6	-8.7
水环境	114.9				-6.3	3.6	13.5
土地资源	219.0				97.8	107.7	117.6
大气环境	153.1				31.9	41.8	51.7
垃圾处理	136.2				15.0	24.9	34.8
交通	146.2				25.0	34.9	44.8
住房	146.4				25.2	35.1	45.0
综合	117.0				-4.2	5.7	15.6

注：负值表示超载的人口，正数表示还可以承载的人口。

6.5.2 各因素承载力与人口需求比较分析

（1）房山区水资源有限，土地资源能够满足经济增长中方案的人口需求

制约北京市发展的最大瓶颈是水资源，虽然在大量开采地下水以及南水北调工程等因素的作用下，基本保证了首都居民的生活用水，但是人均水资源占有量大大低于国际公认的极度缺水标准。房山区的水资源总量情况和人均水资源占有量情况虽然高于北京市平均水平，但并没有摆脱缺水的困境，人均水资源占有量甚至略低于国际公认的满足人类生存基本需要的水资源占有量，而且在区域内存在着分布不均的问题。虽然按照现在的水资源使用情况和国家出台的相应地区人均生活用水标准，房山区水资源人口承载能力与常住人口差距尚不算大，仅为略有超载，但是随着人口的上升，就业增加，生产用水量也会相应增加，加之经济发展带来的工农业用水量增加，生态建设过程中生态用水量的上升，房山区的水资源压力仍然较大。开发水资源、保护水资源、使用节水技术充分利用水资源的原则仍需长期坚持。

房山区建设用地面积较大，加上北京市对其城市发展新区的相应支持措施，从土地资源这一因素来讲，不构成对于全区人口集聚的限制因素，可以满

足经济增长中方案下的人口需求。

（2）垃圾处理能力是制约房山区人口增长的重要因素，其余城市发展因素与人口矛盾尚不突出

从分析来看，限制房山区人口承载的重要因素是垃圾处理能力。由于房山区垃圾处理设施有限，且目前仍以填埋为主，处理能力不足，承载人口仅为73.5万。虽然按照房山区市容委的规划，到2014年可以建成日处理能力达1000吨的垃圾综合处理设施，即使在规划处理能力完全发挥的前提下能够承载足够的人口，但是城市化进程不断推进带来的大量城镇人口增加和相应的垃圾增长，对垃圾处理能力也是一个较大的冲击。由于部分农村居民垃圾可以就地处理，在短期内垃圾处理能力与人口规模间的矛盾不会凸显，但是长期来看这不利于区域的可持续发展和生态建设。

房山区的交通承载力和住房承载力分别为146.2万和146.4万，均可满足相应的人口需求。但是也要注意到房山区由于山区面积大而造成的交通承载力虚高情况，在部分人口密集地区仍可能出现区域性的公路供给不足带来的交通承载力超载情况。住房方面要注重对房价的合理调控，重视保障房建设，避免出现一方面居民无房可住或住房面积狭小，另一方面房屋大量闲置的问题。

（3）房山区环境承载力较大，但生态环境建设仍不能放松

环境因素是制约房山区人口承载力的一个重要因素。虽然近年来房山区环境改善十分明显，大气污染物和水污染物都有明显的下降，按照北京市的平均水平，水环境和大气环境可承载的人口也分别达到114.9万和139.3万，但是房山区的生态环境形势依然不容客观，且与北京市市区平均水平存在一定差距。二氧化氮浓度近年来呈上升趋势，尤其是启用新的国家空气质量标准后，二氧化氮浓度可能面临超标的问题，可吸入颗粒物虽然呈下降趋势，但未能从根本上遏制，可吸入颗粒物年均浓度始终呈超标状态。水环境方面，工业源水的总量减排工作比较突出，主要污染物排放量显著下降，但是农业和生活用水的主要污染物排放量仍然较大。所以房山区生态环境建设还需要进一步大力加强。

以上具体分析以经济增长中方案为基础，经济增长高方案和低方案与人口承载力的对比情况如表6-26和表6-27所示，其共同反映的问题与中方案相似，这里不再一一赘述。

第六章 城市发展新区——房山区人口优化研究

表6-26 房山区人口承载力与高经济增长方案人口需求比较情况

分要素承载力（万人）		经济增长高方案不同负担系数下人口需求（万人）			承载力与人口需求差异（万人）		
		高	中	低	高	中	低
水资源	92.7	147.4	135.38	123.32	-54.7	-42.7	-30.6
水环境	114.9				-32.5	-20.5	-8.4
土地资源	219.0				71.6	83.6	95.7
大气环境	153.1				5.7	17.7	29.8
垃圾处理	136.2				-11.2	0.8	12.9
交通	146.2				-1.2	10.8	22.9
住房	146.4				-1.0	11.0	23.1
综合	117.0				-30.4	-18.4	-6.3

注：负值表示超载的人口，正数表示还可以承载的人口。

表6-27 房山区人口承载力与低经济增长方案人口需求比较情况

分要素承载力（万人）		经济增长低方案不同负担系数下人口需求（万人）			承载力与人口需求差异（万人）		
		高	中	低	高	中	低
水资源	92.7	91.28	83.81	76.34	1.42	8.89	16.36
水环境	114.9				23.62	31.09	38.56
土地资源	219.0				127.72	135.19	142.66
大气环境	153.1				61.82	69.29	76.76
垃圾处理	136.2				44.92	52.39	59.86
交通	146.2				54.92	62.39	69.86
住房	146.4				55.12	62.59	70.06
综合	117.0				25.72	33.19	40.66

注：负值表示超载的人口，正数表示还可以承载的人口。

综上所述，在经济发展和人口—劳动力系数都为最高方案的情况下，房山人口需求为147万。但是，这只是一个最大限度的人口需求量。事实上，如果达到这一人口规模，将会对房山的人口资源环境产生较大的冲击。考虑未来房山将有一定规模的外来青壮年劳动力迁入（人口—劳动力系数值保持低位），

结合考虑房山经济发展速度应按照高增长方案运行,根据人口承载力计算结果,房山区未来人口规模在高经济增长方案运行、低人口—劳动力系数的背景下,人口需求为123万。需要强调的是,由于人口与经济、资源环境之间有一定的弹性,可在123万的基础上增加2万人口,因此可以认为房山区人口规模最好不要突破125万。

第七章　城市生态涵养区——门头沟区人口优化研究

7.1　门头沟区人口与经济发展历程和特点分析

7.1.1　门头沟区人口发展历程和特点

（1）常住人口规模稳中有升

2000—2012年门头沟区常住人口规模保持基本稳定，略有上升的态势，从2000年的26.7万人增长到2012年的29.8万人，12年间增长了3.1万人，年均增长0.26万人，年均增长率为0.9%。但是如果将这12年分成两个阶段来看，自2007年以来，门头沟区的常住人口增长速度明显快于2000—2006年，5年间常住人口年均增长0.56万人，年均增长率为2.0%（见图7-1）。

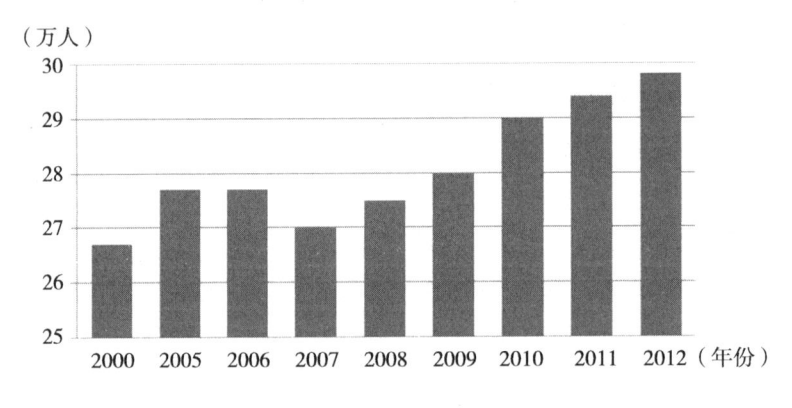

图7-1　2000—2012年门头沟区常住人口规模情况

与其他生态涵养区相比，门头沟区常住人口规模较小，人口增长速度适中。2000年门头沟区常住人口26.7万人，在所有生态涵养区中排名第五，到2012年门头沟区常住人口为29.8万人，在所有生态涵养区中依然排名第五，且与第四名延庆县的人口规模差距进一步增大。在人口增长率方面，门头沟区2000—2012年人口年均增长率为0.9%，略低于生态涵养区的平均水平1.1%，在五个生态涵养区中排名第四，高于平谷区，低于其他区县（见图7-2）。

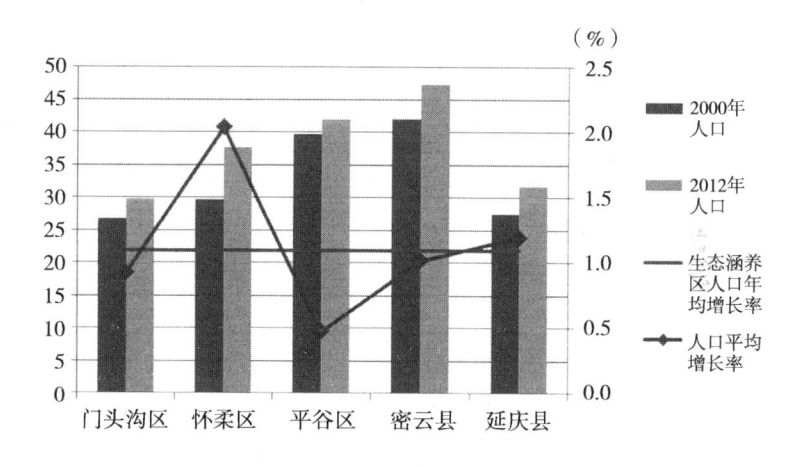

图7-2 2000年和2012年生态涵养区人口规模及年增长率情况

（2）人口性别结构趋于合理，人口老龄化程度有所上升

在人口的性别结构方面，门头沟区的人口性别比由2000年的107.8下降到2010年的103.6，从总体上看，人口性别结构更加合理了。但是在低龄组人口性别比方面，2010年为108.6，比2000年的106.8高1.8，人口性别结构不均衡的问题依旧存在，且在低龄组比10年前更为严重，表明出生性别比较高。人口的总体性别均衡主要是受青壮年中女性的增加（特别是外来常住人口中女性的增加）影响。与北京市总体状况的比较，无论是2000年还是2010年，门头沟区的性别比均低于北京市的整体水平（108.9和106.8），性别结构比北京市整体水平更加合理。

而在人口年龄结构方面，通过对人口金字塔的观察（见图7-3），可以最直观地发现的是人口在老化，青少年人口占总人口比例萎缩，青壮年劳动力和老年人口占总人口比重增加。门头沟区65岁以上老年人比重由2000年的9.2%增长到2010年的11.0%，而青少年比重则由2000年的15.3%下降到2010年的10.2%。长期来看，门头沟区的养老问题和经济可持续发展问题将

第七章 城市生态涵养区——门头沟区人口优化研究

面临着严峻的考验。而且在与北京市整体水平的比较中,门头沟区的老龄化程度更为严重,2010年65岁以上老年人占总人口比重比北京市的8.7%高2.3个百分点,10年间老年人口占总人口比重增长了1.8个百分点,远高于北京市整体水平的0.3个百分点。老龄化无论是在速度上还是程度上都领先于北京市整体水平。

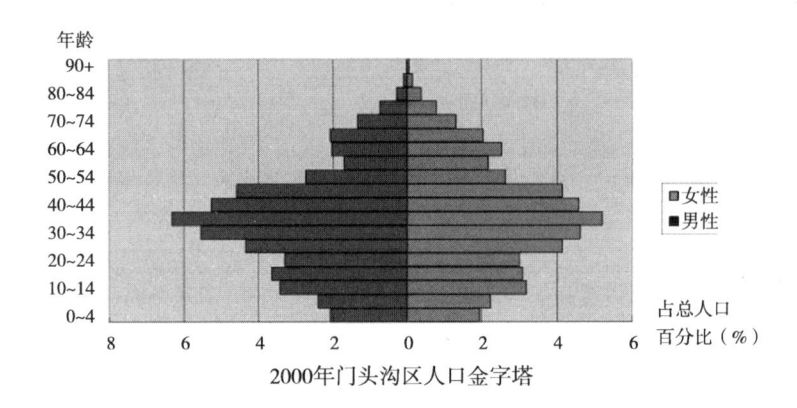

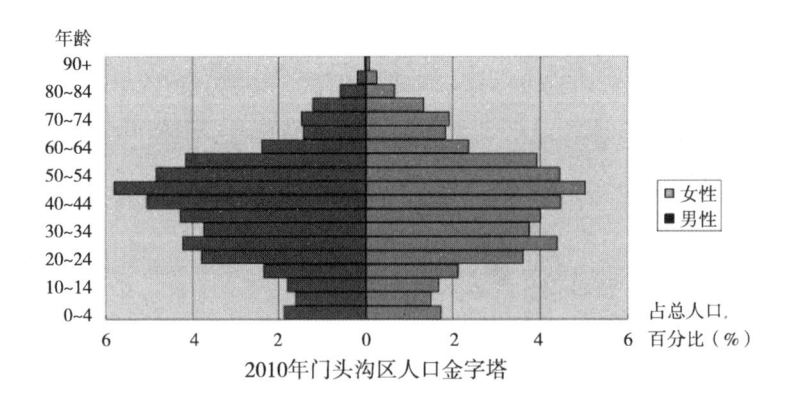

图7-3 2000年和2010年门头沟区人口金字塔

(3)人口文化素质和健康素质增强,但与北京市整体水平仍有差距

在人口文化素质方面,以平均受教育年限衡量,门头沟区由2000年的8.4年增长到2010年的9.8年,10年间增长了1.4年,人口文化素质有了较大的提高,略高于生态涵养区的整体水平(9.6年),但是与北京市整体水平(11.5年)还存在一定差距(见图7-4)。

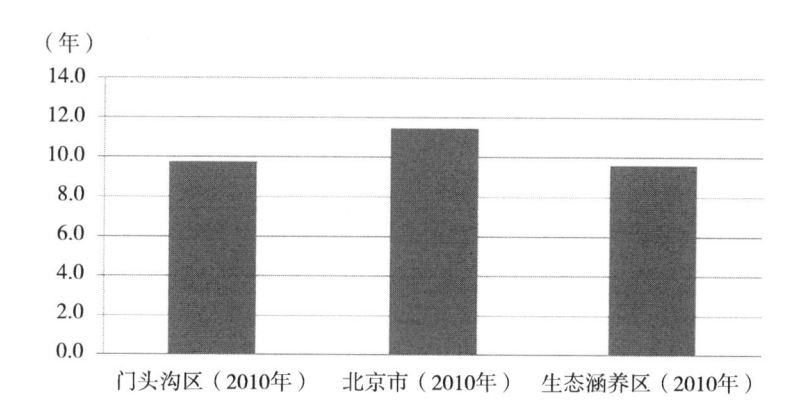

图 7-4 2010 年门头沟区和北京市及生态涵养区平均受教育年限情况

2000—2010 年的 10 年间，门头沟区人口受教育程度显著提升，其体现在不同受教育程度人口上就是接受过大专以上的人口迅速增加，每万人中接受过大专及以上教育的人口从 2000 年的 569 人增加到 2010 年的 1760 人，增长了 2 倍以上。但是，门头沟区与北京市人均受教育程度的差异仍然主要体现在接受过高等教育的人员较少，每万人中受教育程度在大专以上的人口仅相当于北京市整体水平的 50% 左右（见图 7-5）。

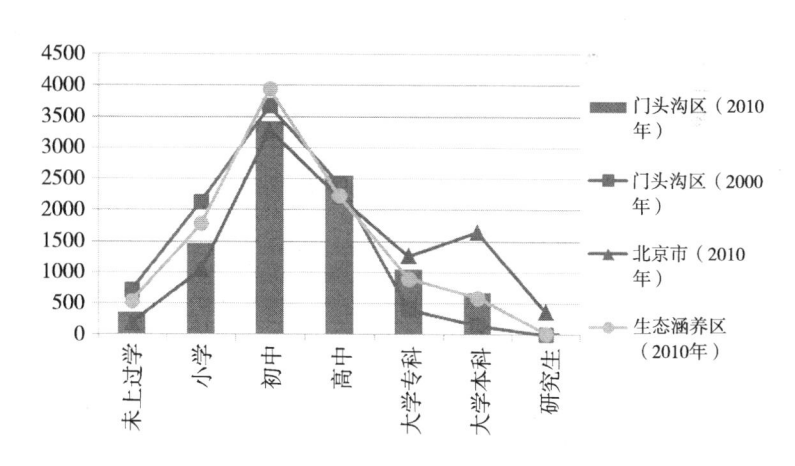

图 7-5 门头沟区、北京市和生态涵养区每万人中不同受教育程度人口情况

在健康素质方面，根据门头沟区第六次人口普查中 2009—2010 年分年龄、性别死亡数据制作的简略生命表，门头沟区男性和女性出生时的平均预期寿命分别达到 74.8 岁和 80.3 岁（见表 7-1 和表 7-2），在世界范围内也属于较高

水平，但是与北京市整体水平相比，在女性的平均预期寿命方面差距并不大，只低了1.4岁，在男性的平均预期寿命方面仍与北京市整体水平有较大差距。

表7-1 门头沟区2010年男性人口简略生命表

年龄组 X	死亡概率 ($\times 1000$) ${}_nq_x$	尚存人数 l_x	表上死亡人数 ${}_nd_x$	平均生存人年数 ${}_nL_x$	平均生存总人年数 T_x	平均预期寿命 e_x
0 岁	3.47	100000	347	99827	7481949	74.82
1~4 岁	28.84	99653	2874	392864	7382122	74.08
5~9 岁	1.07	96779	104	483636	6989258	72.22
10~14 岁	0.96	96675	92	483146	6505622	67.29
15~19 岁	0.73	96583	70	482739	6022475	62.36
20~24 岁	2.72	96513	262	481907	5539736	57.40
25~29 岁	2.85	96250	274	480567	5057828	52.55
30~34 岁	3.68	95976	353	478999	4577262	47.69
35~39 岁	7.21	95623	689	476392	4098263	42.86
40~44 岁	9.49	94934	900	472418	3621870	38.15
45~49 岁	14.44	94033	1358	466771	3149453	33.49
50~54 岁	25.30	92675	2345	457514	2682682	28.95
55~59 岁	37.45	90331	3383	443196	2225167	24.63
60~64 岁	43.47	86948	3779	425292	1781971	20.49
65~69 岁	83.96	83169	6983	398387	1356679	16.31
70~74 岁	152.38	76186	11609	351907	958292	12.58
75~79 岁	257.99	64577	16660	281233	606385	9.39
80~84 岁	389.79	47916	18678	192888	325153	6.79
85~90 岁	620.9344	29239	18155	100806	132265	4.52
90~95 岁	953.6785	11083	10570	28992	31459	2.84
95 岁及以上	1000	513	513	2467	2467	4.81

表7-2 门头沟区2010年女性人口简略生命表

年龄组 X	死亡概率 ($\times 1000$)$_nq_x$	尚存人数 l_x	表上死亡人数 $_nd_x$	平均生存人年数 $_nL_x$	平均生存总人年数 T_x	平均预期寿命 e_x
0 岁	0.00	100000	0	100000	8028143	80.28
1~4 岁	21.11	100000	2111	395778	7928143	79.28
5~9 岁	1.15	97889	113	489164	7532365	76.95
10~14 岁	0.00	97776	0	488882	7043201	72.03
15~19 岁	0.81	97776	79	488684	6554319	67.03
20~24 岁	0.00	97697	0	488486	6065635	62.09
25~29 岁	1.17	97697	115	488200	5577148	57.09
30~34 岁	1.37	97583	134	487579	5088949	52.15
35~39 岁	0.86	97449	84	487035	4601370	47.22
40~44 岁	3.84	97365	374	485890	4114335	42.26
45~49 岁	6.14	96991	595	483467	3628444	37.41
50~54 岁	10.01	96396	965	479565	3144977	32.63
55~59 岁	16.48	95430	1573	473220	2665412	27.93
60~64 岁	36.40	93858	3416	460747	2192192	23.36
65~69 岁	46.80	90441	4233	441624	1731445	19.14
70~74 岁	102.90	86208	8871	408865	1289821	14.96
75~79 岁	178.38	77338	13796	352199	880956	11.39
80~84 岁	284.82	63542	18098	272465	528757	8.32
85~90 岁	508.13	45444	23092	169492	256292	5.64
90~95 岁	785.50	22353	17558	67868	86800	3.88
95 岁及以上	1000	4795	4795	18932	18932	3.95

(4) 人口向区域东南部集聚

2000—2010年10年间，门头沟区常住人口向区域东南部集聚的特征明显，在全区下辖的13个乡镇街道中只有大峪街道、城子街道和永定镇的常住人口规模有所增加，而其他乡镇街道的人口都出现了不同程度的下降（见

图7-6）。东部五个乡镇街道（大峪街道、城子街道、东辛房街道、永定镇和龙泉镇）人口由2000年的18.1万人增长到2010年的21.7万人，占区内总人口的比重也由2000年的68.0%提高到74.7%，东部地区是门头沟区人口的主要分布区域。尤其是上述三个人口增长的街道（镇）全都位于门头沟区的东南部，且全是城镇地区，人口集聚的同时意味着城镇化程度的加强。

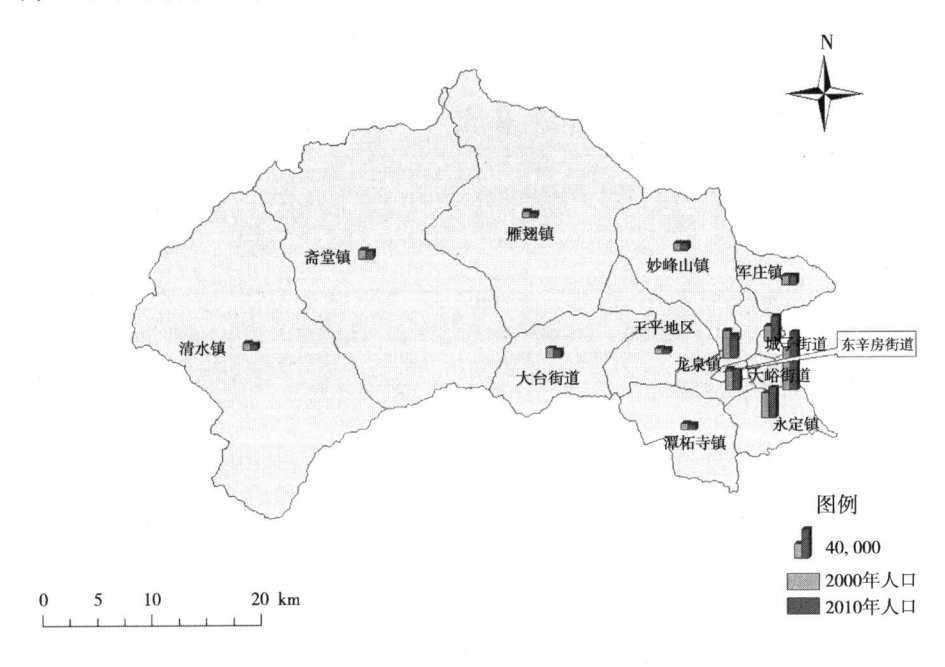

图7-6 2000年和2010年门头沟区乡镇街道人口规模情况

7.1.2 门头沟区经济发展历程和特点

（1）经济快速增长的同时结构在不断优化

2000—2012年门头沟区经济保持平稳较快增长，地区生产总值由2000年的21.4亿元，增长到2012年的116.4亿元，12年间增长了95.0亿元，年均增长率达到15.2%。除2009年外，门头沟区的地区生产总值都保持着10%以上的增长率（见图7-7）。

从产业结构来看，门头沟区经济主要依托于第二产业和第三产业。2001年以来，门头沟区第一产业占地区生产总值比重一直保持在2%以下；第二产业产值占地区生产总值比重一直保持在50%以上，但近年来有下降趋势；第三产业差值占GDP比重保持在42%~49%。

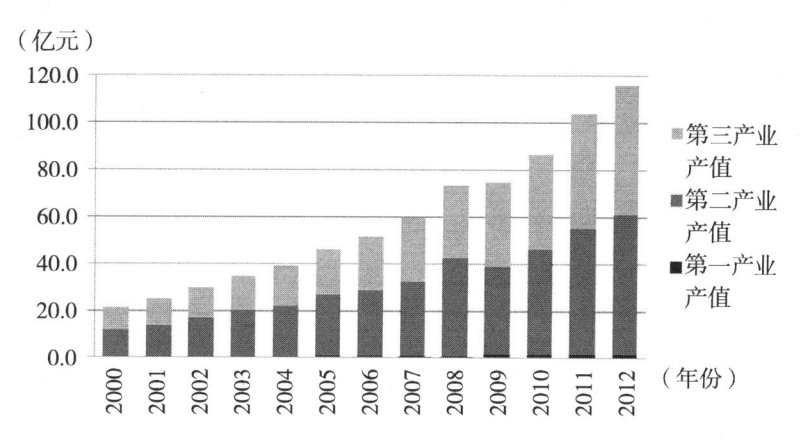

图 7-7　2000—2012 年门头沟区产值及构成状况

从三个产业各自的增长速度来看，第一产业产值由 2000 年的 0.5 亿元增长到 2012 年的 1.9 亿元，年均增长速度为 12.1%；第二产业由 2000 年的 11.4 亿元增长到 2012 年的 59.3 亿元，年均增长率为 14.7%；第三产业由 2000 年的 9.4 亿元增长到 2012 年的 55.2 亿元，年均增长率为 15.9%，是门头沟区经济增长最为迅速的产业。

横向对比五个生态涵养区的情况，门头沟区的地区生产总值在五个区域中排名第四位，低于密云县、怀柔区和平谷区，高于延庆县。但从产业结构构成来看，门头沟区的第二产业和第三产业占地区生产总值都排在五个生态涵养区的第二位，分别低于怀柔区和延庆县，而第一产业占地区生产总值比重是生态涵养区中最低的，说明从产业结构看门头沟区的经济发展方式较为现代（见图 7-8）。

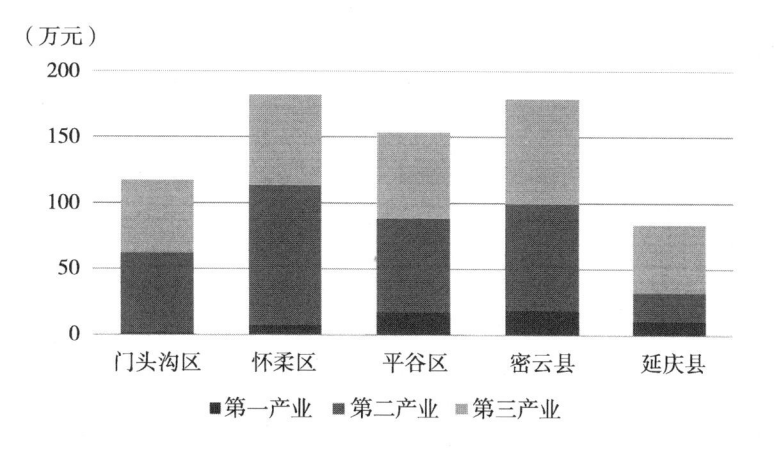

图 7-8　2012 年生态涵养区 GDP 及构成状况

第七章 城市生态涵养区——门头沟区人口优化研究

为了分析门头沟区生产效率，这里用全员生产率这一指标与北京市、平谷区、怀柔区进行了比较。在2002年，门头沟全员劳动力生产率为47114元，较北京市的63531元、平谷的64744元、怀柔的102353元都低。到2012年，全员生产率达到187729元，仅低于怀柔区的208046元，高于北京市的161468元和平谷区的148371元。可见门头沟区的全员生产率的快速提高是从2008年开始的（见图7-9）。

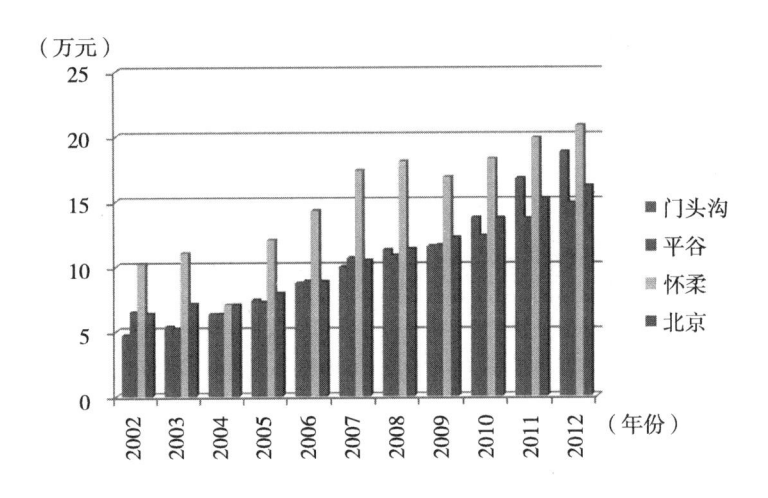

图7-9 门头沟区全员生产率与北京其他地区比较

（2）门头沟区经济发展对劳动力就业的吸纳效应

就业弹性系数是从业人数增长率与GDP增长率的比值，即GDP增长1个百分点带动就业增长的百分点，系数越大，经济发展对劳动力的吸收能力就越强；反之则越弱。

2009年以来，门头沟区的就业弹性系数一直在低位徘徊，由2009年的最高值0.39，跌落到2010年的最低值-0.22，随后两年缓慢回升，分别为-0.04和0.02（见图7-10）。说明近年来，门头沟区的经济增长对就业的吸纳能力较弱，但同时说明了门头沟区的经济增长不是依靠简单的劳动力数量的堆积效应。

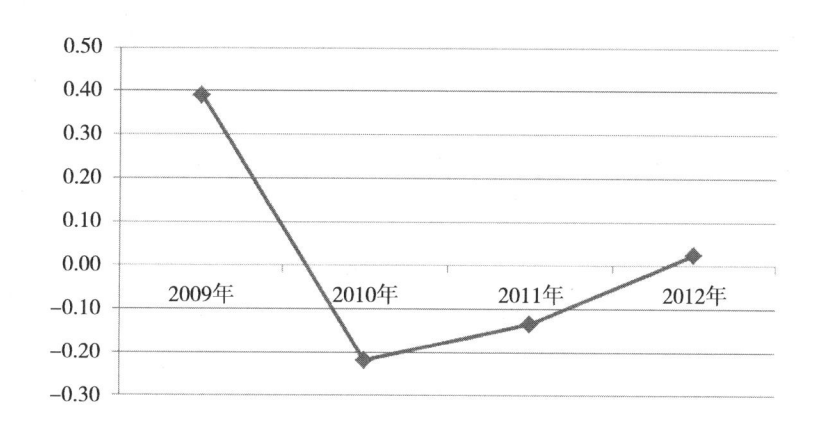

图 7-10　2009—2012 年门头沟区就业弹性系数情况

与其他生态涵养发展区相比，门头沟区的就业弹性系数显得差异性较强，是唯一就业弹性系数为负的区域，而从成因来看，门头沟区的经济发展速度并不慢，主要是从业人员增长较低造成的，在 2010—2011 年和 2009—2010 年两个年度门头沟区均出现了从业人员数量下降的现象，而这在其他区域是没有发生过的（见图 7-11）。

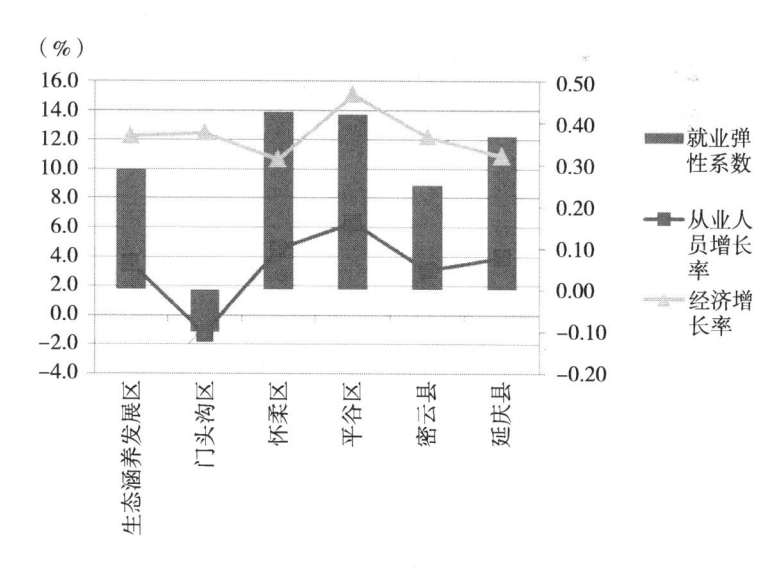

图 7-11　2009—2012 年各生态涵养发展区就业弹性系数情况

第七章 城市生态涵养区——门头沟区人口优化研究

7.2 门头沟区人口和经济发展的协调度分析

7.2.1 人口与经济协调发展指标的选取

社会发展的核心是以人为本，谋求人的自由全面发展。在复杂的社会系统中，人始终处于主体地位。人的全面发展既是社会发展的起点，又是社会发展的归宿，由此可见人口子系统在社会发展中的地位与作用。人口的规模、素质和结构直接影响着区域发展系统的状况，适宜的人口数量、较高的人口素质可以促进社会经济的发展，而过大的人口数量或人口结构失调都会制约区域社会经济的发展。经济发展也是区域发展研究中永恒的话题，经济系统的发展为人口系统提供物质基础。可以说，两个系统相辅相成，相互促进。从经济系统的组成看，它是由第一产业、第二产业、第三产业组成的，不同产业的发展情况制约着经济社会的发展。在对经济系统进行研究时，我们应从经济水平、经济结构和经济效率对经济系统进行全面的分析。

为了准确评价人口状况和区域经济发展水平，本研究对指标的选取严格遵循如下几个原则。

（1）科学性与可操作性相结合

指标体系一定要建立在科学的基础之上，指标的物理意义必须明确，测算方法标准，能够用来评估目标的实现程度，保证评估方法的科学性、评估结果的真实性和客观性。同时，指标体系的建立应考虑到各个指标的可获得性、来源的可靠性以及定量化的可操作性。

（2）关联性与独立性相结合

人口系统与经济系统既相互独立又相互联系，因此，在建立指标评价体系时，既考虑各系统内部较独立、反映系统内部主要特征的指标，又要考虑到那些反映两系统间相互联系、相互协调的指标。

（3）系统性与层次性相结合

每一个系统都是一个有机统一的整体，但为便于研究，又可以细分为各个相互关联的层次。因此，在建立指标体系时应选取一些反映系统各层次特征的指标。

在以上3条原则的指导下，本研究最终形成了由人口规模和人口结构2个方面5个指标构成的人口指标体系；由经济水平、经济结构2个方面6个指标构成的经济发展指标体系。

7.2.2 人口与经济协调发展指标体系

本研究将指标体系分为目标层、准则层和指标层三个结构层次，将人口变

量与经济发展水平评价变量的各个因素充分考虑了进来,形成如表 7-3 所示的指标体系框架。

表 7-3 门头沟区人口与经济协调研究指标体系

目标层	准则层	指标层
人口指标	人口规模	人口规模、户籍人口出生数
	人口结构	城镇人口占比、二产从业人员比重、三产从业人员比重
经济发展指标	经济水平	地区生产总值 GDP、城镇居民人均可支配收入、农村人均纯收入
	经济结构	二产产值比重、三产产值比重、全社会固定资产投资

7.2.3 人口与经济协调发展度的测算

(1) 理论方法

协调度是用来度量系统之间或要素之间协调发展状态的定量指标,人口结构与经济发展的协调度是一个相对指标,目前还没有一个统一的标准。但比较常用的方法为因子分析与模糊隶属度函数相结合的分析方法,因为因子分析法可把一些信息重叠、具有错综复杂关系的变量归结为少数几个不相关的综合因子,可在保证原始数据信息损失较少的情况下,用少数几个相互独立的综合变量代替原始的多维变量,达到降维和简化分析的目的。另外,由于协调值是某一系统与其他系统相适应的数值,因此在评价系统间的协调发展状况时,不能仅以"协调""不协调"做结论。事实上,更多系统的协调发展状况都是处于"协调""不协调"之间。常见的协调度划分如表 7-4 所示。

表 7-4 协调度的划分表

协调度	0~0.19	0.20~0.39	0.40~0.59	0.60~0.79	0.80~1.00
等级	明显失调	轻微失调	初等协调	中等协调	优等协调

协调发展是一个内涵明确而外延不明确的模糊概念,为了计算出协调度的范围,可以用模糊数学中的隶属度概念对其进行分析。根据本书中指标体系的特点,可以采用正态分布隶属度函数对协调性进行描述:

$$C(i/j) = \exp[-k(u_i - u_{i/j}')^2]$$

式中:$C(i/j)$ 为系统 i 对系统 j 的协调系数,即系统 i 的实际观测值与系统 j 对其所要求的协调值接近程度的定量描述;u_i 为系统 i 综合发展水平的实际值;

$u_{i/j}'$ 为与系统 j 实际值相协调的系统 i 所应达到的综合发展水平的理想值;$k = 1/S^2$,S^2 为 u_i 的方差。

(2) 计算步骤

①数据标准化处理。

原始数据间存在着量纲及数量级大小的不同,为了消除其影响,需要对原始数据进行标准化处理,应用 SPSS 统计分析软件,采用 Z-Score 标准化公式:

$$新数据 = (原数据 - 均值)/标准差$$

对各数据进行标准化处理。

②综合发展指数的计算。

本研究利用因子分析法来计算人口系统综合发展指数 $f(x)$ 和经济系统综合发展指数 $g(y)$ (这里的综合发展指数即因子分析中的因子综合得分)。其中,人口系统综合发展指数(人口系统因子综合得分):

$$f(x) = \sum_{i=1}^{n} a_i x_i$$

经济系统综合发展指数(经济系统因子综合得分):

$$g(y) = \sum_{j=1}^{m} b_j y_j$$

其中,a_i、b_j 分别为反映人口结构与经济发展的各项因子的权重,以每个因子的方差贡献率占所选取主因子的总方差贡献率的比例表示。x_i 为人口系统因子得分,y_j 为经济系统因子得分。

③协调系数的计算。

由于本研究需计算人口与经济两个系统之间的协调度,需分别计算 C(人口/经济)和 C(经济/人口):

$$C(人口/经济) = \exp[-k(f(x) - f(x)')^2] \tag{1}$$

式(1)中,C(人口/经济)表示人口系统对经济系统的协调系数,即人口系统的实际观测值与经济系统对其所要求的协调值接近程度的定量描述。

其中,$f(x)'$ 为与人口系统的发展相匹配的经济系统的理想值,其计算过程为:建立回归模型 $f(x) = a + bg(y)$,利用该模型求得 $f(x)$ 的拟合值 $f(x)'$,即为与经济系统相匹配 $f(x)$ 的理想值。将 $f(x)$、$f(x)'$ 及 $f(x)'f(x)f(x)'$ 的方差代入公式即可求得 C(人口/经济)。

同理,可以求 C(人口/经济):

$$C(人口/经济) = \exp[-k'(g(y) - g(y)')^2] \tag{2}$$

式(2)中,C(人口/经济)表示经济系统对人口系统的协调系数,即经

济系统的实际观测值与人口系统对其所要求的协调值接近程度的定量描述。

其中,$g(y)'$为与人口系统的发展相匹配的经济系统的理想值,其计算过程为:建立回归模型 $g(y) = c + df(x)$,利用该模型求得 $g(y)$ 的拟合值 $g(y)'$,即为与人口系统相匹配的 $g(y)$ 的理想值。将 $g(y)$、$g(y)'$ 以及 $g(y)$ 的方差代入(2)即可求得 C(人口/经济)。

两系统的综合协调系数:

$$C(人口,经济) = [C(人口/经济) + C(经济/人口)]/2$$

(3)门头沟协调度计算

①数据来源。

本研究选取门头沟 2000—2012 年的 11 个指标对应的数据,数据来源为历年的《北京市门头沟区统计年鉴》和《北京统计年鉴》,按照理论方法中的计算步骤,代入数据,即可对门头沟人口与经济两个子系统各自的综合发展水平及两者的协调程度进行分析。

②人口系统因子综合得分的计算。

首先,对人口系统的 5 个指标进行因子分析,表 7-5 给出了 KMO 检验统计量与 Bartlett 球形检验结果。KMO 统计量为 0.829,Bartlett 球形检验的 p 值为 0.000,这些都说明人口系统的各个指标适合进行因子分析。

表 7-5 人口系统 KMO 检验与 Bartlett 球形检验

KMO and Bartlett's 检验		
KMO 检验统计量		0.829
Bartlett's 球形检验	卡方值	90.011
	自由度	10
	p 值	0.000

在人口系统的指标做因子分析过程中,提取出两个主因子,两个主因子的方差贡献率分别为 83.721% 和 11.183%。这两个因子总共可以解释原始变量 94.9% 的方差,已经包含了原始变量的大部分信息,具体如表 7-6 所示。

表 7-6 人口系统方差贡献表

主因子	特征根	方差贡献率(%)	累积方差贡献率(%)
1	4.186	83.721	83.721
2	0.559	11.183	94.904

第七章 城市生态涵养区——门头沟区人口优化研究

两个主因子都可以表示为标准化之后的原始变量的线性组合：

$X_1 = 0.361 \times$ 常住人口 $- 0.418 \times$ 人口出生数 $+ 0.253 \times$ 非农业人口占比 $- 0.316 \times$ 第二产业从业人员占比 $+ 0.315 \times$ 第三产业从业人员占比

$X_2 = -0.226 \times$ 常住人口 $+ 1.178 \times$ 人口出生数 $+ 0.014 \times$ 非农业人口占比 $- 0.101 \times$ 第二产业从业人员占比 $- 0.099 \times$ 第三产业从业人员占比

以上两个线性组合的得出来自因子得分系数矩阵，如表7-7所示。

表7-7 人口系统因子得分系数矩阵

指标	主因子 1	主因子 2
常住人口	0.361	-0.226
人口出生数	-0.418	1.178
非农业人口比例	0.253	0.014
第二产业从业人员占比	-0.316	0.101
第三产业从业人员占比	0.315	-0.099

两个主因子及其方差贡献率均已求出，代入公式即可求得人口系统的因子综合得分。

③经济系统因子综合得分的计算。

首先，对经济系统的6个指标进行因子分析，表7-8给出了KMO检验统计量与Bartlett球形检验结果。KMO统计量为0.726，Bartlett球形检验的p值为0.000，这些都说明经济系统的各个指标适合进行因子分析。

表7-8 经济系统KMO检验与Bartlett球形检验

KMO and Bartlett's T 检验		
KMO 检验统计量		0.726
Bartlett's 球形检验	卡方值	177.208
	自由度	15
	p 值	0.000

在经济系统的指标因子分析过程中，提取出两个主因子，两个主因子的方差贡献率分别为82.779%和15.947%。这两个因子总共可以解释原始变量98.726%的方差，已经包含了原始变量的大部分信息，具体如表7-9所示。

表 7-9 经济系统方差贡献表

主因子	特征根	方差贡献率（%）	累积方差贡献率（%）
1	4.967	82.779	82.779
2	0.957	15.947	98.726

两个主因子可以表示为标准化之后的原始变量的线性组合：

$Y_1 = 0.328 \times$ GDP $+ 0.32 \times$ 城镇居民人均可支配收入 $+ 0.319 \times$ 农民人均纯收入 $+ 0.237 \times$ 二产产值比重 $- 0.191 \times$ 三产产值比重 $+ 0.253 \times$ 全社会固定资产投资

$Y_2 = -0.14 \times$ GDP $- 0.128 \times$ 城镇居民人均可支配收入 $- 0.126 \times$ 农民人均纯收入 $- 0.628 \times$ 二产产值占比 $+ 0.576 \times$ 三产产值比重 $- 0.027 \times$ 全社会固定资产投资

以上两个线性组合的得出来自因子得分系数矩阵，如表 7-10 所示。

表 7-10 经济系统因子得分系数矩阵

指标	主因子 1	主因子 2
GDP	0.328	-0.14
城镇居民人均可支配收入	0.320	-0.128
农村人均纯收入	0.319	-0.126
二产产值比重	0.237	-0.628
三产产值比重	-0.191	0.576
社会固定资产投资	0.253	-0.027

两个主因子及其方差贡献率均已求出，代入公式即可求得人口系统的因子综合得分。

将人口系统的因子综合得分 $f(x)$ 对经济系统的因子综合得分 $g(y)$ 做线性回归，得到回归方程 $f(x) = 0.9544g(y) + (1.7E-6)$，利用该回归方程得到 $f(x)$ 的拟合值 $f(x)'$；然后，将 $g(y)$ 对 $f(x)$ 做线性回归，得到回归方程 $g(y) = 0.8789f(x) - (1.6E-6)$，利用该回归方程求得 $g(y)$ 的拟合值 $g(y)'$。

④因子综合得分的分析。

上文已求出 $f(x)$、$f(x)'$、$g(y)$、$g(y)'$，如表 7-11 所示。

第七章 城市生态涵养区——门头沟区人口优化研究

表 7-11 因子综合得分表

年份	人口系统 因子综合得分 $f(x)$	经济系统 因子综合得分 $g(y)$	$f(x)'$	$g(y)'$
2000	-1.510	-1.107	-1.056	-1.327
2001	-1.216	-1.065	-1.017	-1.068
2002	-0.946	-0.803	-0.766	-0.831
2003	0.282	-0.591	-0.564	0.248
2004	-0.350	-0.486	-0.464	-0.308
2005	-0.241	-0.152	-0.145	-0.212
2006	-0.067	-0.190	-0.182	-0.059
2007	0.096	-0.020	-0.019	0.085
2008	-0.049	0.546	0.521	-0.043
2009	0.401	0.309	0.295	0.353
2010	0.947	0.676	0.645	0.832
2012	1.287	1.220	1.165	1.131
2012	1.366	1.663	1.587	1.200

根据表 7-11 因子综合得分的数据可知：门头沟区 2000—2012 年人口系统与经济系统的综合发展水平总体上都呈上升趋势，但经济系统有个别年份综合发展水平出现明显下滑的趋势。例如，经济子系统的发展水平由 2008 年的 0.546 下降到 2009 年的 0.309，原因在于第二产业产值比重由 2008 年的 56.2% 下降为 2009 年的 50.1%，第三产业产值比重由 2008 年的 42.3% 上升为 2009 年的 48.2%。而在经济系统第一个主因子的线性表达式中，第二产业产值比重的系数为 0.237，第三产业产值比重的系数为 -0.191，这样引起因子综合得分的下降。人口系统因子综合得分呈上升趋势，但从数据来看，有两个年份的数据有些反常，分别为 2003 年和 2007 年，先来看 2003 年，因子综合得分从 2002 年的 -0.946 上升到 2003 年的 0.282。原因在于，从原始指标数据来看，户籍人口出生数由 2002 年的 1247 人下降为 2003 年的 650 人，而在人口系统第一个主因子的线性表达式中为 -0.418，人口出生数的下降带来因子综合得分的增加。再来看 2007 年，因子综合得分从 2006 年的 -0.067 上升到 2007 年的 0.096，从原始指标数据来看，二产从业人员比重由 2006 年的 59.9% 下降到

2007年的50%，而从人口系统两个主因子线性表达式上来看，二产从业人员比重的系数均为负值，比重的减少带来因子得分的增加。综上所述，尽管个别年份数据有所波动，但从门头沟区2000—2012年的各系统发展水平的变化可以发现：门头沟区的综合发展水平在整体上有了显著提升。

⑤协调度的计算与分析。

人口系统因子综合得分和经济系统因子综合得分的标准差分别为0.792和0.730，且$f(x)$、$f(x)'$、$g(y)$、$g(y)'$均已求出，代入以下公式：

$$C(人口/经济) = \exp[-k(f(x)-f(x)')^2]$$

$$C(人口/经济) = \exp[-k'(g(y)-g(y)')^2]$$

即可求得$C(人口/经济)$、$C(经济/人口)$及$C(人口,经济)$，如表7-12所示。

表7-12 人口系统与经济系统协调度

年份	$C(人口/经济)$	$C(经济/人口)$	$C(人口,经济)$	$\|f(x)-g(y)\|$
2000	0.77133	0.93577	0.85355	0.40300
2001	0.95138	0.99999	0.97569	0.15009
2002	0.96005	0.99888	0.97947	0.14309
2003	0.40554	0.38190	0.39372	0.87240
2004	0.98381	0.95743	0.97062	0.13584
2005	0.98841	0.99510	0.99175	0.08914
2006	0.98348	0.97654	0.98001	0.12355
2007	0.98322	0.98500	0.98411	0.11671
2008	0.66373	0.62205	0.64289	0.59463
2009	0.98594	0.99745	0.99169	0.09178
2010	0.89162	0.96723	0.92943	0.27059
2012	0.98132	0.98914	0.98523	0.06656
2012	0.93986	0.74569	0.84278	0.29747

由表7-12可见，协调度的评估就是对各子系统的综合发展水平的实际观测值与其协调值接近程度的定量描述。所谓协调值就是某一系统与其他系统相适应的数值。而协调值是另外一个系统综合发展水平的线性表达，由于在本研

第七章 城市生态涵养区——门头沟区人口优化研究

究中线性回归方程中，回归系数均接近于1，因此当两个系统的综合发展水平越接近，两个系统的协调度越高。从下图也可以看出，在 $|f(x)-g(y)|$ 越大的地方，协调度 C(人口,经济) 越小；在 $|f(x)-g(y)|$ 越小的地方，协调度 C(人口,经济) 越大。$|f(x)-g(y)|$ 的图像如同 C(人口,经济) 图像的倒影，如图7-12所示。

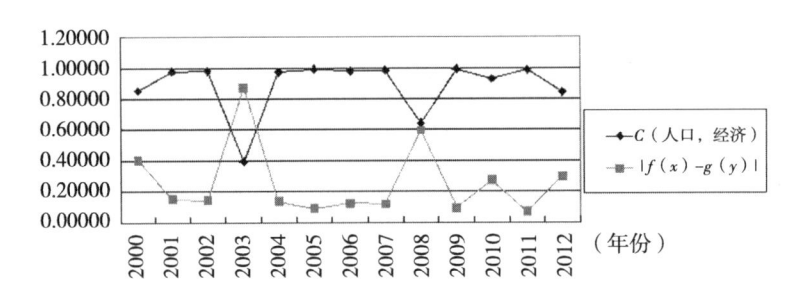

图7-12 人口系统与经济系统协调度走势图

对于人口与产业协调度的分析，在计算出协调度的值后，应结合实际情况，对协调度有一个更加清晰的认识，在协调度达到0.8以上时，为优等协调，但可能会出现因子综合得分比较低、协调度比较高的情况，即人口系统与经济系统发展程度都很低，却又接近的发展水平，这时候得到的协调度也很高。为了让协调度与现实的发展水平相结合，也便于对社会的发展状况有一个更加客观、理性的认识，应将协调度分为传统水平的协调、转型中的协调和现代水平的协调。在综合发展水平比较低，而协调度又很高时，这种情况称为传统水平的协调；当综合发展水平处于中等，而协调度又很高时，这种情况称为转型中的协调；当综合发展水平比较高，而协调度又很高时，这种情况称为现代水平的协调，用数据对三种协调进行量化，如表7-13所示。

表7-13 优等协调（$C \geq 0.8$）的具体划分标准

等级	传统水平的协调	转型中的协调	现代水平的协调
条件	$f(x) \leq 0.35$ 或 $g(y) \leq 0.35$	其他情况	$f(x) \geq 0.7$ 且 $g(y) \geq 0.7$

根据表7-13的协调划分标准，门头沟区2003年和2008年的协调度分别为0.39和0.64，根据标准，2003年属于轻微失调，2008年属于轻度协调。这两个年份都是比较特殊的年份。2003年，人口出生数下降，使得人口系统的因子综合得分比较高，而经济系统的因子综合得分比较低，这从某种程度上会与

2003年的"非典"有关,两个系统因子综合得分的差距带来了协调度的下降。2008年北京奥运会的举办使得经济投入大量增加,经济系统的因子综合得分高于人口系统的因子综合得分,带来了协调度的下降。其余年份的协调度均在0.8以上,属于优等协调,但为了更加客观地表现社会发展的实际,我们需要对优等协调进行如表7-10所示的详细的划分:2000—2007年(不包括2003年)这7年由于因子综合得分为负值,但协调度却在0.8以上,因此这几年门头沟的发展状况属于传统水平的协调。另外,门头沟2009年经济系统综合得分为0.309,而协调度为0.99,按划分标准,属于传统水平的协调;2010年经济系统综合得分为0.676,协调度为0.929,因此属于转型中的协调;2012年,由于经济系统和人口系统的因子综合得分分别为1.663和1.366,且协调度在0.8以上,因此属于现代水平的协调。

7.2.4 门头沟区人口就业结构和经济产业结构匹配性分析

在一个地区的发展过程中,产业结构和就业结构之间相互影响、相互作用:一方面,不同产业吸纳就业的能力不同,产业结构的调整必然带来就业结构的变动,即就业结构在一定程度上取决于产业结构;另一方面,劳动力的数量、质量及流动方式,决定了产业劳动力的分布及变动,从而影响着产业结构的变动方式和方向,因此,就业结构也会对产业结构产生影响,合理的就业结构对于促进产业结构的高端化演进具有重要作用。

21世纪,门头沟产业结构不断调整,也促进了就业结构的调整,但是与产业结构相比,就业结构的变动程度有所不同。从数据来看,第一产业的产值占GDP的比重从2000年的2.44%下降到2012年的1.67%,第一产业就业人员比重从2000年的1.63%下降到2012年的1.61%;第二产业的产值占GDP的比重从2000年的53.49%下降到2012年的50.94%,第二产业就业人员比重从2000年的62.92%下降到2012年的45.16%;第三产业的产值占GDP的比重从2000年的44.07%上升到2012年的47.39%,第三产业就业人员比重从2000年的35.46%上升到2012年的53.23%。第一产业在2003年以前,产值比重大于就业比重,但从2004年开始,情况出现逆转,产值比重超过就业比重。但从2009年开始,产值比重又超过就业比重;第二产业在2006年以前,就业比重大于产值比重,从2000年~2006年,差距一直在缩小,但从2007年开始,情况出现逆转,产值比重超过就业比重;第三产业在2001年、2002年、2003年产值比重明显大于就业比重,后来慢慢地就业比重超过产值比重。综合以上数据,我们可以得出结论:产业结构的优化升级带来了就业结构的调整,但就业

第七章 城市生态涵养区——门头沟区人口优化研究

结构与产业结构仍存在一定程度的不匹配，如图 7-13 所示。

第一产业产值比重与就业比重对比图

第二产业产值比重与就业比重对比图

第三产业产值比重与就业比重对比图

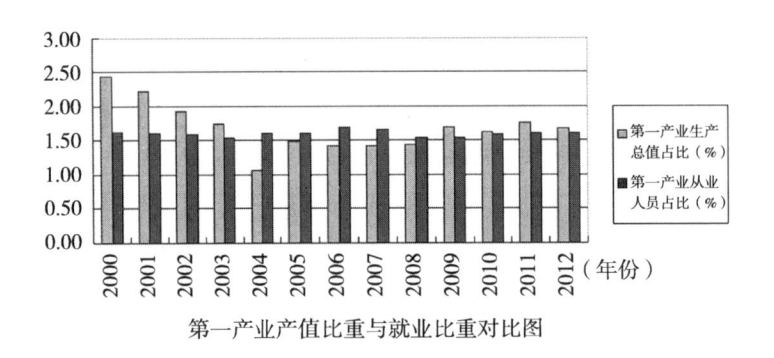

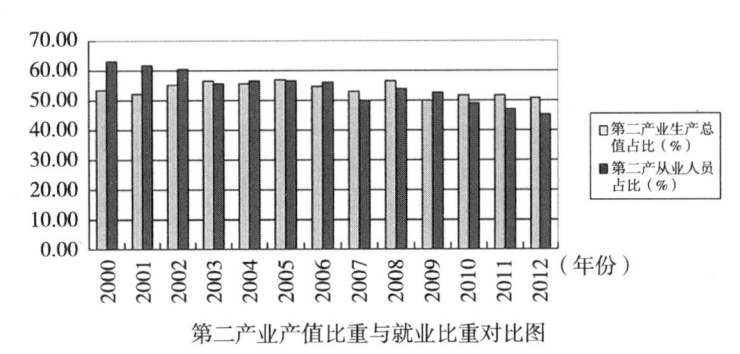

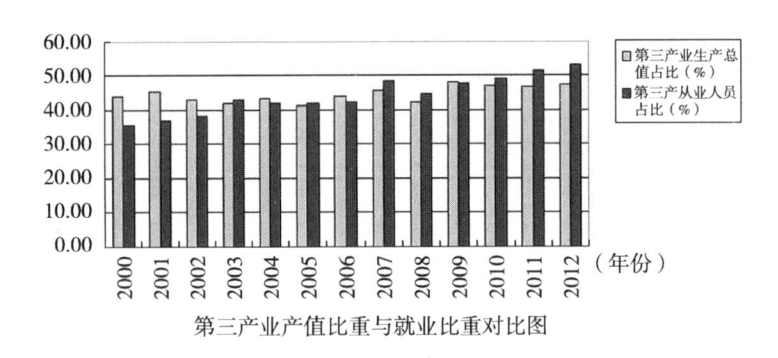

图 7-13 三次产业的产值比重与就业比重对比图

为了准确反映产业的就业结构与产值结构之间的状况，本研究进一步采用结构偏离度指标来分析门头沟产业结构与就业结构的协调关系。结构偏离度是我国学者在研究产业结构与就业结构相关性问题时最为常用的分析工具，它实际上反映了产业结构与就业结构之间的对称状况或均衡状况，其计算公式为：

某一产业结构偏离度 =（产值比重/就业结构比重）-1

结构偏离度的绝对值越趋于 0，产业结构和就业结构越均衡。当结构偏离

度为正时，说明产业结构和就业结构转移不同步，产业排斥劳动力；为负时则表明产业存在隐性失业，应移出劳动力。

现将门头沟三个产业2000—2012年的结构偏离度进行计算，发现第一产业的结构偏离度在大多数年份为正值，说明门头沟第一产业劳动生产率比较高，从2009年开始，第一产业的结构偏离度越来越趋近于0，说明近几年门头沟第一产业的产业结构与就业结构趋向平衡。第二产业的结构偏离度在大多数年份也为正值，产值比重大于就业比重，说明门头沟第二产业的劳动生产率也比较高。从数据上来看，从2009年开始，第二产业的结构偏离度也在趋近于0，说明第二产业结构也日趋合理。随着第三产业的发展，它的产值比重和就业比重均在增加，但从2007年开始，就业比重增加幅度大于产业比重增加幅度，使得结构偏离度为负值（见表7-14）。

表7-14 三次产业的结构偏离度

年份	第一产业的结构偏离度	第二产业的结构偏离度	第三产业的结构偏离度
2000	0.50	0.51	0.24
2001	0.38	0.42	0.24
2002	0.22	0.45	0.13
2003	0.13	0.30	-0.02
2004	-0.34	0.32	0.04
2005	-0.08	0.36	-0.01
2006	-0.17	0.29	0.04
2007	-0.15	0.09	-0.05
2008	-0.07	0.26	-0.05
2009	0.10	-0.04	-0.08
2010	0.03	0.05	-0.05
2011	0.09	0.00	-0.10
2012	0.04	-0.04	-0.11

以上分析表明，三个产业就业结构相对于产业结构在进一步改善。从结构偏离度数值来看，从2009年开始，三个产业的结构偏离度的数值几乎均在0.1以下，说明三个产业的产值比重与就业比重基本保持平衡。从第三产业结构偏

离度的数值来看，从 2007 年开始，始终为负值，说明第三产业相比于第一、第二产业劳动生产率偏低。之所以出现这种情况，原因在于，当前在门头沟，第三产业属于新兴产业，发展慢于第一、第二产业。尽管有很多人的就业已经转向了第三产业，但由于第三产业发展较慢，加之培训及教育体系的相对滞后使得新兴产业快速发展过程中高端人才供应相对不足，经济效率偏低，因此在门头沟的经济结构调整中，必须重视高端人才的引进与培养，使人才的发展与产业结构相协调。

7.3 人口与经济协调发展下的资源环境单要素承载力

7.3.1 生态资源要素承载力

（1）水资源承载力

水是制约北京市人口增长的最大限制性因素。目前，北京市人均水资源占有量在 100m³/人左右，严重低于国际公认的缺水标准线（1000m³/人）和严重缺水标准线（500m³/人）。为了缓解北京市人口对于水的基本需求，北京市每年供水的 70% 以上作为生活用水供应。而门头沟区与北京市的情况基本类似。一个区域的水资源承载力为区域水资源总量（生活用水量）与人均水资源占有量标准（人均生活用水标准）相除，计算出了区域水资源人口承载力：

$$水资源人口承载力 = \frac{水资源总量（生活用水量）}{人均水资源占有标准（人均生活用水标准）}$$

根据门头沟区水务局提供的资料，2005—2011 年间有 5 年的门头沟区水资源总量在 3000 万 ~ 3500 万 m² 之间，有 2 年水资源总量在 6000m³ 左右。本次研究以这 7 年的平均水平（4157m³）作为门头沟区水资源总量。按照联合国规定的缺水标准线（人均水资源占有量 1000m³/人），可承载人口仅为 3.4 万，按照《北京城市总体规划（2004—2020）》的标准（人均水资源占有量 300m³/人），可承载人口为 13.9 万。现有人口均超越理论可供养人口。如果以 2010 年北京市人均水资源占有量为标准（人均水资源占有量为 117.7m³），则门头沟区可承载人口 35.3 万。

如果考虑用水结构，生活用水作为维系人类生存的不可或缺的资源，与人口的承载能力关系最为密切，所以考量生活用水的人口承载力也具有很大的现实意义。2000 年以来门头沟区的生活用水占总用水的比重一直在 60% 以上，且这一比重仍在不断上升（见图 7 - 14 和表 7 - 15）。

北京是大了还是小了
——人口与经济协调发展优化研究

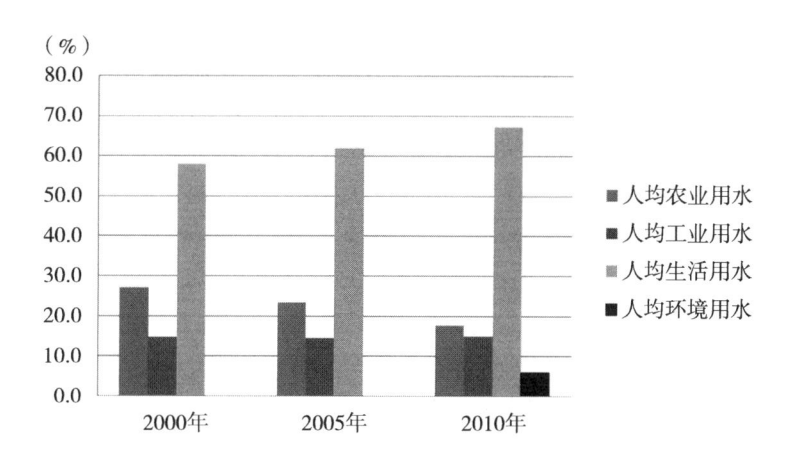

图 7-14　2000—2010 年主要年份门头沟区用水结构情况

表 7-15　2000—2010 年主要年份门头沟区人均用水结构　　单位：(m³)

年份	人均用水总量	人均农业用水	人均工业用水	人均生活用水	人均环境用水
2000	126.7	34.5	18.7	73.5	0.0
2005	110.9	26.0	16.2	68.8	0.0
2010	116.0	20.5	17.3	78.2	7.2

本次研究以中华人民共和国建设部（今住建部）2002 年发布的《城市居民生活用水量标准》华北地区人均生活用水量为基准（85~140L/人·天），门头沟区作为北京市的生态涵养区和水源保护地，其标准应高于平均水平，以最大值计算（51.1m³/人·年），计算出以 2010 年门头沟区生活用水量 2268 万 m³，可承载人口约为 44.4 万（见表 7-16）。

表 7-16　不同情境下门头沟区水资源承载力

单位：(万人)

水资源情况	缺水标准	3.4
	极度缺水标准	13.9
	北京市人均标准	35.3
生活用水情况	生活用水标准	44.4

如果将水资源情况和生活用水情况各赋予 50% 的权重，再综合考虑水资源情况下不同情境的承载力情况，门头沟区的水资源承载力约为 30.9 万人。

第七章 城市生态涵养区——门头沟区人口优化研究

（2）土地资源承载力

土地资源是一种不可转移的资源，是限制人口规模的重要因素。尤其是对于门头沟区这样一个山地面积超过98.5%的地区，从长期看，土地资源会是限制区内人口增长的主要限制性因素之一。本研究中的土地资源承载力将从城市和农村两个部分地区分别进行讨论。由于粮食生产并不是门头沟区的主要产业，所以在本次土地资源承载力的研究中将着重讨论建设用地这一因素，则土地人口承载力的计算公式可表示为：

$$土地资源人口承载力 = \frac{城市建设面积}{城市人均建设面积标准} + \frac{农村居民点用地面积}{农村人均建设面积标准}$$

根据门头沟区国土局提供的资料，2003—2011年门头沟区的建设用地面积大致为 93~94km², 差异不是很大。本研究采用2010年的具体数据，如表7-17所示。

表7-17　2010年门头沟区土地使用情况

\multicolumn{2}{c}{土地总面积（km²）}	1448.8
农用地	耕地	8.0
	园地	54.8
	林地	1005.1
	牧草地	0.0
	其他农用地	9.3
	合计	1077.2
建设用地	城镇建设用地	37.4
	农村居民点用地	11.9
	采矿用地	21.2
	其他独立建设用地	8.7
	交通水利用地	14.4
	合计	93.7
其他用地	水域	7.9
	自然保留用地	270.0
	合计	278.0

从城镇建设用地方面来看，2010年门头沟区的城镇建设用地面积为37.4km²，根据2011年新修订的《城市用地分类与规划建设用地标准（GB 50137—2011）》中对于首都地区城市建设用地人均标准（105.1~115.0m²/人）的规定，门头沟区城镇地区可承载人口约34.0万。

从农村居民点用地面积来看，2010年门头沟区的农村居民点用地面积为11.9km²。根据《北京市村庄规划标准》，农村地区人均建设用地面积不应该超过150m²，则门头沟区农村地区可承载人口约7.9万。

综合城市地区与农村地区土地人口承载力的结果，门头沟区土地资源人口承载力约为41.9万。

（3）公共绿地人口承载力

门头沟区作为生态涵养区，生态的可持续性也是限制其人口承载的关键性因素，而公共绿地面积是考量一个地区生态水平的重要指标之一。充足的公共绿地资源不仅可以增进区域环境的美观程度，还能在清洁控制质量、减少噪声污染、维护生态平衡等方面发挥重要作用。公共绿地人口承载力的计算公式是：

$$公共绿地人口承载力 = \frac{公共绿地面积}{人均公共绿地标准}$$

2012年年底，门头沟区园林绿地面积达到7.8km²，根据北京市的规划，到2020年要实现人均公共绿地面积15~18m²的目标。门头沟区作为生态涵养区，人均公共绿地面积的标准要大幅高于北京市的标准。门头沟区在其"十二五"规划中提出人均公共绿地面积28m²的目标，因此认为此指标作为本次研究的人均公共绿地标准更能体现门头沟区的区域功能。据此计算，门头沟区可承载人口39.0万。

（4）能源人口承载力

能源也是一个区域承载人口规模的限制性因素，能源供给的充足与否关系着区域经济社会发展的快慢和个人生活舒适程度的优劣。能源人口承载力的计算公式是：

$$能源人口承载力 = \frac{能源总量}{人均能源消耗标准}$$

根据门头沟区统计局提供的资料，2006年以来门头沟区能源消耗状况基本稳定，均保持在年消耗70万吨标准煤左右，年均消耗71.2万吨标准煤。而在人均能源消耗标准的确定方面，如果参照与北京市发展阶段相似的诸如欧洲、日本等国家，其能源消耗为4吨标准油/人·年（约合5.7吨标准煤/人·年），

第七章 城市生态涵养区——门头沟区人口优化研究

按照此标准门头沟区可承载人口12.5万。如果参照北京市2010年能源消费水平3.5吨标准煤/人·年，则门头沟区可承载人口20.1万。

但是值得注意的是，门头沟区的发展阶段与北京市的总体水平还存在着一定的差异，目前的能源需求还较低，但是随着到2020年人均GDP翻一番目标的实现，能源需求将达到或接近北京市目前的水平。此外，由于能源是非固定性的资源，具有很强的流动性，所以门头沟区通过引进外来能源、开发新能源等方式是可以扩大自身能源人口承载力的。

7.3.2 社会资源承载力

（1）住房人口承载力

住房既是经济问题，又是影响社会稳定的重要民生问题，是限制某一区域人口规模的重要因素。近年来，北京市的住房问题也成为社会各界关注的热点问题，一方面是房价问题，另一方面是住房面积问题。对于人口承载力的探讨，主要从住房面积角度出发，如果房价过高导致普通民众难以购买，房屋大量闲置，理论上的住房人口承载力虽然可以承载一定规模的人口，但实际可能遇到一些由于房屋供给不足带来的问题，也应引起对房价调控的高度重视。住房人口承载力的公式可表示为：

$$住房人口承载力 = \frac{住房总面积}{人均住房面积标准}$$

根据2011年新修订的《城市用地分类与规划建设用地标准（GB 50137—2011）》中对北京市所处的第二类建筑气候区人均住房面积的规定，门头沟区的人均住房面积应该控制在28~38m²/人，而门头沟区"十二五"规划的人均住房面积为28m²，也是符合这一标准的，所以本次研究采用28m²/人作为住房面积指标。

2013年，门头沟区的住房登记面积为450万m³，按标准仅能承载人口16.1万。根据门头沟区"十二五"时期住房建设面积的规划，住房面积将至少达到900万平方米（包括公租房/廉租房、经济适用住房/两限房、棚户区改造定向安置房、新农村社区定向安置房、商品住宅等种类），则可承载人口39.3万。

（2）交通人口承载力

在现代化的城市发展过程中，交通的作用不言而喻。门头沟区地处北京西郊，山地面积占到了区总面积的98.5%。其特殊的地理地貌，决定了门头沟区的交通状况与北京其他郊区县相比存在较大的差距，道路里程少、路网密度

低、布局不合理、断头路多、技术等级低是目前面临的主要问题。交通人口承载力的计算公式为：

$$交通人口承载力 = \frac{道路总面积}{人均道路面积标准}$$

截至2010年，门头沟区共有各类道路245条，公路总里程为994km，路网密度为68.7km/100km²，在五个生态涵养发展区和十个远郊区县中均处于较低的水平。公路总面积1354.56万m²，人均道路面积46.71m²（见表7－18）。

表7－18　2010年门头沟区公路与北京市其他区县的比较

区　县	公路里程（km）	一级及以上公路（km）
房山区	2732	134
通州区	2484	267
顺义区	2739	238
昌平区	1920	213
大兴区	2718	222
门头沟区	994	40
怀柔区	1570	107
平谷区	1634	102
密云县	2076	133
延庆县	1861	72

"十二五"期间，门头沟区规划新建公路总里程130km，改造道路150km，公路密度由68.7km/100km²增加到79.1km/100km²。如果按照2010年的道路平均面积，"十二五"期间门头沟区新增道路面积和改造的150km公路所增加的面积，公路总面积完全可以达到180万m²。由于门头沟区大多数地区是山区，如果按照国家规定的考虑城市立体交通系统的城市人均道路面积标准进行计算，会造成承载力的高估。本次研究按照门头沟区目前的人均道路面积46.71m²进行计算，"十二五"期间新增道路的可容纳人口数约为3.9万，可承载人口总计为32.9万。若2016—2020年保持同"十二五"期间相同的公路总面积增长率，则到2020年可承载人口约37.2万。

需要强调的是，门头沟区山区面积大，城区面积小，且山区公路面积大而

城区公路面积相对较小,如果城市道路不能得到合理的布局,会造成局部地区的人口超载,其他地区的道路资源浪费。

(3) 教育资源人口承载力

教育是关乎区域长远发展的重要问题,也是关系家庭居住地区选择的重要问题,如果教育能力不能满足区域的需求,可能导致人口的减少。通过生师比数量和在校学生与相应年龄组人口的关系推算教育人口承载力。其公式为:

$$教育资源人口承载力 = \left[\sum_{i=1}^{i}(T_i \times S_i/P_i)\right]/W \quad (i = 1,2,3)$$

其中,$i=1$ 为小学,$i=2$ 为初中,$i=3$ 为高中(包括职高),T_i 为相应组别教师数量,S_i 为相应组别师生比标准,P_i 为相应组别学生占相应年龄组人口比重,W 为所有年龄组人口之和占总人口比重。(小学年龄组为 7~12 岁,初中年龄组为 13~15 岁,高中年龄组为 16~18 岁)。

门头沟区现有高中阶段教师 373 人,初中阶段教师 650 人,小学阶段教师 1158 人,根据教育部的有关规定,三个教育类别的师生比应该分别为 1∶12.5、1∶13.5、1∶19,则推算出门头沟区高中、初中、小学分别可容纳学生 0.7 万、0.9 万和 2.2 万,按照北京市 2010 年各教育类别占相应年龄组的人口比重状况(65.0%、96.8%、100%)得出门头沟区 7~18 岁年龄组人口应为 3.8 万,按照北京市 2010 年这一年龄组占总人口数的比重计算,则门头沟区可承载人口约为 48.8 万。

(4) 医疗资源人口承载力

医疗环境关系着人们的身体健康,良好的医疗卫生条件也是城市吸引人口集聚的重要因素之一。医疗资源人口承载力可以从医疗床位和医师人数两个方面来看,其计算公式为:

$$医疗资源人口承载力 = 0.5 \times \left(\frac{医疗床位数}{万人床位医疗床位数标准} + \frac{医师人数}{万人医师人数标准}\right)$$

2012 年门头沟区实有医疗床位 2705 张,拥有执业(助理)医师 1110 人。万人医疗床位数标准采用《中国人居环境奖评价指标体系(试行)》规定的 40 张/万人;万人医师人数缺乏相关的国家标准,采用大多数发达国家的实际状况(25~30 张/万人)作为标准。据此计算,门头沟区医疗人口承载力为 59.0 万,区内医疗资源较为丰富。

7.3.3 环境要素承载力

(1) 水环境承载力

水环境承载力是指水环境不被破坏的情况下,所能容纳污染物的最大负

荷。化学需氧量表示在强酸性条件下重铬酸钾氧化一升污水中有机物所需的氧量，可大致表示污水中的有机物量，也是国家规定需要监测的水体中的主要污染物。所以本研究采用化学需氧量指标，计算门头沟区水环境承载力。

水环境的人口承载力由下式测算：

$$水环境人口承载力 = \frac{水污染物排放总量}{万人水污染物排放标准} \times 10000$$

门头沟区2010年万人化学需氧量（万人COD）为204.3吨，根据《北京市统计年鉴》的数据资料，2010年北京市万人COD为46.9吨（见表7-19）。本次研究将以门头沟区的水平为低标准，以北京市的水平为高标准，分别探讨门头沟区水环境承载力情况。

表7-19　2010年北京市和门头沟区部分水环境污染物排放情况

	门头沟区	北京市
化学需氧量（吨）	5925	92000
人口（万人）	29.0	1961.2
万人化学需氧量（吨）	204.3	46.9

根据门头沟区"十二五"规划的要求，区域内化学需氧量需要控制在5214吨，则按照低标准可以承载人口25.5万，按照高标准可以承载人口111.1万，门头沟区COD污染源比较广泛的现实，决定了污染物减排不可能轻而易举就达到高标准的要求。但减少污染物总量排放和人均污染物排放又是必然的趋势和目标，因此本次研究在计算水环境承载力时综合考虑两种情况，认为门头沟区水环境承载力为低标准和高标准情况下的综合值（其中对于现实性更强的低标准指标赋予0.7的权重，对于目标性更强的高标准指标赋予0.3的权重），即为51.2万人。

（2）大气环境承载力

大气环境指生物赖以生存的空气的物理、化学和生物学特性，在人类活动密集的地区，大气质量与人类的生活密切相关。大气质量的优劣受到人类活动的影响，同时又反作用于人类，影响人类的身体健康和生活水平。所以大气环境是衡量某地区承载力的重要因素，尤其是在人类活动较为密集、人口集中、工农业发达的城市地区其作用更为突出。

国家对大气质量的检测主要涉及三类污染物，即二氧化硫、氮氧化物和可

第七章 城市生态涵养区——门头沟区人口优化研究

吸入颗粒物。而北京市二氧化硫和氮氧化物的年均浓度已连续多年达到国家环境空气质量二级标准（适用于城镇规划中确定的居住区、商业交通居民混合区、文化区、一般工业区和农村地区），构成北京市环境污染的首要污染物是可吸入颗粒物。但由于可吸入颗粒物是面源污染，缺乏相应的基础数据，在目前的人口承载力研究中很难利用。本研究采用二氧化硫和氮氧化物两项指标作为大气承载力研究的基础。

大气环境的人口承载力的计算公式为：

$$大气环境人口承载力 = \frac{大气污染物排放总量}{万人大气污染物排放标准} \times 10000$$

门头沟区 2010 年万人二氧化硫排放量为 129.9 吨，万人氮氧化物排放量为 164.7 吨；根据《北京市统计年鉴》的数据资料，北京市相应的两项数据分别为 53.2 吨和 101.0 吨（见表 7-20）。本次研究将以门头沟区的水平为低标准，以北京市的水平为高标准，分别探讨门头沟区大气环境承载力情况。

表 7-20　2010 年北京市和门头沟区部分大气环境污染物排放情况

	门头沟区	北京市
二氧化硫（吨）	3768	104375
氮氧化物（吨）	4775	198000
人口（万人）	29	1961.2
万人二氧化硫排量（吨）	129.9	53.2
万人氮氧化物排量（吨）	164.7	101.0

根据门头沟区的相关规划，到 2015 年区内二氧化硫和氮氧化物排放量分别要控制在 3346 吨和 4059 吨。则低标准下的大气环境承载力（二氧化硫）和水环境承载力（氮氧化物）分别为 25.5 万人和 24.7 万人；高标准下的大气环境承载力（二氧化硫）和水环境承载力（氮氧化物）分别为 62.3 万人和 40.2 万人。综合考虑各种情况，对门头沟区大气环境承载力取二氧化硫和氮氧化物低标准和高标准赋予不同的权重（其中对于现实性更强的低标准指标赋予 0.7 的权重，对于目标性更强的高标准指标赋予 0.3 的权重，而对二氧化硫和氮氧化物之间的权重均赋予 0.5），门头沟区的大气环境承载力为 32.9 万人。

（3）垃圾处理人口承载力

对生活垃圾的处理能力对于城市，特别是大城市的人口规模也有着十分重

要的影响。很多大城市出现了垃圾生产超过垃圾的处理能力,大量垃圾在市郊堆积如山,破坏城市整洁程度,危害城市的大气质量、土壤环境,滋生传染病,危害人民群众的健康。所以测算一个城市的垃圾处理人口承载力也是十分必要的,其公式为:

$$垃圾处理人口承载力 = \frac{垃圾处理量}{人均垃圾产生量}$$

2012年,门头沟区全年的生活垃圾的产量为83738.8吨,无害化处理率为97.26%,则垃圾处理能力为81444.4吨。目前,与门头沟经济发展相似的地区城市人口的垃圾日产量约为0.8kg。按此标准,门头沟区可承载人口27.9万。但是由于生活垃圾处理主要针对城镇地区,所以还应该除以门头沟区的城镇化水平才是实际的承载能力。根据门头沟区"十二五"规划,到2015年门头沟区城镇化水平将达到80%,则门头沟区在垃圾处理能力方面,共计可承载人口34.9万。当然,随着新的垃圾处理项目的建设,垃圾处理人口承载能力也会相应上升。

7.4 人口与经济协调发展下的人口综合承载力

单因素的人口承载力只是根据特定因素的人均标准或经济产值标准进行的简单测算,在现实中,各种资源环境因素交织在一起相互作用,一些要素之间可以替代。据此,采用可能—满意度方法对人口综合承载力进行进一步测算。

7.4.1 门头沟区人口综合承载力测算指标体系的建立

(1)指标选取的原则

第一,典型性原则。所选取的指标必须是能够对人口承载力有影响的指标,是能够很好地代表门头沟区自然资源环境情况、社会资源和经济发展等方面的指标。

第二,科学性原则。各子系统指标体系必须立足于京津冀地区的实际情况,指标概念必须明确,能反映人口承载力与指标之间的相互关系及系统内部结构关系。指标体系要大小适宜,测定方法标准,统计计算方法规范,具体指标能够反映人口与影响因素的内涵,保证评价结果的真实性和客观性。

第三,动态性原则。指标体系需要有一定的发展变化,能够随着不同时期经济社会的发展而变化,以适应不同时期的特点,在动态过程中较为灵活地反映指标与人口承载力之间的关系。

第四,全面性原则。反映人口承载力系统指标体系覆盖面要广,能够比较

第七章 城市生态涵养区——门头沟区人口优化研究

全面地反映人口承载力情况，是一个系统的整体。

第五，可获得性原则。指标体系应该首先切中所要解决的问题，技术上有效而且可行，科学上依据充分，指标和问题之间的关系明确。指标体系要在尽可能简单的前提下，选择易于计算、容易获取的，指标的设置要尽可能利用现有统计指标。

根据以上原则和门头沟区的经济、社会发展及自然资源环境的主要特点和相关数据的可获得性差异，本研究选取了经济因素、社会因素和资源环境因素三个方面的要素，其中经济因素包括了地区 GDP 总量和全社会固定资产投资额两个子要素，社会因素包括了住宅面积、建设用地规模、医疗床位数、医生数和城镇化率五个子要素指标，资源环境因素包括了水资源总量、日生活用水量、生活垃圾处理能力和能源消费总量四个子要素指标。每一个子要素都有来自发展的承载潜力与人口增长之间的一对基本矛盾与之相对应。对于每个子要素，均按照可能和满意两个方面分解成两个指标，分别是总量指标代表的可能情况和人均指标代表的满意情况，因此共有 22 个指标。人口综合承载力结果取决于各个因素可能度与满意度的结合，以及各种因素可能—满意度所决定的承载力的最终并合值。

（2）指标的取值与预测

这里以 2012 年作为基年，预测 2020 年门头沟区人口综合承载力。所用的数据主要来自门头沟区总体"十二五"规划以及各类专项"十二五"规划、《门头沟新城规划（2005—2020）》《北京市门头沟区统计年鉴》和门头沟区各政府部门提供的文件资料等。

根据门头沟区发展规划和实际情况相结合，对 2020 年时的各项指标进行预测。需要赋值的包括各项可能度指标和满意度指标的最大值和最小值。对于可能度的取值，最低值是已经发生的事实，取现状值，即 2012 年门头沟区各项指标实际值，表示能够实现；最高值主要依据了门头沟区各类规划，包括门头沟新城规划以及各类专项规划中给出的具体数据，表示需要通过努力实现的最高目标。关于满意度的取值的上下限，最低值取当前的人均标准，表示能够实现；最大值主要参考了相关规划，同时结合北京市平均生活标准，表示在最大值状态下人们感到最满意。此外，一些在规划中未给出的数据，本研究是根据各政府部门提供的数据进行线性拟合得到的。具体指标及数据见表 7-21 所示。

表7-21 2020年门头沟区可能度与满意度指标及临界值

要素	子要素名称	性质	最低值	最高值
经济因素	GDP总量（亿元）	可能度	115.53	368.69
	人均GDP（万元）	满意度	3.77	11.89
	全社会固定资产投资（亿元）	可能度	190.70	412.18
	人均固定资产投资（万元）	满意度	6.40	9.21
社会因素	医疗床位数（张）	可能度	2705.00	2806.00
	千人医疗床位数（张）	满意度	9.07	9.20
	医生数（人）	可能度	1110.00	1337.00
	千人拥有医生（人）	满意度	3.70	4.00
	城镇人口（万人）	可能度	25.50	30.60
	城镇化率（%）	满意度	85.57	90.00
	建设用地（公顷）	可能度	9175.82	10900.00
	人均建设用地（平方米）	满意度	307.91	330.00
	住宅面积（万平方米）	可能度	438.20	606.61
	人均住宅面积（平方米）	满意度	14.70	21.57
资源环境因素	水资源总量（万立方米）	可能度	3103.00	3322.60
	人均水资源量（立方米）	满意度	104.13	150.00
	日生活用水量（万立方米）	可能度	5.27	6.21
	人均日生活用水量（升）	满意度	140.00	214.00
	能源消费总量（万吨标准煤）	可能度	65.16	70.30
	人均能源消费量（吨标准煤）	满意度	2.30	2.36
	生活垃圾日处理能力（吨）	可能度	215.33	324.72
	人均生活垃圾日产生量（公斤）	满意度	0.72	1.0

7.4.2 门头沟区人口承载力的测算结果与分析

通过将上述指标代入可能—满意度相应的公式，计算得到2020年不同可能—满意度下门头沟区各指标的人口承载力结果。

在不同的可能—满意度下，门头沟区人口承载力的制约因素不同（如表7-22）。当可能—满意度在0.8以上时，最大的限制因子是GDP的增长量，即GDP总量和人均GDP增长之间的相互关系是门头沟区人口承载力的主要短板

第七章 城市生态涵养区——门头沟区人口优化研究

因素；当可能—满意度在 0.8 以下时，最大的限制因子是水资源量，即水资源总量与人均水资源占有量之间的相互关系是门头沟区人口承载力的主要短板因素。

表 7-22　2020 年门头沟区在不同可能—满意度下的人口承载力

单位：（万人）

	0.1	0.2	0.3	0.4	0.5	0.6	0.7	0.8	0.9
GDP	74.94	58.97	47.17	38.11	30.92	25.09	20.25	16.19	12.71
全社会固定资产投资	58.38	52.84	47.73	43.01	38.62	34.54	30.73	27.17	23.84
医疗床位数	30.78	30.63	30.47	30.32	30.16	30.01	29.86	29.71	29.55
医生数	35.24	34.35	33.48	32.62	31.78	30.95	30.13	29.32	28.53
城镇化	34.98	34.21	33.45	32.70	31.95	31.21	30.48	29.76	29.04
建设用地	34.59	33.80	33.01	32.24	31.47	30.72	29.97	29.24	28.52
住宅面积	38.33	35.64	33.18	30.91	28.81	26.86	25.05	23.37	21.79
水资源总量	30.36	28.94	27.62	26.41	25.28	24.24	23.26	22.35	21.49
日生活用水量	41.49	38.85	36.55	34.40	32.43	30.62	28.95	27.40	25.96
能源消费总量	30.26	29.96	29.66	29.36	29.07	28.77	28.48	28.19	27.90
生活垃圾日处理能力	41.95	39.03	36.31	33.77	31.40	29.18	27.09	25.13	23.28

在不同可能—满意度情况下各项因素的变化幅度是不同的，其中 GDP、全社会固定资产投资等经济指标的变化率较大，社会因素和资源环境因素中的指标普遍变化不是很明显，见图 7-15。

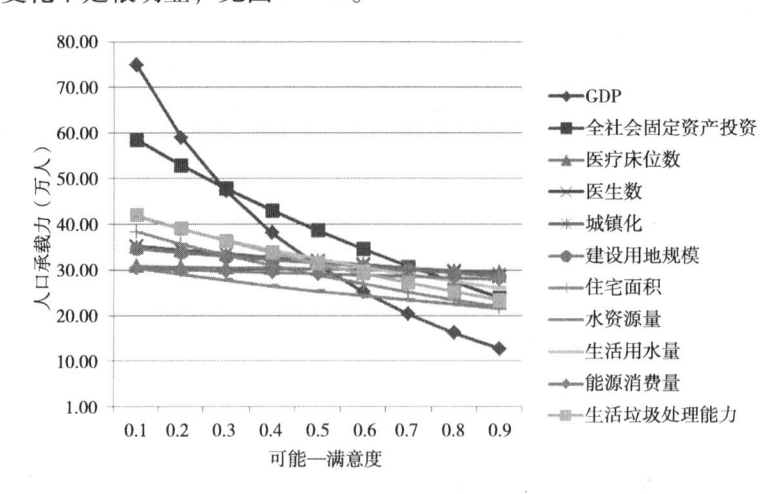

图 7-15　2020 年门头沟区人口承载力可能—满意度曲线

设定可能—满意度达到 0.6 时是尚能接受的情况，在这一状态下，门头沟区2020 年的各因素人口承载力大致为：水资源量对人口承载力的压力最为突出，仅为 24.24 万人；GDP 的人口承载力为 25.09 万人；住宅面积指标同样承载力较小，为 26.86 万人；有两个因素的人口承载力介于 28 万人和 30 万人之间，分别是能源消费量 28.77 万人和生活垃圾处理能力 29.18 万人；有五个指标的人口承载力介于 30 万人和 32 万人之间，分别是日生活用水量 30.62万人、建设用地规模 30.72 万人、城镇化 31.21 万人、医生数 30.95 万人和医疗床位数 30.01 万人；全社会固定资产投资方面承载力最大，为 34.54 万人。见图 7-16。

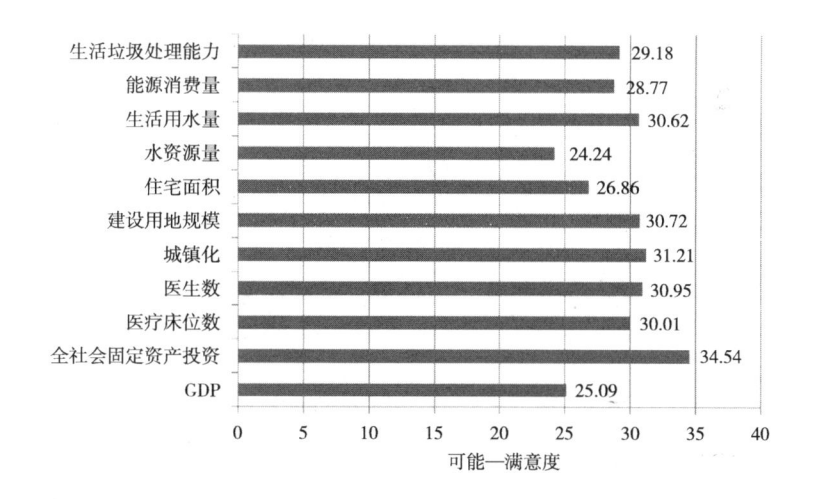

图 7-16 可能—满意度在 0.6 时的门头沟区各因子人口承载力

7.4.3 门头沟区不同人口承载因素组合下的人口承载力

将各种人口承载因素进行组合计算人口承载力，就是认为各因素可以相互补偿，利用一些承载力相对"富裕"的指标来弥补承载力相对"匮乏"的指标，也就是采用各因子的加权平均值。由于所挑选的每一项指标都对人口承载力有很大的影响，所以这里按照多种情况对各要素之间设定不同权重进行加权，而各要素中的子要素则按照相同权重进行加权计算，可以有以下四套不同权重的方案。

方案一：经济因素、社会因素和资源环境因素可以互补，即这三个因素同等重要，其总适度人口规模的加总公式为：

第七章 城市生态涵养区——门头沟区人口优化研究

总适度人口 =（1/3）×经济人口 +（1/3）×社会人口 +（1/3）×环境人口

方案二：经济因素比其他两个因素更重要，即经济因素的权重比其他两个的大，其总适度人口规模的加总公式为：

总适度人口 =（1/2）×经济人口 +（1/4）×社会人口 +（1/4）×环境人口

方案三：社会因素比其他两个因素更重要，即社会因素的权重比其他两个的大，其总适度人口规模的加总公式为：

总适度人口 =（1/4）×经济人口 +（1/2）×社会人口 +（1/4）×环境人口

方案四：资源环境因素比其他两个因素更重要，即资源环境因素的权重比其他两个的大，其总适度人口规模的加总公式为：

总适度人口 =（1/4）×经济人口 +（1/4）×社会人口 +（1/2）×环境人口

当各要素中的子要素之间能够相互补偿时，得到的门头沟区三个要素的人口承载力如图7-17所示。

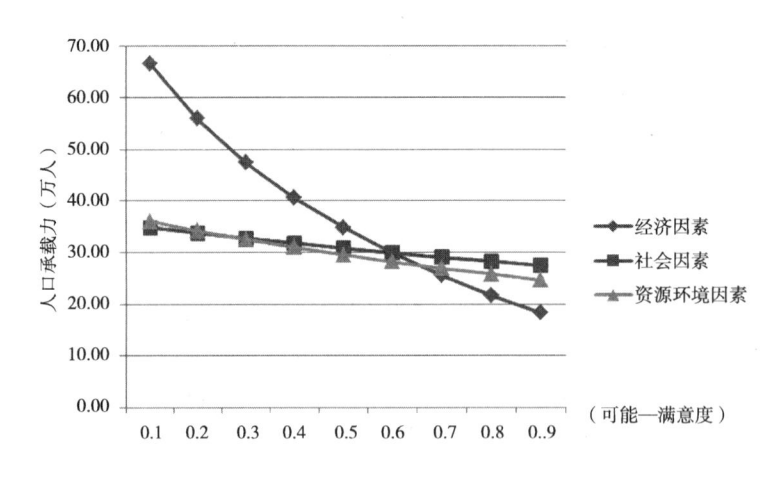

图7-17　2020年门头沟区三大要素合并后的人口承载力

可以看出，在可能—满意度较低时，人口承载力受到来自资源环境因素和社会因素的约束较大，并且两者随着可能—满意度取值的增长，人口承载力下降缓慢。当处在可能—满意度较高水平的情况下，人口承载力受到来自经济因素的约束较大，约束性超过社会因素和资源环境因素，说明经济生活对人口依

然有较强的约束。

进一步地，当各要素之间能够相互补偿时，得到门头沟区在2020年的综合人口承载力。当在不同考虑前提下，门头沟区2020年在不同可能—满意度时的人口承载力计算结果如表7-23所示。

表7-23 不同考虑前提下不同满意度门头沟区2020年人口承载规模

方案	考虑因素			不同可能—满意度下2020年人口承载规模（万人）								
	经济因素	社会因素	资源环境因素	0.1	0.2	0.3	0.4	0.5	0.6	0.7	0.8	0.9
I_1	所有因素可以相互补偿			45.82	41.28	37.57	34.43	31.72	29.32	27.18	25.24	23.47
I_2	经济因素比其他因素重要			51.03	44.93	40.04	35.96	32.48	29.44	26.76	24.35	22.17
I_3	社会因素比其他因素重要			43.06	39.39	36.36	33.76	31.50	29.48	27.66	26.00	24.48
I_4	资源环境因素比其他因素重要			43.37	39.51	36.31	33.57	31.17	29.04	27.12	25.37	23.77

由表7-23可知，在门头沟区2020年的人口承载力预测中，将经济、社会和资源环境因素视为同等重要的第一方案所测算的人口规模在不同可能—满意度下的变动范围为23.47万~45.82万人；认为经济因素比其他两因素更重要的第二方案所测算的人口规模在不同可能—满意度下的变动范围是22.17万~51.03万人；认为社会因素比其他两因素更重要的第三方案所测算的人口规模在不同可能—满意度下的变动范围是24.48万~43.06万人；认为资源环境因素比其他两因素更重要的第四方案所测算的人口规模在不同可能—满意度下的变动范围是23.77万~43.37万人。

除此之外，当可能—满意度取0.6时，即认为处在尚能接受的水平时，此时的人口规模达到最大，可称为适度人口规模。四个方案中，第三方案（即侧重社会因素）所预测的适度人口规模最高，为29.48万人；第四方案（即侧重资源环境因素）所预测的适度人口规模最低，为29.04万人；第二方案（即侧重经济因素）所预测的适度人口规模略低于第三方案，为29.44万人。第一方案（即所有因素可以相互补偿）所预测的适度人口为29.32万人。可以看出经济因素和资源环境因素在提高京津冀地区适度人口规模方面起到了一定的限制

第七章 城市生态涵养区——门头沟区人口优化研究

作用。如图 7-18 更加直观地反映出来。

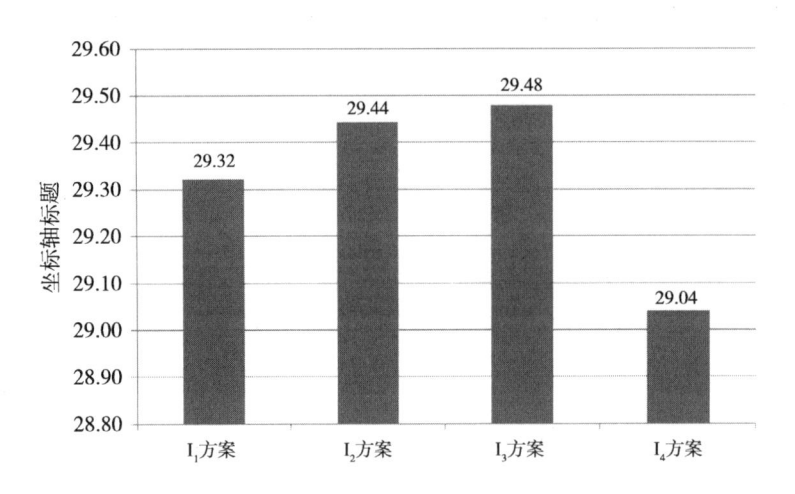

图 7-18 不同方案下门头沟区 2020 年适度人口规模

7.5 人口与经济协调发展下与资源环境承载力比较分析

7.5.1 各单要素承载力情况研究

（1）制约门头沟区人口规模的最主要要素是生态资源

通过前文的分析，可以发现门头沟区单要素承载力有着社会资源较为充足而生态资源要素较为欠缺的特点，制约门头沟区人口规模的最主要要素是能源和水资源（见图 7-19）。

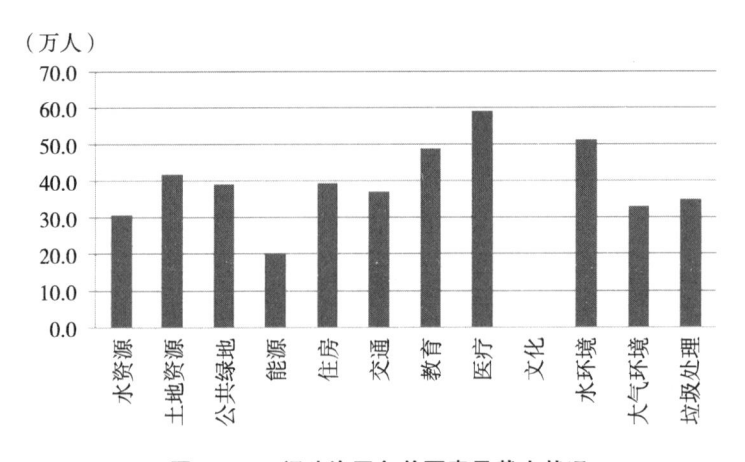

图 7-19 门头沟区各单要素承载力状况

北京是大了还是小了
——人口与经济协调发展优化研究

在能源方面，由于门头沟区的经济发展水平与北京市的平均水平还有一定的差距，导致在能源使用结构上也存在着较大的差异，能源使用量较低，目前的能源供求矛盾可能尚不突出。但是随着经济的进一步发展和人民生活水平的提升，人均能耗水平也会随之增加。事实上，能源是可以跨区域调动且调动技术最为方便的资源，用输入能源供给本地人口是必然趋势，因此及时做好能源的引进和储备工作对门头沟区的人口与经济协调发展具有深远意义。

在水资源方面，门头沟区面临着十分严重的缺水问题，由于水资源的空间调配难度较大（即使在南水北调东线工程贯通后，北京市的缺水问题也不能得到根治），水资源的总量相对是比较稳定的，而人口规模是在扩大的，所以人均水资源占有量和人均用水量也会越来越低，水资源的供需矛盾会长期存在。加之，生态涵养区建设过程中生态用水量的上升，门头沟区的水资源压力较大，开发水资源、保护水资源、使用节水技术充分利用水资源仍是需要长期坚持的。

在土地资源和公共绿地资源的人口承载力方面，门头沟区还有较大空间。但要注意门头沟区山地面积大、新城区面积小的特点，避免人口在快速城镇化过程中可能出现的局部土地资源不足，要通过提前规划、合理利用保持土地资源的有序供给。门头沟区的公共绿地比较充足，但是由于生态涵养区的性质，城市绿化建设也十分重要。

（2）环境要素承载力也是限制门头沟区人口规模的重要因素

除了能源和水资源之外，门头沟区的大气环境承载力和垃圾处理承载力也接近饱和的状态。

本研究计算大气承载力采用的是国家规定在"十二五"期间检测总量的二氧化硫和氮氧化物两项指标，而包括门头沟区在内的整个北京市甚至华北地区最严重的大气污染物是可吸入颗粒物，可以说门头沟区实际的大气承载力要比目前的预测值更小。虽然近年来门头沟区的大气环境有所改善，但是根据北京市统计局公布的数据，2012年门头沟区的二氧化硫、二氧化氮和可吸入颗粒物的年均浓度值均为五个生态涵养区中最高的，大气治理仍须进一步加强。

垃圾处理人口承载力，从目前的情况看也较为有限，但是通过新的综合处理设施的建立、新的垃圾处理技术的使用是可以有效缓解这一问题的。

水环境的人口承载力虽然较大，但是并不意味着门头沟区水环境的问题不突出，仅从资料来看，门头沟区的万人COD在全市居前列，水污染较为严重，治理水环境不能放松。

第七章 城市生态涵养区——门头沟区人口优化研究

(3) 门头沟区社会资源供给相对充足

与生态资源和环境相比，门头沟区的社会资源比较丰富，尤其在教育资源、医疗资源上，至少在数量上都是可以在相当长的时间内满足人口的基本需要的，提高的方式主要应该放在质量上。在住房方面，如果能够按照规划完成既定的住房建设目标，那对人口的住房供给也是比较充足的，但是应该想办法降低住房闲置率，减少住房市场的结构性矛盾。

在门头沟社会资源中，供给相对短缺的是交通资源。由于门头沟区地形复杂，尤其是山区面积较大，这对城市交通发展的限制较大，门头沟区的公路里程、路网密度也难以在短时间内取得"大跨越式"的增长。而根据门头沟区发展的定位，要加强城乡互补、互动，打造生态商务区和文化休闲区，要发展包括批发与零售业、住宿和餐饮业、房地产业、交通运输业的第三产业，都离不开市政交通建设。所以提高公路里程、增大路网密度，增加区域内部和到邻近区域尤其是首都功能核心区的便捷性既是区域发展的要求，也是满足人口需求的要求。

7.5.2 综合承载力状况研究

(1) 可能—满意度为 0.6 时的人口承载力状况

2020 年，当可能—满意度取 0.6 时，在考虑所有各种指标均能同时满足的条件下，门头沟区人口承载力为 24.2 万人；在考虑各要素内部能够互补的条件下，门头沟区适度人口规模最大为 28.2 万；在考虑各要素之间能够互补的条件下，门头沟区适度人口规模最大为 29.3 万（见图 7-20）。

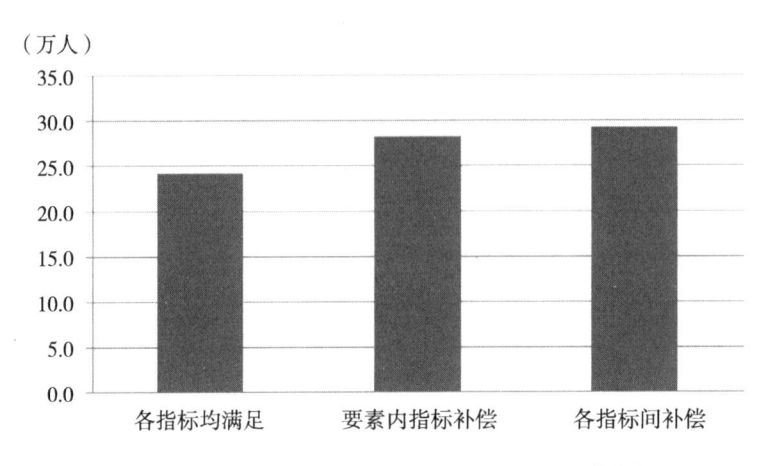

图 7-20 2020 年可能—满意度为 0.6 时人口承载力状况

由以上测算结果可以看到，在可能—满意度为0.6时，制约人口规模的最主要要素是自然资源要素，而经济要素和社会要素的状况要优于自然资源要素，这与单因素承载力分析的主要结论是一致的。

(2) 更高的可能—满意度要求更合理的经济发展方式

2020年制约门头沟区人口承载力的因素中，当可能—满意度较高时，经济因素相比于其他因素而言制约作用更加明显；当可能—满意度较低时，以水资源为代表的资源因素和以住宅为代表的社会因素成为制约的主要因素。这与门头沟区的区域定位要求在本质上也是一致的，基本的功能定位是生态涵养区，所以如果人口规模较大，以至于生态环境要素不能满足人民群众的要求和期许，满意度就会低，相应的可能—满意度也就处在较低的水平。而当生态环境建设达到一定水平，满足人们期许之后，能够提升人民满意度的就是经济发展水平，劳动生产率越高，每个人创造的价值越大，收入水平越高，人民的满意度就越高，相应的可能—满意度水平也就越高。所以要在门头沟区实现更高的可能—满意度水平，保护生态环境、合理利用资源是基础，转变经济发展方式、提高劳动生产率是关键，保持稳定（甚至较小）的人口规模是在人口方面的具体表现。

第八章 国外典型超大城市人口与经济优化的做法与启示

国外一些大城市如莫斯科、纽约等，在其长期的发展过程中，也都出现过人口规模膨胀问题，人口规模控制也各自具有一套办法。"他山之石，可以攻玉。"本章以莫斯科、纽约、巴黎、东京和首尔为例，通过分析其城市人口规模控制的做法与经验，以期对京津人口规模控制创新提供方法的借鉴和有益的启示。

8.1 莫斯科

8.1.1 莫斯科的人口变化

莫斯科（Moscow），俄罗斯首都，是全球最大的城市之一，是俄罗斯政治、经济、科学文化及交通中心，也曾经一度经历了人口的快速增长。

表 8-1 莫斯科人口变化情况　　　　　单位：（万人）

年份	1917	1939	1945	1959	1970	1979	1989	1993	1997	2000	2007	2010
人口	185.4	454.2	320	605	707.7	801.1	897.2	871.7	863.9	838.9	1047.3	1151.4

数据来源：http://baike.baidu.com/link? url.

从表 8-1 可以看出，莫斯科的人口从 1917 年十月革命后的 185.4 万，一直增长到 1989 年的 897.2 万，此后逐渐降低。到 2000 年，人口总数降到 838.9 万。此后，莫斯科人口又开始大幅回升，到 2010 年已达 1151 万。

莫斯科的城市人口随着国民经济的迅速发展不断增长。20 世纪 20 年代末到 30 年代末的 10 年间，莫斯科已逐渐成为巨大的工业中心。随着工业的迅速发展，吸引了大量移民，就业人员的年平均增长速度高达 24.8%，总人口每年平均增长 11.5%。1941—1945 年，由于苏联卫国战争牺牲和更多的人迁往后方，使得莫斯科人口减少了 41%，1945 年仅为 320 万人。卫国战争结束后，城市重建迁入大量劳动人口，保证了建设的需要。此外，一些机关、科研机构的

回迁也使人口规模上升。到 1959 年，莫斯科的人口规模达到了 605 万。进入 20 世纪 60 年代后，莫斯科的人口增长出现了比较稳定的局面，1960—1971 年莫斯科人口增长为 28 万，但同期人口迁入就有 87 万。20 世纪 70 年代后，莫斯科人口的迁移增长尽管在绝对数量上位于全国第一，但总人口增长速度是苏联百万人城市中最低的，为 13%。莫斯科总人口于 1989 年达到了一个峰值，此后就逐年下降。进入 21 世纪，莫斯科人口又步入了上升趋势，主要是迁入人口不断增加。

8.1.2 莫斯科的人口调控与优化

（1）早期的人口调控（1917—1990 年）

十月革命后，苏维埃政府对莫斯科进行了大规模的扩建与改造，一方面大力发展工业，另一方面注重城市规划。从 1917 年以来，莫斯科的规划大致经历了以下三个阶段。

第一阶段（1918—1931 年）。随着国内战争的结束，政府集中力量进行住宅及其他市政设施的建设，城市的发展方针是以发展生产为第一位。当时把市郊的大约 50 万的劳动人民从贫民窟迁入城市中心地区。在这种情况下，城市人口急剧增长，人口从 1917 年的 185 万增长到 1931 年的 280 万。

第二阶段（1931—1959 年）。因为城市规模的迅速扩大，给莫斯科的发展带来了一系列的问题。因此，当时的苏共中央给莫斯科制订了十年发展规划图。其中总规划的内容包括：规定城市发展的极限规模限制在 500 万人左右；发展公共交通，继续修建地铁，等等。总体规划对城市建设起了很大的作用，尤其是城市的地铁建设，当时承担了全市客运量的 60%。但是，因为城市产业的发展，对劳动力需求不断增加，人口不断增加。虽然卫国战争中人口减少到 320 万，但到 1959 年，城市人口已增加到 605 万，大大超过了总规划中的 500 万人口。

第三阶段（1961—1990 年）。对总规划进行修改，最后确定城市总人口控制在 800 万以内，合理划分莫斯科市综合规划区。实行多中心规划的方法，减少人流过分集中到市中心，把劳动地点和居住地点平衡起来，从而把功能复杂的城市变为相对简单而又不紧张的城市。但是，人口发展速度仍然较快，到 1984 年总人口已达到 853 万。

在这期间，莫斯科还积极发展卫星城，通过建立卫星城的方法疏散市区人口，这使得莫斯科外围城镇人口迅速增长。1959—1981 年，市区人口增长了 1/3，而周围城镇人口增长率为 76%，比市区增长率大一倍。莫斯科的卫星城

规划得较好，与良好的交通有很大的关系，尤其是它的地铁系统。目前，莫斯科地铁的载客量占市内交通载客量的60%，地铁全线262公里，162个车站，运营里程居世界第五位，每天运载900万人次。1935年，第一条地铁线双线11.6km，到1944年已达到38km。全市有7条辐射线和一条环线地铁，环线位于市中心，沿途人口稠密，与辐射线相连。全市的地铁运行效率很高，从市区边缘到市区中心只要1个小时，且票价低，为缓解莫斯科交通紧张发挥了很大作用。

（2）近期的人口调控（1990年至今）

莫斯科近期的人口调控主要采用了以下两项。

第一，置换第二、第三产业。随着经济的转型，原有的飞机修理厂、汽车制造厂等传统工业企业大多数都亏损，对莫斯科的经济发展贡献逐渐减少，并且这些传统产业占地多，环境污染严重。取而代之的金属加工、机械制造、轻工、金融、教育和科研，成了莫斯科发展的主要推动力量。莫斯科市政府实施了置换第二、第三产业的计划，即将市区的一些传统工业企业分期分批地迁到城市郊区的卫星城，为新兴产业腾退空间；或者干脆将土地变为绿地，以改善城市中心区生态环境。实现了以产业转移带动人口转移的效果。

第二，提升交通便捷度。在世界各大都市中，莫斯科的交通算是比较发达的，但统计表明，莫斯科每天上路的汽车约300多万辆，早、晚高峰期间城市中心主要街道车速只有12km/每小时左右，且交通拥堵与汽车尾气引起的污染环境的问题越加严重。面对这一问题，政府采取了"标本兼治"的方法。"治标"方案是建立一个新的现代化市中心。新中心在莫斯科河畔，建有高层写字楼、饭店、旅馆、商场及综合性服务楼，是莫斯科新的信息、金融和国际机构办公中心，这样有利于疏散人口密度，减少对老市中心的依赖，从而减轻老市中心的交通拥挤状况。"治本"方案是指新建一些郊区火车和地铁线，增加街道的长度；合理规划公交线路，提倡市民出行使用地铁和公交车等交通工具；还将城市中心的一些道路改为单行线，以增加车辆的行驶速度。此外，莫斯科还在2010年前建成一条55km长的环城轻轨铁路。

可见，莫斯科在人口调控方面带有明显的行政干预痕迹，同时辅以经济手段；政府加强统一管理，政策制定后通过严格审批而得到落实。

8.2 东京

8.2.1 东京人口增长及分布

东京人口增长是从第二次世界大战后开始的。从战后到20世纪60年代增

长速度最快，1945 年"二战"结束时仅为 349 万人口，到 1962 年增长到 1018 万人，2010 年增长到 1301 万人（见表 8-2）。东京政府在发展经济的同时也采取措施试图控制人口的增长，但效果并不明显。

表 8-2 东京人口增长 单位：（万人）

年份	1945	1962	1970	1980	1990	1996	2000	2001	2002	2010
人口	349	1018	1141	1152	1186	1179	1206	1217	1233	1301

数据来源：http://baike.baidu.com/link? url.

8.2.2 东京人口调控与优化历程及措施

（1）战后复兴期（1945—1955 年）

"二战"后，盟军计划将日本工农业水平控制在 20 世纪 30 年代水平，拆除了东京一些战后残存的工业生产设备。同时由于农产品的短缺，战时疏散到农村的人口，在战后控制城市人口流入的政策下，大部分还滞留在农村。日本刚投降不久就提出了"帝都再建方策"，其主要内容包括：制订人口规划、土地利用规划和设施规划；城市人口的规划目标以 300 万人为基础，加上自然增长的人口总计为 500 万左右；为了控制东京与卫星城的人口增长，将主要城市之间的中间地带规划为农业地区。

1950 年开始，由于国际形势变化，美国放松对日本的控制，又因为当时朝鲜战争爆发，日本获得大量订单，因此日本经济开始起步。随着工业建设的急速发展，对港口、道路建设投资的不断增加，同时疏散在农村地区的人口回流，东京人口迅速增长，从 1950 年~1955 年 5 年内，人口就增长了 173 万，其中 70% 属于迁移增长，以 25 岁以下年轻人所占比例最高。1955 年制订的《首都圈构想草案》，规定了市区控制工业用地规模以疏解产业和人口；通过采取高层建筑的方式提高土地利用率。

（2）高速增长期（1955—1970 年）

从 1955—1970 年的经济高速增长期，各类产业设施进一步向东京和首都圈地区聚集，导致居住环境恶劣、开敞空间缺乏、基础设施不足、城市交通拥堵等城市病更加严重。因此，1958 年《第一次首都圈整治规划》和 1963 年《东京都长期规划》中，都提出了规划的首要任务是"控制并疏解过度集中的人口和产业设施"。1959 年通过《工业等控制法》，主要是通过疏散产业进而达到疏解人口的目的。对于规模以上的工业、大学等设施的新增项目在首都圈内的部分城市进行控制。实施后，工业设施建设与扩张受到严格限制，尤其是

大型工厂,逐渐向地价比较低的地方迁移;同时设立"城市开发资金制度",鼓励各级地方政府设立专项资金,收购搬迁后的土地,进行公园、绿地等建设。进入20世纪60年代后期,东京人口增长明显放慢,1965—1970年人口增加了60万,远远低于1955—1960年、1960—1965年的增长数量。随着经济的发展,东京周边地区经济发展很快,并且伴随着东京市区很多大型企业的搬迁,就业机会增加很多,减少了人员流动,导致外地迁入东京的人数相对减少。同时,由于市区地价昂贵,住房困难,交通混乱,年轻人和成家青年由市区向离城区30km外的地方搬迁。

此间,东京获得了1964年第18届奥运会的举办权。在东京城市问题日益严重的情况下,举办奥运会成为推进大规模城市基础设施建设、解决城市问题的一次良机。在此后两年的1966年,东京地方政府公布了《今后的东京——20年后的展望》,提出了东京的城市政策不应消极控制,而应该积极引导,并由过去控制大城市的理念转向建设大都市圈。

(3) 稳定增长期(1970—1990年)

随着城市经济的发展和国际经济环境的变化,特别是20世纪70年代两次石油危机的影响,作为经济先导的工业发展受到较大的负面影响。此外,1985年日元的升值使东京与纽约、伦敦一样成为世界金融中心,这一时期证券、金融、房地产、建筑等第三产业的就业人口迅速增长,住房价格上升。面对东京"一极集中"的矛盾日益突出,在原先发展副中心的设想基础上,逐渐形成了"多核心型"的城市结构理论,即控制商务功能向中心区继续集中趋势,促进就业与居住在一个城市。但是许多核心城市发展的项目至今仍未完成,或者只是完成了建设项目,还没有达到规划目标的产业、居住和就业的规模。例如"横滨未来21世纪港"到2001年共完成了60%的规划项目,就业人口达到5万人,离目标规划的19万人还有很大差距。

8.3 巴黎

8.3.1 巴黎人口变化情况

巴黎是法国的首都,全国的政治、经济和文化中心。狭义上的巴黎指巴黎市区,广义的巴黎还包括近郊的三个省和远郊的四个省,俗称"大巴黎"。巴黎市区从1872年~1962年人口逐年增加,从1962年开始就逐年减少。进入21世纪以后,巴黎市区人口出生率不断增加,人口出现回升。城市经济的发展对巴黎人口的变化起着非常重要的作用(见表8-3)。

表8-3 巴黎市区人口变化　　　　　　　　　　　　　单位：（万人）

年份	1872	1891	1911	1946	1954	1962	1975	1982	1990	1999	2004	2011	2012
人口	185.1	244.8	288.8	272.5	285.	275.3	231.7	218.9	215.2	212.5	214.2	225.8	248

数据来源：http://www.cnfrance.com/info/jingcai/20120114/6585.html.

第二次世界大战后，巴黎的发展经历了以下四个阶段。

第一阶段是20世纪50年代，经济活动和产业布局向巴黎飞快地集中。表现为巴黎的劳动就业人口大量增加，这期间平均每年增加就业54000人，而全国其他地区每年减少28000人。

第二阶段，从20世纪60年代初到70年代中期的能源危机。该阶段，巴黎处于经济的上升和调整期间。在市区国土整治的政策下，巴黎工业大量外迁，城市产业高度集中的状况得到明显改变，就业增长人口下降为平均每年增长46000人，其中主要原因是由于第三产业发展的结果。

第三阶段是能源危机后，城市工业经历了压缩调整期。其间工业就业人口大大减少，产业向"高精尖"发展；而第三产业受能源影响小，比重越来越大。

法国没有户籍制度，允许自由选择居住地址和职业，人口的流动非常自由，所以对人口不容易进行行政控制。在产业飞快集中时期，吸引了大量人口从全国各地集中到巴黎地区，使得其人口迅速增长。此后，随着巴黎市区人口已经达到了超饱和状态（1982年人口密度为20647人/km^2），生活环境质量大大下降，市区的居民纷纷向郊外迁移，再加上产业的调整，使得巴黎市区人口数逐年减少。

第四阶段是进入21世纪以后，巴黎城区婴儿出生率显著上升。和法国其他地区相比，巴黎妇女的生育率要高得多，由此带动巴黎城区人口逐渐回升。

8.3.2　巴黎人口规模调控政策

巴黎人口的调控以经济手段为主，辅以行政手段，并特别注重城乡的协调发展，通过城市周围乡村的发展，减轻人口向城市流动的压力。

巴黎城市工业布局变化一般有三种形式：企业的自然兴衰；工业搬迁远离市区；工业外迁离开巴黎地区。其中，第二种情况，即工业搬迁远离市区更有意义，因为它决定了巴黎地区工业布局变化的总趋势。在工业搬迁的过程中，包括自身因素和外在因素。自身因素一般指企业为了发展的需要，为了寻求更好的原料供给和交通运输，而把企业外迁。当然，巴黎日益高涨的地价也是企业考虑的一个非常重要的原因。外在因素，指市政当局为了合理地规划城市，

借助了行政手段进行产业调控。行政手段主要包括以下几项。

(1) 限制性措施

通过限制在巴黎地区建立新产业。巴黎地区各类产业的建筑用地，从规定的限额起，均须由"外迁委员会"发给许可证，非经许可不得建设。外迁委员会优先考虑有利于新城建设的项目和有利于巴黎城市规划的实施，征收建筑用地税，新建产业按建筑面积征税。征税标准因地区而异。为了促使新产业按城市规划要求定向布局，严格限制的市区征税标准高，鼓励发展的郊区征税标准低。例如，为了加速第三产业的外迁和鼓励促进中小企业的发展，建议取消工业用地的征税，同时将办公用地的征税标准提高了将近1倍。

(2) 鼓励性措施

主要是通过提供各种财政补贴鼓励巴黎地区的产业迁往外地。这些财政补贴种类主要有：地区发展补贴，旨在鼓励工业外迁，根据地区不同和提供就业机会的多少，补贴金额可以达到其投资总额的12%~25%；第三产业和研究部门的外迁补贴，按提供就业机会的多少发放；企业外迁补贴，包括负担一部分的搬迁费用。

8.3.3 城乡协调发展的主要措施

1993年法国的城市化率已达95%以上，但巴黎城市化并不是消灭农村，而是在城乡协调、共同发展的基础上实现城乡一体化。第一，通过城市总体规划和土地利用计划控制城乡土地使用，促进城乡发展相互协调，防止城市对土地无限制占用，从而尽可能地避免城市过度膨胀。第二，将农田作为绿地引入城区内及城市周围，"建设没有郊区的新城"，这种规划一方面有利于城市绿化，另一方面也使农业得到发展。第三，保护农业，对从事农业的人员给予多方面的支持。例如，巴黎大区政府出资购买土地，并建设好基础设施，之后将土地分成两公顷大小的地块，以较低的价格卖给农业经营者。

8.4 纽约

8.4.1 纽约人口发展动态

作为世界特大都市之一，纽约是美国最大的商业、金融和文化中心。纽约有两个概念：一是小纽约，即完整的行政区域，面积为930km^2；二是大纽约，即人们约定俗成的纽约，面积为32400多 km^2。大纽约地区除纽约市所属的曼哈顿、布朗克斯、布鲁克林、昆士和斯坦腾岛5个区之外，还包括纽约州、新泽西州和康涅狄格州等州的26个县市。

北京是**大**了还是**小**了
——人口与经济协调发展优化研究

从 19 世纪末到 21 世纪初纽约人口持续增加,主要原因是工业革命和城市经济的发展以及外来人口的迁入,对纽约人口的增长产生了重要影响,如表 8-4 所示。

表 8-4 行政区域上的纽约人口变化 单位:(万人)

年份	1880	1900	1920	1930	1940	1950	1980	2000	2005	2013
人口	191.2	334.7	562.1	693	745.5	789.2	707.2	800.8	830	883.6

数据来源:http://zh.wikipedia.org.

纽约城市发展和人口控制过程中的显著特点是先实行城市化,之后由城市化向城郊化过渡。主要经历了以下四个阶段。

(1) 城市人口规模急剧膨胀阶段(19 世纪末到 20 世纪 40 年代)

到 1940 年纽约人口为 745.5 万,是 1880 年的近四倍。造成这一时期人口增长和城市规模扩大的原因主要有以下几点:第一,城市规模通过区域合并而增大。1898 年,曼哈顿、布鲁克林、昆士、布朗克斯和斯坦腾岛五区合并后称为纽约市,面积 930 平方公里,人口约 336 万,成为当时仅次于英国伦敦的世界第二大城市。第二,工业革命加速了城市化进程。19 世纪末期,居于纽约周边农村地区的农业人口快速向纽约市迁移,纽约城市化的进程加速。资料表明,从 1860 年~1910 年的 50 年间,美国城市人口增加了七倍,而农村人口仅增加了一倍。第三,海外移民的大量迁入。从 1820 年~1920 年的 100 年间,纽约海外移民累积达到 1130 万人,最高时占全市人口比例 50% 以上。海外移民的进入决定了纽约的人口增长不同于伦敦、巴黎、东京等城市,海外移民是其人口增长中很重要的一部分。

城市人口增长迅速,城市化进程加快导致了严重的城市问题出现。首先是产业和人口集中于城市中心,导致拥挤程度严重。1921 年,房屋无法满足 600 多万人口的居住需求,因而住宅非常拥挤。其次,人口过快增长对城市交通建设造成了巨大压力。加上私人汽车的增加使交通问题日益严重,城市化的弊端不断显露,城郊化成为必然。

(2) 城市居住功能郊区化阶段(20 世纪 50 年~60 年代)

1940 年之前,人们工作生活主要集中在纽约市中心。但随着纽约城市人口规模急剧膨胀,居住生活环境严重恶化,中产阶级多倾向于在纽约郊区购房或建房。公路的发展,使公交汽车和小汽车成为人们出行的主要工具,使中产阶级到郊外居住的愿望成为现实。

第八章 国外典型超大城市人口与经济优化的做法与启示

（3）城市商业功能和产业功能郊区化（20世纪60年~70年代）

从20世纪60~70年代，许多大型购物中心在纽约市郊区出现，使人们不必再为购买生活用品而不得不往返于纽约市中心商业区和所居住的郊区。从20世纪70年代开始，纽约市中心高昂的地租使许多企业被迫迁移到郊区，郊区吸纳了大规模的工业园和商业服务网点，许多中产阶级主要将郊区作为他们生活和工作的乐园。

（4）建立卫星城阶段（20世纪70年代至今）

郊区化导致了卫星城发展。大多数卫星城之间都有便捷的高速公路相通，距纽约只有一个小时左右的车程；基础设施齐全，都有足够的大型商场、饭店、影院、俱乐部、运动场、停车场等；郊区城镇绿化程度高，植被覆盖好，没有纽约市区噪声、交通拥堵、住房拥挤、大气污染等方面的问题。

8.4.2 市政当局在城市发展和人口方面的调控政策

美国是真正自由的市场经济国家，人口调控主要依托城市规划的引导作用，但是政府在其中扮演了重要角色。

（1）推行并实施援助公路建设政策

面对逆城市化浪潮，大量人口从城市中心迁往郊区的现实，美国国会于1956年颁布了"联邦资助公路法"，并投资资助公路建设，以改善居住的生活、工作条件。有统计数据表明，在1921年~1983年期间，联邦政府投资5000亿美元用于公路建设。美国各州及地方政府也纷纷参与公路修筑，使高速公路网密度大大提高，交通便捷度改善，郊区生活工作的方便程度与城区几乎相同。

（2）郊区住宅促进政策

1929年美国严重的经济危机影响深远，但美国政府帮助中高收入者获得住宅抵押贷款，鼓励他们在郊区建新房，刺激建筑业发展，从而加速了20世纪30年代的郊区化。当时纽约的郊区发展速度是市中心发展速度的两倍。到50年代，美国政府又提出在郊区建设小城市的建议。1968年，美国国会通过了《新城市开发法》，并且首次批准了建立63个新城市，每个城市平均人口规模在2万人左右。60年代后，实行示范城市计划，促进分散型城市化❶。

---

❶ 美国的这一政策在引导人口向郊区转移的同时，也导致了城市蔓延，浪费了大量土地。这是中国需要警惕的——作者注。

8.5 首尔

8.5.1 人口增长趋势

韩国首都首尔也经历了人口从低到高又趋于稳定的过程。20世纪20年代，首尔的人口只有25.1万。但从此以后增长很快，到20世纪90年代超过了1000万，进入21世纪，首尔的人口通过调控有所下降，但还保持在1000万的水平，并在这个基础上缓慢增长（见表8-5）。首尔人口增长快速的原因主要也是流动人口，流动人口产生的原因当然也与政策有关。

表8-5 首尔的人口增长　　　　　　　　单位：（万人）

年份	1920	1930	1940	1949	1960	1970	1980	1992	1995	2000	2011	2014
人口	25.1	67.7	114.2	144.6	244.5	553.7	689	1097	1060	1032	1052	1041

数据来源：http://gb.cri.cn/42071/2014/02/14/5105s4424408.htm。

8.5.2 人口迅速增长的原因

第一，产业政策的倾斜。20世纪60年代，韩国政府积极发展出口型经济，从而带动了劳动密集型产业的发展。为了增强本国的国际竞争力，保持快速的工业化速度，国内的工资一直维持在一个较低的水平。这项政策结果导致工业部门增长快于农业部门，另一个结果就是农村和城市收入的不平等。这种农村和城市发展和收入的不平等是导致大量农村人口涌向城市的一个重要原因。

第二，城市发展政策的倾斜。政府认为，社会上存在的大量劳动力及隐性失业人员都应该服务于工业。在这种工业优先思想的指导下，政策倾向于工业，使更多的劳动力特别是农村劳动力流入城市从事工业生产。

第三，政府还通过间接手段鼓励人们到城市就业，如改善城市住房、交通、生育观念等。

第四，大众观念——首都可以提供更多的成功机会。事实的确如此，国家的政策倾向，更多的就业机会，更良好的教育条件，更好的基础设施，为人们的生活、就业提供了更好的条件。

首尔市政当局认为工业化是韩国的发展目标，而工业化必然带来城市化。不是城市化水平给他们带来不安，而是城市化的方式，即城市的不断膨胀，如首尔这样的人口分布成为一个重要问题。政府逐渐认识到，从长远眼光来看，首尔和其他工业区人口的急剧膨胀已成为一种隐患。

8.5.3 政府的相关调控措施

早期措施（1969—1974 年）。主要是鼓励并引导人口向周边地区疏散，限制外来人口继续进入首尔。主要包括以下几种措施。第一，经济措施。颁布区域工业发展的相关法令，包括工业园的审核、三年工业收入免税等；限制首尔市公共设施的建设。减少首尔市内的半工业区；政府严格控制半工业区的发展和首尔市内的工厂的膨胀，并通过免税及其他相关政策，使市内工业园迁出市中心，引导工厂更多地建在首尔的周边地区。第二，城市规划和更新措施。重新修订城市规划法规，在首尔周边建"绿色带"，限制市区居住区域的扩张和城市无序的膨胀。建立卫星城，使首尔市向外扩展。第三，教育政策。主要包括限制学生进入首尔；根据城市规模对国立大学收取教育费用；对大学招生的数量进行地区分配；限制首尔市内大学的建立和扩张；促进首尔和其他地区的教师互换，减少地区间的教育差距；限制初中和高中学校的设立。第四，行政和税收措施。重新修订相关税法，对首尔的居民增收居住税；对地方进行适当的放权；逐渐地将国有企业和其他公共机构迁出首尔；制定当地的工业税收法规，对在首尔新建工厂征收罚没性的税收。

尽管政府极力推行这些政策，人口并没有得到很好的控制，1970 年～1975 年人口从 550 万人增加到 690 万人。一方面是因为首尔较大的人口基数，人口增长具有惯性；另一方面政策本身也存在一些缺陷。这些缺陷主要有以下三方面。第一，大多数政策是针对某个特殊问题的小修小补，缺少综合性的治理。虽然各种政策措施看上去对控制人口很有力度，但由于这些政策之间缺乏有机结合，从而影响了政策实施的效果。例如，鼓励人们迁出首尔应该说是一条比较直接的人口调控手段，但是，这些人口向何处迁、如何迁？由于没有安排好让其他地区接收这些迁出的人口，使这一政策大打折扣。政府关于人口的空间再分配的政策很大一部分只局限于首尔地区，而对于那些潜在的移入地区没有什么作用。很明显，政府各部门之间缺乏良好的沟通。第二，很多措施缺乏法律和制度的支持。一般而言，一项政府措施因为缺乏法律和制度的支持很难持续地推行下去。很多情况下，人民大众和政策制定者们都认为各种各样的政策都是暂时的和试验性的。因此，政策的持久性需要相关法律和制度的支持。第三，城市化和移民等人口政策在国家的政策体系中处于较低的层次，没有什么优先权。当人口政策和其他的如促进经济发展或关乎国家安全的政策相冲突时，人口政策只能退居二线了，这无疑也影响了人口规模调控的效果。

1976 年以来的措施，韩国对首尔人口控制主要包括短期措施和长期规划。

短期措施主要有：限制流动人口进入首尔，鼓励人口外迁首尔，增强对非法建筑的管理。进一步限制首尔工业的发展，制定土地使用法规。第一，限制和减少汉江以北的地区办工业园区。第二，扩大首尔周边的"绿带区"。第三，通过扩建公园、街道、停车场降低城市密度；对汉江以北的公共建筑进行规划；限制首尔高等教育规模的进一步扩大。

具体措施有：严格限制大学区的发展；限制汉江以北高等院校的建立；采取地区工业、住房方面的发展措施；为每一个增长极地区选择一个工业方式；增加政府在地区教育和提升地区教育水平方面的拨款；鼓励以家庭为单位的人口迁移和地区间的公务员调动；建立制度的和相关的法律保障；重新修订土地使用相关法律，通过调控价格来根除土地方面的投机行为；修订相关税法，通过减免税鼓励地区发展；通过财政津贴鼓励工业转移；颁布新首都城市建设法和区域工业重新分配法；为工业重新分配和首尔都市区的新建设立管理基金。

长期规划，即制订工业重新分配规划。政府在Banwol进行了大量的基础设施建设，为其成为卫星城打下了基础。除了Banwol和其他已存在的工业园，政府规划了五个区域城市中心作为增长极。几个沿海地区也被选为重工业发展区。增长极和工业园区都远离首尔市区，它们的发展有利于地区间的均衡发展。

8.5.4 存在的问题

由于过快的城市化和工业化，首尔在经济社会迅速发展时也面临了一些问题，主要表现在以下几个方面。

（1）人口过密

虽然首尔人口从20世纪90年代开始逐年减少，占全国总人口的比例也逐年降低，但从人口密度来说仍然过于拥挤。

（2）交通拥挤

交通问题几乎是每个大城市都面临的一大困难，虽然自20世纪70年代以来首尔的卫星城发展迅速，人口开始向周边地区疏散，但仍没有很好地解决城市交通问题，相对于北京来说，交通堵塞更为严重。

（3）环境污染

1980—1990年空气和水污染问题非常突出，严重影响了人们的生产与生活。最后经过努力治理，目前状况已有明显改善。

（4）住房紧张

首先是房价高涨。目前，首尔的房价已位居世界大都市前列。其次是房租

第八章 国外典型超大城市人口与经济优化的做法与启示

价格上涨，这更增加了买不起房的工薪阶层住房的困难。

（5）农村人口婚姻受到挤压且老龄化程度深

由于农村人口大量迁入城市，而这些迁移人口大多为青壮年劳动力人口，使农村劳动力短缺，造成恶性循环。农村老龄化速度很快，农村老年人口比例要高于城市。经济发展方面，农村贫困依然存在，城市农村差距仍很大。由此带来的婚姻挤压问题严重，2005年韩国总结构人口中国际婚姻占了13.6%。

此外，失业、城市贫困、非法居住、流动人口管理混乱、城市土地的严重不足等，也是目前首尔人口调控中所面临的问题。造成这些问题的一个重要原因是，首尔在现代化建设初期缺乏统一规划，追求速度，只注意数量的发展而忽视了质量。

8.6 国外典型城市人口规模调控及空间优化途径的比较

8.6.1 五个典型城市人口调控与优化的相同点

（1）发展交通，缓解城市压力

城市的发展，人口的急剧膨胀首先给城市交通带来了很大的压力，国际大城市都不同程度地存在交通拥挤问题。为了缓解交通给人们外出、工作等带来的诸多不便，政府都为缓解交通压力采取了相应的措施。例如，莫斯科的地铁担负了客运量的35%；美国的高速公路网为缓解城市的交通压力做出了杰出的贡献。

（2）经济拉动周边卫星城发展，从而带动人口迁出

纵观国际大城市的发展，不难发现，它们都经历了人口由急剧增长到逐渐向外迁移的过程，政府通过建立卫星城的方法疏散人口。例如，纽约实施的"先城市化再郊区化"的发展策略，东京由"一极集中"向"多核心型"城市发展的战略，首尔市政府在首尔市外设立增长点以及将沿海工业区作为外迁人口的接纳地区，都是通过发展卫星城缓解城市人口压力的途径。

（3）政府综合运用经济、法律和行政手段进行宏观调控和优化

在限制市内工业发展方面，很多城市运用了税收政策。例如，巴黎征收建筑用地税，新建产业按建筑面积征税，标准因地区而异，市区征税标准高于郊区，引导人口和产业向郊区转移。纽约从20世纪70年代开始也采用郊区和市区土地差价效应促进企业迁向郊区，进而引导人口向郊区分布。政府还通过制定和修改法律法规来控制人口迁入，日本国会1959年通过的《工业发展控制

法》就是典型的例子。在控制人口方面，政府也不同程度地采取了行政手段。例如，首尔为限制市区教育发展，对大学招生数量进行地区分配，控制市区初中和高中的设立。

(4) 都不同程度地面临人口老龄化问题

根据人口转变理论，人口发展过程同社会经济发展过程密切相关，发达国家在经历了现代化和城市化的社会变革之后，都不同程度地面临老年人口问题和人口老龄化问题。老年人口增加会给社会带来很多负担，同时青壮年人口比例减少造成劳动力不足也不利于经济的发展。针对这一问题，各国根据不同的国情采取了一些措施，如东京建设了许多"长寿楼"，扩建老龄者家庭服务中心。

8.6.2 五个典型城市人口调控与优化的不同点

(1) 人口规模调控多以综合的手段并用，但侧重不同

例如莫斯科，原社会主义国家的首都，在调控方面带有明显的强力政府干预痕迹。为了控制人口增长，莫斯科采取了强有力的行政手段，如加强统一管理，严格审批制度；从外地招收的大学生毕业后一般不留在莫斯科，从1987年起停止向外地招工；禁止在市区新建工厂、高等院校和科研单位。这对限制人口迁移起了一定作用。更多的国际大城市如巴黎、纽约采取了经济手段，都制定了相应的税收政策，更多地运用经济手段限制市区工业的无序发展。纽约严格控制和利用产业政策等经济手段积极引导；东京和首尔则行政和经济手段并重，即在利用经济调控的同时，政府制定相应的政策进行调节。

(2) 城乡协调发展重视程度不同，巴黎重视程度最高

城乡协调发展控制人口以巴黎最为典型。巴黎在城市化的同时，保护和发展农业，提高农民的生活水平，改变农民的生活方式，用城市化带动农民生活的现代化。从可持续发展的角度看，城乡一体化的发展有利于保持和改善生态平衡，创造良好的生活环境，实现城乡的和谐发展和经济的可持续发展。

第九章 超大城市人口和产业协调发展优化的对策选择

9.1 坚持城市发展有所为有所不为，引导人口有序流入和流出

人口发展与城市发展直接相关，首都的人口规模也必定与城市发展定位关系密切。其作用机制是城市定位决定城市产业，产业进而影响人口；反过来，人口因素影响城市定位的实现，所以人口与城市发展之间的关系是双向的相互作用。城市定位的实质就是为城市未来发展确定方向，北京在未来发展过程中，要吸取过去在发展定位中的教训。

北京城市曾经出现过政治中心、经济中心、文化中心等多个"中心"的定位，多个功能定位必定需要大量的劳动者去推动和实现，因此毋庸置疑，城市要吸纳大量的人口，就必然导致人口规模增长。在这方面，美国的城市定位比较客观科学，如政治中心在华盛顿、金融中心在纽约、汽车中心在底特律、科技中心在旧金山、影视文化中心在洛杉矶等。所以美国人口分布比较均衡的原因除了总人口规模不大（与中国比较）之外，最重要的原因就是城市的合理定位。进入21世纪后，北京把未来发展定位为"国家首都、国际城市、文化名城、宜居城市"是科学合理的，但由于人口发展本身的惯性，人口规模与城市承载力难以协调，导致目前交通拥堵严重，教育和医疗等资源供不应求，"宜居城市"的功能实现起来很困难。

众所周知，北京多年来人口规模增长的主要原因是其他区域人口的大量流入所致，这是市场经济体制背景下的自然的行为。目前全国和北京市均有保证劳动者享有社会基本保障的法律法规和规范性文件，但是流动人口用工中这些政策的实际执行情况并不理想，表现为"三险"参保率低。要从保护流动人口和劳动者合法权益的角度规范和严格检查企业的用工行为，依法强制企业按照现有规定为所有职工上"三险"。针对小企业随意延长工作时间、给付工资偏

低的状况，严格检查企业与雇员签订劳动合同的情况，对不按规定上"三险"和不签"劳动合同"的企业进行严格处罚。如果能做到这些，就既保护了流动人口的合法权益，符合以人为本，社会公平正义的理念与准则，也在客观上增加了企业的用人成本，促使企业慎选劳动力，节约劳动力，也能同时增强经营管理水平，提高企业的科技创新的动力，并且能够从市场上有效地挤出那些低利润、低效率的低端企业，发挥宏观调控流动人口规模的积极作用，引导人口的有序流动。

9.2 促进经济转型升级，引导人口与经济发展相协调

尽管近些年北京市的产业结构在转换升级，但是与北京市的城市地位相比，还需要进一步完善经济发展战略规划和产业结构的优化及更新升级，以逐步消除低端、劳动力密集型产业，加快发展高新技术产业和现代服务业，建立与首都城市功能定位相适应的经济体系。因此，首都人口与经济协调发展，必须有所为，有所不为。发达国家的无数事例证明，经济发展与人口发展密切关联，产业水平决定人口层次。因此要实现人口与经济的协调发展，必须重视调整经济结构，促进产业结构升级；消除低端产业，发展高端产业；建立与首都城市功能定位相适应的经济体系，通过经济结构的优化发挥经济政策对人口配置和分布的引导效应。

具体来看，产业结构的优化和进一步转换升级主要包括以下几点。

1. 消除低端服务业

要逐步减少劳动密集型产业和技术含量低、以吸纳流动人口就业为主的低端产业。根据调查的小企业情况看，它们规模小，吸纳劳动力就业能力弱，利润极少，多半交税一个月为 10~100 元，甚至根本不交税，谈不上任何经济贡献，仅仅是其所有者和被雇者生存的一种手段。而且这类小饭馆、小卖部对市容环境影响大，要严格限制其发展；在产业结构转换升级和优化的过程中，除了政府进行大的布局和规划调整外，还需要在日常管理层面通过工商登记来把好关口，不让利润少、低端劳动力密集的"三小"（小餐馆、小商品零售、小卖部）作坊式企业进入，适当调控个体工商户的经营规模和内容。通过对低端集贸市场的限制、取代和升级，建立起符合首都整体形象、更整洁规范的现代商业（如超级市场等）和服务业体系。

2. 适度发展现代制造业

适度发展现代制造业：一是提升汽车、装备制造、都市工业、石化新材料

第九章 超大城市人口和产业协调发展优化的对策选择

四大支柱产业;二是加快发展生物医药、新能源和再生材料等潜力产业。这些产业属资金密集型产业,所需要的劳动力不多,但劳动力质量要求相对高。这既可以提升首都经济总量,提升首都的经济竞争力,又可以避免吸纳大量低素质的劳动力。

3. 大力发展高新技术产业

重点发展以软件产业、信息服务业、研发产业为主的高新技术服务业,以及以电子信息制造业、生物产业为主的高新技术制造业。通过高新技术产业的培育和发展,在使人口总量得到控制的同时,引导流动人口的合理流动,提升城市的整体人口素质。

4. 加快发展有规模效益的现代服务业

通过把规模作为企业批准设立的一个门槛,实现产业综合竞争能力和城市综合服务能力的双突破。通过现代服务业的发展,可以缓解资源约束,推动经济增长方式的转变,构筑宜居城市。由于现代服务业所需劳动力少,效率高,可以起到遏制人口规模快速膨胀的作用。

9.3 优化产业空间,带动人口空间优化

产业影响着人的规模及分布,有什么样的产业,就有对应的劳动力数量及素质;产业分布在哪里,劳动力就在哪里。所以,通过调整产业结构可以调控人口规模及素质;通过产业的区域转移,可以调整人口的空间分布。对于北京城市人口分布不均衡状况,可以通过产业的转移而进行引导优化。

1. 通过城市中心地带的传统产业向市郊或新城转移而调整人口分布

促进中心城的发展从外延扩张转向调整优化,通过调整部分职能和实施旧城的有机更新,积极引导人口向边缘地区和新城转移。由于北京城市的发展,传统的产业不适合分布在城市的中心地带,要搬迁出去。可喜的是,首钢迁往河北唐山就是一个很大的进步。可以相信,首钢的外迁将带动一部分人口的迁移。因此,如通惠河南化工区及垡头地区传统工业的搬迁及产业结构调整,也将带动部分人口的外迁。

中心城区服务水平较低,影响城市安全、环境和交通的低端小商品批发市场,必须拆除外迁。目前,在首都城市的中心地带,依然有一大批低端的小商品批发市场,表面上是方便了市民,繁荣了市场。仔细分析,其实是扰乱了市场秩序,因为这些市场上销售的货物虽然价低,但物不美,并且多数商品是质量很次的假冒伪劣产品。这些产品的销售,不但侵害了消费者的权益,质次价

低寿命短而浪费了大量的资源,而且城市中容纳了大量经营这些企业的市场主体,这些市场主体本身也是影响首都安全的不利因素。政府要引导广大消费者健康消费,购买货真价实的合格产品,拆除这些市场。将这些小商品批发市场拆除后,无疑将"驱逐"出一部分人口。

2. 通过优化城市中心功能优化人口分布

调整仓储物流设施布局,合理改造和利用现有设施。城市中心的仓储物流,既占用大量的土地,又影响城市的环境和风貌,这其中还容纳了一部分经营仓储物流的人口。因此,它们也要迁出到四环以外,可以考虑在四环路之外安排为中心城服务的综合及专业物流园。

调整迁出公交场站、部分教育、科研、医疗、商业等设施,优化城市职能中心功能,进一步完善中关村高科技园区、中央商务区(CBD)、奥林匹克中心、海淀山后科技创新中心、丰台总部基地等城市职能中心的功能,加紧建设石景山综合服务中心和通州综合服务中心,积极改变中心城区功能过度聚集的状况,吸引市区人口逐步向郊区转移。

对于迁出后传统产业腾出的土地,要立足于首都丰富的历史文化资源,鼓励发展适合旧城传统空间特色的文化事业和旅游业,提升首都人口素质。

9.4 全面提高人口素质,将人口优势转化为人力资源优势

人力资本是经济社会可持续发展的主要动力。据预测,未来10年北京的劳动年龄人口仍将保持一个较大的规模,劳动力供给的数量将十分充足,同时就业压力依然存在。人口受教育结构的改善,将会为全市提供高素质的、稳定在一定规模的劳动力资源,将人口压力转化为人口优势。从更长期的发展着眼,老龄化趋势锐不可当,需要以劳动力质量代替数量来维持经济的可持续发展,劳动力素质尤其是受教育结构就显得更为重要。

遵循统筹解决人口、经济、社会、环境和资源问题与协调可持续发展的原则,北京应提出加大人力资本投资,并实施就业优先的战略,在未来一二十年中,把握机遇,充分利用丰富的劳动力资源,优化劳动人口素质。

人力资本投资包括教育和健康投资,重点在于普遍提高人力资本存量。就业优先,是在人口发展趋势既定的情况下,劳动力的供给基本确定,从创造需求着手解决就业问题,重点在提高经济增长的就业弹性,以充分利用人口红利期,抓住时机积累人力资本,进一步促进经济的可持续增长。

在制订经济发展规划时要注重经济效益和社会发展的协调,在政策上向就

业优先倾斜。如前所述，不同的经济结构产生不同的劳动力需求结构，要解决由于劳动力供求结构不吻合而产生的结构性失业问题，除了要通过提高劳动者素质等措施从劳动力供给结构做出调整外，也需要借助经济结构的调整和完善影响劳动力的需求数量和结构。在制定区域发展战略和产业政策时，都应着眼于经济增长与就业增长相统一，产业政策与就业政策相一致，努力实现经济发展与扩大就业的良性互动。同时，针对结构性失业，加大培训力度，努力提高劳动者素质，提高劳动者的文化程度和劳动技能，使其知识能力结构与市场的需求结构相吻合，提高劳动年龄人口的劳动参与率，在最大程度上发挥人口优势。

9.5 落实《北京市主体功能区规划》，促进人口均衡发展

北京市于2012年7月完成了对行政辖区16410.5km²的主体功能区规划，将全市划分为首都功能核心区、城市功能拓展区、城市发展新区和生态涵养发展区四个功能区域。主体功能区是国家在区域开发失序的条件下提出的，北京市目前的交通、生态、环境等问题都与人口和经济业态及空间分布不一致有密切关系。因此，北京市各部门、各领域应高度重视《北京市主体功能区规划》，尽全力将这一规划落到实处，以实现人口均衡，促进人口与经济社会资源环境的协调发展。

"人口均衡"是指在一定社会生产方式条件下，一定价值取向指导下，依据人口数量、质量、结构、分布等内部关系，决定人口供给；依据人口系统与经济、社会、资源、环境系统等外部关系，决定人口需求；人口需求与人口供给之间实现均等、可持续状态。"人口均衡"包括"人口内部均衡""人口外部均衡"两方面。"人口内部均衡"是指人口自身的均衡发展，来自"出生率"和"死亡率"双轮驱动。"人口外部均衡"是指人口与社会、经济、资源、环境的协调发展，来自"资源环境自然承载力"和"社会经济制度承载力"双轮驱动。在社会现实中，人口供给与人口需求呈现出断调整、相互适应的趋势。当人口需求超过人口供给，意味着经济发展动力不足，宝贵的资源得不到有效开发，社会生产能力不能得到充分利用，经济发展效率较低，从而促进人口供给和抑制资源消耗；当人口供给超过人口需求，意味着对资源过度开发和过度利用，福利保障处于低水平，社会超负荷运转，从而抑制人口供给和促进增长方式转变。因此，要大力推动人口向均衡发展，奠定人口与经济社会及资源环境的可持续发展基础。

9.6 实施京津冀一体化战略，在与周边城市错位发展差异竞争中实现人口与经济协调发展

京津冀一体化发展已经上升为国家战略，协调京津冀地区产业发展，形成更高层次且错落有致的产业结构对解决北京人口问题、经济问题及资源环境问题都是不可回避的选择。一个城市不可能孤立发展。地区间产业竞争是市场竞争的必经阶段，本身是合理的，但若是地区间产业结构严重趋同，造成地区封锁、恶性竞争，结果就只会损害各方利益，削弱区域竞争力。区域内各地区根据自身比较优势，自觉形成合理的产业链是区域经济协调发展的必然要求。

京津冀地区产业结构目前存在两大突出问题。一是京津两地产业结构严重趋同。为解决这个问题，北京应充分发挥其人才、技术、信息齐备的首都优势，发展具有更高层次的知识密集型产业、信息产业、"总部经济"。天津则应发挥其天然的港口优势，利用其雄厚的制造业基础，着力发展制造业、物流业、海洋经济等。二是区域中除京津之外的其他城市以经济实力、产业结构为主要表征的城市竞争力落差太大而且活力不足，导致一方面京津核心地区功能过密，大量第二产业亟须外移；而另一方面由于城市能级落差太大，周边地区很难接受京津地区的辐射效应，形成两难窘境。建议在构筑大规模的交通网络体系的前提下，在唐山、保定、廊坊、沧州等地加速工业园区和高新技术产业孵化基地发展，改善投资软硬件环境，实现科技成果产业化，形成合理的产业链，为北京的人口与经济在合理的承载力之内协调持续发展提供有利的区域环境。

参考文献

[1] Cohen, J. E. 1995. Population growth and Earth's human carrying capacity. Science (269): 341-346.

[2] Seidl I, Tisdell C A. 1999. Carrying capacity reconsidered: from Malthus' population theory to cultural carrying capacity. Ecological Economics (31): 395-408.

[3] 毕其格,宝音,李百岁. 内蒙古人口结构与区域经济耦合的关联分析[J]. 地理研究,2007,26(5): 995-1004.

[4] 代富强,吕志强,周启刚. 生态承载力约束下的重庆市适度人口规模情景预测[J]. 人口与经济,2012,194(5): 80-86.

[5] 戴慧宇. 河北省人口与经济协调发展研究[D]. 保定:河北农业大学,2006(6).

[6] 冯玉广,王华东. 区域人口—资源—环境—经济系统可持续发展定量研究[J]. 中国环境科学,1997,17(5): 402-405.

[7] 高吉喜. 可持续发展理论探索——生态承载力理论、方法与应用[M]. 北京:中国环境科学出版社,2001: 15.

[8] 郭秀锐,杨居荣,毛显强. 城市生态系统健康评价初探[J]. 中国环境科学,2002,22(6): 525-529.

[9] 黄金川,方创琳. 城市化与生态环境交互耦合机制与规律性分析[J]. 地理研究,2003,23(2): 211-220.

[10] 黄乾. 试论西方学者关于人口与经济关系认识的演变[J]. 广东社会科学,1999(2): 136-142.

[11] 贾绍凤. 开放条件下的区域人口承载力[J]. 市场与人口分析,2000(6): 21-27.

[12] 姜涛,袁建华,何林,等. 人口—资源—环境—经济系统分析模型体系[J]. 系统工程理论与实践,2002(12): 67-72.

[13] 李朝辉,魏贵臣. 生态环境承载力评价方法研究及实例[J]. 环境科学

与技术，2005（1）：75-76.

[14] 李华，申稳稳，俞书伟. 关于山东经济发展与人口—资源—环境协调度评价［J］. 东岳论丛，2008（3）：75-79.

[15] 李嗣牭，亢婷. 银川市人口社会经济和环境协调发展多目标规划模型研究［J］. 宁夏大学学报（自然科学版），2009，30（4）：405-407.

[16] 李秀霞，刘春艳，基于综合承载力的区域适度人口研究［J］. 干旱区资源与环境，2008，22（5）：6-10.

[17] 李秀霞，刘春艳. 吉林省人口城市化与经济发展相关分析研究［J］. 人口学刊，2007（3）：8-12.

[18] 李雪铭，李婉娜. 1990年以来大连城市人居环境与经济协调发展定量分析［J］. 经济地理，2005，25（3）：383-386.

[19] 廖重斌，环境与经济协调发展的定量评判及其分类体系——以珠江三角洲城市群为例；林凌，刘世庆. 审视西部大开发［J］. 改革，2003（4）.

[20] 刘家树. 我国人口结构与经济增长关系实证分析［J］. 安徽工业大学学报，2007，24（2）：229-232.

[21] 刘兆德，虞孝感. 长江流域相对资源承载力与可持续发展研究［J］. 长江流域资源与环境，2002（1）：10-15.

[22] 陆大道. 区域发展及其空间结构［M］. 北京：科学出版社，1995：5-66.

[23] 马俊. 人口、资源环境与经济的协调度测定——以重庆市为例［J］. 资源环境与发展，2009（1）：19-21.

[24] 孟庆松，韩文秀. 复合系统协调度模型研究［J］. 天津大学学报（自然科学与工程技术版），2000（4）：444-446.

[25] 潘新华. 论西部地区人口、资源、环境与经济的协调发展［J］. 开发研究，2003（15）：41-43.

[26] 彭松建. 现代西方人口经济学［M］. 北京：人民出版社，1992.

[27] 齐晓娟，童玉芬. 中国西北地区人口、经济与资源环境协调状况评价［J］. 中国人口·资源与环境，2008（2）：110-114.

[28] 秦大河，张坤民，牛文元. 中国人口资源环境与可持续发展［M］. 北京：新华出版社，2002.

[29] 申金山，宋建民，关柯. 城市基础设施与社会经济协调发展的定量评价方法与应用［J］. 城市环境与城市生态，2000（5）：10-12.

[30] 司光南. 人口—经济系统的协调度分析［J］. 统计与决策，2008，20（4）：8-50.

[31] 苏智选，王仁卿．生态学概论［M］．北京：高等教育出版社，1993：44－45．

[32] 隋映辉．协调发展论［M］．青岛：中国海洋大学出版社，1990：20－21．

[33] 孙平军，修春亮．基于PSE模型的矿城经济发展脆弱性研究［J］．地理研究，2011，30（2）：301－310．

[34] 王爱民，尹向东．城市化地区多目标约束下的适度人口探析——以深圳为例［J］．中山大学学报（自然科学版），2006（1）：116－120．

[35] 王辉，郭玲玲，宋丽．辽宁省14市经济与环境协调度定量研究［J］．地理科学进展，2010（4）．

[36] 王辉．沿海城市生态环境与旅游经济发展定量研究［J］．干旱区资源与环境，2006，5（22）：75－78．

[37] 王松全．区域人口、资源、环境、经济与社会可持续发展的评价研究［D］．北京：首都经济贸易大学，2008．

[38] 王维国．协调发展的理论与方法研究［M］．北京：中国财政经济出版社，2000．

[39] 王维国，徐勇，李秋影．我国人口年龄结构变动对经济发展影响的定量分析［J］．市场与人口分析，2004，10（6）：1－8．

[40] 王维国，杨晓华．我国人口素质与经济协调发展关系的实证研究［J］．西北人口，2006（2）：26－28．

[41] 王维国．协调发展的理论与方法研究［M］．北京：中国财政经济出版社，2000．

[42] 吴传钧．论地理学的研究核心——人地关系地域系统［J］．经济地理，1991（3）：1－6．

[43] 吴跃明，郎东锋，张子琦，等．环境——经济系统协调度模型及其指标体系［J］．中国人口·资源与环境，1996（2）：47－50．

[44] 谢高地，周海林，鲁春霞，等．我国自然资源的承载力分析［J］．中国人口·资源与环境，2005，15（5）：93－98．

[45] 谢红彬．关于资源环境承载容量问题的思考［J］．新疆大学学报（自然科学版），1997（1）：79－84．

[46] 徐琳瑜，杨志峰．城市生态系统承载力理论与评价方法［J］．生态学报，2005（4）：771－777．

[47] 许有鹏．干旱地区水资源承载能力综合评价［J］．自然资源学报，1993（3）：22－26．

[48] 薛莹莹, 沈茂英. 成都市人口分布与区域经济协调发展研究 [J]. 西北人口, 2009 (2): 84-87.

[49] 严登华, 何岩等. 环境与社会发展协调性模型研究 [J]. 环境与开发, 2000 (3): 5-7.

[50] 杨冰冰. 我国人口与区域经济协调发展研究 [D]. 乌鲁木齐: 新疆师范大学, 2009.

[51] 杨士弘. 广州城市环境与经济协调发展预测及调控研究 [J]. 地理科学, 1994, 14 (2): 136-143.

[52] 尹海伟, 孔繁华. 山东省各市经济环境协调度分析 [J]. 人文地理, 2005, 20 (2): 30-33.

[53] 张晓东, 池天河. 90年代中国省级区域经济与环境协调度分析 [J]. 地理研究, 2001, 20 (4): 506-515.

[54] 张耀军, 张正峰, 齐晓燕. 关于人口承载力的几个问题 [J]. 生态经济, 2008, 197 (5): 388-391.

[55] 张子珩, 濮励杰, 康国定, 等. 基于可能—满意度法的城市人口承载力研究——以乌海市为例 [J]. 自然资源学报, 2009, 24 (3): 457-465.

[56] 朱传耿, 仇方道, 马晓冬. 地域主体功能区划理论与方法的初步研究 [J]. 地理科学, 2007, 23 (5): 95-99.

[57] 国家人口和计划生育委员会发展规划与信息司. 人口发展与功能区研究（上册）[M]. 北京: 世界知识出版社, 2009: 8-24.

后 记

人口与经济协调发展问题是长期以来受社会各界关注和争议的问题。到底达到什么情况算协调，什么情况下不协调，本书从人口与经济发展水平两方面考虑。即当人口发展水平与经济发展水平相一致时，才算是协调。根据这一前提，作者提出协调应分为三种情况，即低人口发展水平与低经济发展水平的低水平协调、中等人口发展水平与中等经济发展水平的中等水平协调，以及高人口发展水平与高经济发展水平的高水平协调。人口与经济高水平协调才是北京未来发展的目标。

追求人口与经济达到协调发展目标的同时，还不得不考虑城市承载力的问题。人口与经济协调必须在城市承载力的范围内才能实现可持续协调发展。城市人口承载力更是一个争议性很大的研究课题，历来见仁见智。本书充分吸纳以往相关的研究成果，从资源环境、经济社会等相关要素方面研究，并以客观和主观相结合，运用可能—满意度方法对房山、门头沟等代表性区域的人口承载能力进行了单项及综合性测算。当然，城市是一个非常复杂的生态系统，只要其中某一个因素改变，人口承载力也会因之改变，因此北京人口承载力也必然是一个动态的指标。人口承载力测算最重要的功能是预警，以警示在城市发展过程中不要超出其承载能力。否则，将会给资源、环境、就业、住宅、交通等方面带来压力。

人口与经济协调问题涉及面广，影响因素复杂，绝非一人可以完成。在研究过程中，得到北京市人口计生委臧罗茜处长和崔佳科长的大力支持，她们为研究贡献了她们的智慧；调研过程中，大兴区人口计生委、房山区人口计生委、门头沟区人口计生委提供了大量帮助与配合；我的研究生张敏敏、李硕、陈阳、何茜为本书的成稿付出了大量劳动，特此一并致谢。

感谢知识产权出版社的蔡虹女士。正是她的大力支持，使本书得以顺利

出版。

  北京人口与经济协调发展及承载力研究课题的动态性决定了这一研究必须与时俱进，我将一如既往参与到这一探索的洪流中。同时，我也衷心地希望与广大读者切磋交流，并聆听广大读者的批评指正！

张耀军

2015 年 3 月于中国人民大学

图书在版编目（CIP）数据

保险法前沿. 第四辑 / 尹田主编. —北京：知识产权出版社，2017.4
ISBN 978-7-5130-4817-0

Ⅰ. ①保… Ⅱ. ①尹… Ⅲ. ①保险法—中国—文集 Ⅳ. ①D922.284-53

中国版本图书馆 CIP 数据核字（2017）第 057905 号

责任编辑：彭小华　　　　　　　　　责任校对：王　岩
封面设计：SUN 工作室　　　　　　　责任出版：刘译文

保险法前沿（第四辑）

尹　田　主编
任自力　执行主编

出版发行：	知识产权出版社有限责任公司	网　址：	http://www.ipph.cn
社　址：	北京市海淀区西外太平庄 55 号	邮　编：	100081
责编电话：	010-82000860 转 8115	责编邮箱：	huapxh@sina.com
发行电话：	010-82000860 转 8101/8102	发行传真：	010-82000893/82005070/82000270
印　刷：	三河市国英印务有限公司	经　销：	各大网上书店、新华书店及相关专业书店
开　本：	787mm×1092mm　1/16	印　张：	21.5
版　次：	2017 年 4 月第 1 版	印　次：	2017 年 4 月第 1 次印刷
字　数：	450 千字	定　价：	68.00 元
ISBN 978-7-5130-4817-0			

出版权专有　侵权必究
如有印装质量问题，本社负责调换。

中国法学会研究会支持计划

保险法前沿

[第四辑]

主编：尹 田　执行主编：任自力　中国保险法学研究会　主办

知识产权出版社
全国百佳图书出版单位